Helmut Gollwitzer, Wendung zum Leben

Helmut Gollwitzer

Wendung zum Leben

Predigten 1970—1980

Mit einem Vorwort
des Autors

Chr. Kaiser

CIP-Kurztitelaufnahme der Deutschen Bibliothek

Gollwitzer, Helmut:

[Sammlung]
Wendung zum Leben: Predigten 1970—1980 / Helmut Gollwitzer. — München: Kaiser, 1980.
(Lesezeichen)

ISBN 3-459-01300-1
 — Umschlag: Reinhard Liedtke. Satz: Satzstudio Gerda Tibbe, München. Druck: Buch- und Offsetdruckerei Sommer, Feuchtwangen. Printed in Germany.

Inhalt

Vorwort 7

Arbeit, die sich lohnt (1. Mose 11, 1—9)
Misericordias Domini. 2. Mai 1976 13

Das leise Trutzlied der Zerschlagenen
(Ps. 46, 2—6)
Reformationsfest. 31. Oktober 1976 24

Konseqenezn des Lobgesangs (Ps. 118, 1—4)
19. Sonntag nach Trinitatis. 20. Oktober 1974 36

Die Sendung des brüderlichen Lebens
(Ps. 118, 5—12)
21. Sonntag nach Trinitatis. 3. November 1974 43

Hilfe, mit Rätseln zu leben (Ps 118, 15—18)
1. Advent. 1. Dezember 1974 54

Dank macht das Leben heil (Ps. 118, 19—23)
1. Sonntag nach Epiphanias. 12. Januar 1975 64

Einladung zur Freude (Ps. 118, 24—29)
Sexagesimae. 2. Februar 1975 74

Vergebung und Sendung sind eins (Jes. 6, 1—8)
3. Sonntag nach Trinitatis. 4. Juli 1976 84

Die Katastrophe als Wendepunkt (Hes. 18, 30—32)
Exaudi. 11.Mai 1975 93

Der Horizont des ewigen Erbarmens
(Luk. 1, 46—49)
Ewigkeitssonntag. 22. November 1976 101

Gott ist der Revolutionär (Luk. 1, 50—53)
3. Advent. 12. Dezember 1976 111

Neues Leben in der alten Welt (Luk. 1, 54—55)
2. Sonntag nach Epiphanias. 16. Januar 1977 120

Gott, sei uns Christen gnädig! (Luk. 18, 9—14a)
11. Sonntag nach Trinitatia. 26. August 1979 130

Vernunft endlich andersherum (Joh. 1, 43—51)
Vorletzter Sonntag im Kirchenjahr. 18. November 1979 . . . 140

Der Weg von oben nach unten (Joh. 3, 31—36)
14. Sonntag nach Trinitatis. 30. August 1970 149

Zwar — Aber (Apg. 12, 1—17)
3. Advent. 11. Dezember 1977 159

Die große Störung (Apg. 19, 23—20,1)
Sexagesimae. 29. Januar 1978 169

Abschiedsworte fürs Weitermachen
(Apg. 20, 17—38)
Invocavit. 12. Februar 1978 179

Hoffnung zugunsten der Hoffnungslosen
(Röm. 5, 1—5)
1. Sonntag nach Trinitatis. 17. Juni 1979 190

Vorhut des Friedens (Gal. 3, 26—29)
1. Sonntag nach Trinitatis. 24. Juni 1973 199

Erneuerungszelle in der bedrohten Menschheit
(Gal. 6, 7—10)
3. Sonntag nach Trinitatis. 8. Juli 1973 212

Rettung für alle (1. Tim. 2,4)
1. Sonntag nach Epiphanias. 13. Januar 1980 224

Unserem Beten ist Wirkung verheißen (1. Tim. 2, 1—4)
Septuagesimae. 3. Februar 1980 232

Mitarbeiter der Liebe (1. Joh. 3, 11—24)
22. Sonntag nach Trinitatis. 22. Oktober 1973 241

Die Universalität Jesu Christi (Hebr. 1, 1—3)
3. Advent. 17. Dezember 1973 251

Schaut nach vorn! (Offb. 7)
24. Sonntag nach Trinitatis. 5. November 1978 259

Vorwort

Predigt — eine eigenartige Redeform, von der christlichen Kirche seit ihren Anfängen entwickelt zur Weitergabe der Geschichte der großen Hoffnung, der Geschichte von Israel und seinem Gott, der Geschichte des Jesus von Nazareth, der Geschichte der Geistesexplosion der Auferstehungsgemeinde. Sie ist nicht die einzige Redeform für diese Weitergabe; Gespräch, Diskussion, Gruppenspiel, rituelle Formeln, Worte zur Deutung von Aktionen stehen gleichrangig neben ihr und stehen bei vielen heute mehr in Gunst.
Wer sich trotz oder wegen der großen Tradition dieser besonderen Redeform, der Predigt, auf sie einläßt, und dies sogar aktiv, selber predigend, der wird erfahren: Bei keiner anderen Redeform wird es so ernst, wird so sehr die ganze Existenz gefordert, auch riskiert, wird das Wort selbst zur Tat, zum Eingreifen in die Geschichte der Hörer wie bei dieser — oder wie bei dieser nur noch in einer anderen, in dem Gespräch zwischen zwei Menschen, das man in kirchlichen Kreisen das seelsorgerliche Gespräch zu nennen pflegt, bei dem aber weder ein beamteter Seelsorger beteiligt sein noch ein religiöses Wort gesprochen werden muß, bei demjenigen Gespräch zwischen zwei Menschen, bei dem es um Lebensentscheidungen geht, in denen das Leben auf die Waage gelegt wird, und in dem beide hoffen, es könne der eine dem anderen zum Munde der Wahrheit, der richtenden und helfenden Wahrheit, werden. Diese beiden Redesituationen, die intimste, dialogische, das verborgene Gespräch zu zweien, und die ganz öffentliche der Predigt, sind die beiden ernstesten Redesituationen, die

ich kenne, beide zur ernstesten Sammlung auffordernd, zum Fallenlassen aller Nebeninteressen, erst recht jeder Eitelkeit, jedes Schielens auf Effekt, jedes Wunsches eines eigenen Gewinns. Es sind Situationen der Befreiung von sich selbst, deshalb nur im Gebet, im Gebet um diese Befreiung zu bestehen.

Die theologische Bewegung der zwanziger Jahre, die mich in meinen theologischen Anfängen begeisterte und meinen Weg nachhaltig bestimmte, war charakterisiert durch die Erkenntnis des Ernstes der Predigtsituation. Der theoretische Ausdruck, den sie dafür fand, hört sich Heutigen oft reichlich autoritär an, als eine die Kanzelrede ins Übermenschliche übersteigernde Pastoren-Ideologie. Man versteht aber ihre Absetzung von Psychologie, Ästhetik und Rhetorik dann recht, wenn man dahinter diese vorher fast verloren gegangene Entdeckung erkennt: in der Predigtsituation wird es Ernst, so ernst wie im intimsten Entscheidungsgespräch. Das sollen beiden wissen, der Redende und die Hörer.

Als Weg zur nötigen Befreiung für diesen Ernst empfahlen meine Lehrer und Freunde — Karl Barth, Eduard Thurneysen und Hermann Diem habe ich hier im Besonderen zu nennen — in reformatorischer Tradition die Textpredigt, d.h. die Unterstellung der Predigt unter einen biblischen Text. Nicht nur vorangestelltes Motto solle der Bibeltext sein, nicht nur Auslöser für allerlei Assoziationen, nicht nur Belegstelle für die Darlegung eines vom Prediger gewählten Themas, sondern der konkrete Herr des Predigers. Dieser Text soll durch die Predigt den Hörern durchsichtiger werden, als er zuvor war, zugleich erfreulich, so daß man für ihn dankbar wird, und richtungweisend für heutiges Leben. Der Dienst an diesem Text befreit den Prediger von allen an-

deren Autoritäten, von den kirchlichen — das war das Befreiungserlebnis der Reformationszeit, und von den politischen — das war unser Befreiungserlebnis in der Zeit der Hitler-Diktatur.
Deshalb sind meine Predigten bis heute Textpredigten geblieben und haben für jüngere Theologen dadurch vielleicht einen etwas altmodischen Klang. Ich wundere mich über ihre Vorliebe für die Behandlung von Themen, denen dann der biblische Text unterworfen, für die er ausgenützt wird, und weiß nicht, ob ich den Mut bewundern soll, der nötig ist, um den eigenen Ideen soviel Wahrheitsgehalt zuzutrauen, daß man zu ihrem Vortrag den Gottesdienst benützt. Denn er ist doch diejenige Versammlung der Gemeinde, in der sie durch die Weitergabe der großen Hoffnungsgeschichte ausgerüstet werden soll, eine Lebenszelle in einer von tödlichen Krämpfen geschüttelten Menschenwelt zu werden. Aber Textpredigt kann kein Gesetz sein; jeder muß sehen, was ihm hilft und was ihn autorisiert, den Mund im Namen des lebendigen Gottes aufzumachen, und wir können einander nur mitteilen, was uns hilft, die Stunde des Ernstes, die der Gottesdienst ist, zu bestehen.
Zur Befreiung verhilft nach meiner Erfahrung die Unterstellung unter den biblischen Text auch dadurch, daß sie uns in dieser Stunde des Ernstes, in der unsere Verantwortung wie selten sonst gefordert wird, zugleich von der Verantwortung für das, was hier und jetzt zu sagen ist, befreit. Die Verantwortung übernimmt der Text und durch ihn hindurch der, in dessen Namen jene ersten Zeugen, denen wir die biblischen Texte verdanken, gesprochen haben. Hätte ich meine Überzeugungen zu predigen, meine Erkenntnisse und Erfahrungen, was jetzt gerade mein Herz erfüllt und meinen Kopf bewegt,

meine Christlichkeit und meine Glaubensgewißheit, dann läge die Verantwortung ganz bei mir, und die Frage, ob ich denn jetzt gerade ein Glaubender sei und all dieser erstaunlichen christlichen Glaubensbehauptungen gewiß, könnte mich wohl zu Recht hindern, die ersten Stufen der Kanzeltreppe zu betreten. Was mich dann weitergehen und den Mund aufmachen läßt, kann nur die Erkenntnis sein, daß ich nicht aus dem Reichtum meiner eigenen Religiosität zu reden habe, daß vielmehr ich armer, zweifelnder Mensch der erste Hörer dessen bin, was mir und allen, die vor mir sitzen, der alte Text zuruft und zuspricht. Was mir gesagt wird und was ich jetzt weiterzusagen habe, ist immer viel mehr, als was ich von mir aus sagen könnte, viel mehr, als was ich schon erfahren habe, weiß und glaube. Immer ist es Unglaubliches, Unfaßliches, Unbegreifliches, was jetzt laut werden soll, und wodurch bei uns miteinander, beim Prediger wie bei den Hörern, jetzt Anfänge des Glaubens, neuer Anfängerglaube und daraus Anfängernachfolge entstehen soll.

Die Untrennbarkeit von Glauben und Nachfolge haben wir heute neu entdecken müssen, unter den Herausforderungen eines mörderischen Jahrhunderts, auch durch christliche Selbstkritik in Erkenntnis christlichen Versagens in Vergangenheit und Gegenwart durch die Trennung von Glauben und Nachfolge. Nachfolge geschieht in der Zeit, in dieser jetzigen Zeit, und auf allen Lebensgebieten. Durch Nachfolge wird Glaube politisch. Deshalb entfernt die Unterstellung unter einen Text aus ferner Zeit nicht aus dieser unserer Gegenwart, und zwar dann nicht, wenn der Text befragt wird, was er wie den Damaligen, so auch den Heutigen über den Glauben als Nachfolge sagt. Seine damalige Zeitbeziehung erhellt seine heutige Zeitbeziehung und umgekehrt. Deshalb steht ja die Predigt, die auf Glauben als Nachfolge aus ist, gerade indem konzentriert auf den Text gehört wird, zugleich »zwischen Bibel und Zeitung«, wie der junge Barth in einem Brief an Thurneysen formulierte. Was die Zeitung bringt, ist nicht auszuschalten, sondern einzubeziehen; denn sie macht uns bekannt mit dem Lebensmaterial und den Lebensbedingungen der Nachfolge, mit den Herausforderungen, Infragestellungen und Bewährungssituationen des Glaubens, zu dem wir durch die große Hoffnungsgeschichte ermächtigt, eingeladen und erweckt werden. Darum aber wird die Predigt immer nur der Neubeginn des permanenten Gemeindegesprächs über heutiges Glauben und heutige Nachfolge sein können, kein abschließendes Wort, sondern ein anstoßendes, anregendes, nach Ergänzung, Korrektur und Weiterführung im Gespräch aller Hörer miteinander verlangend.

Erfreulich will der Text werden und durch ihn hindurch die große Botschaft, die er enthält. Deshalb ist die Stunde des Ernstes nicht die eines tödlichen, sondern die eines fröhlichen Ernstes, immer eine festliche Stunde. Eine Predigt ist eine Festrede in einer Festversammlung. Deshalb kann sie nicht allein stehen. Sie ist umgeben und getragen von den Festäußerungen der ganzen Versammlung. Die fehlen bei gedruckten Predigten. Das ist deren Mangel. Dem Leser sei gewünscht, daß er ihn durch seine eigenen Erfahrungen ergänzen kann. —

Alle Predigten wurden in der Jesus Christus-Kirche in Berlin-Dahlem gehalten.

In der Osterzeit 1980 — Helmut Gollwitzer

ARBEIT, DIE SICH LOHNT

Nun hatte aber alle Welt einerlei Sprache und einerlei Worte. Als sie nun von Osten her aufbrachen, fanden sie im Lande Sinear eine Ebene und ließen sich dort nieder. Und sie sprachen untereinander: Hei, laßt uns Ziegel streichen und hart brennen! Und es diente ihnen der Ziegel als Baustein, und der Asphalt diente ihnen als Mörtel. Dann sprachen sie: Hei, laßt uns eine Stadt und einen Turm bauen, dessen Spitze bis an den Himmel reicht, und uns einen Namen machen, daß wir nicht über die ganze Erde verstreut werden! Da fuhr JHWH herab, um sich die Stadt und den Turm, den sich die Menschen gemacht hatten, zu besehen. Und JHWH sprach: »Siehe, sie sind ein Volk und haben alle eine Sprache, und dies ist erst der Anfang ihres Tuns. Nun wird ihnen nichts mehr unmöglich sein, was immer sie sich vornehmen. Hei, laßt uns hinabfahren und daselbst ihre Sprache verwirren, daß keiner mehr des anderen Sprache verstehe!« So zerstreute sie JHWH von dort über die ganze Erde, und sie mußten aufhören, die Stadt zu bauen. Darum heißt sie Babel, weil JHWH daselbst die Sprache der ganzen Erde verwirrt hat, und von dort hat sie JWHW über die ganze Erde zerstreut.
(nach der Übersetzung von Gerhard von Rad) *1. Mose 11, 1—9*

Ein mir sehr nahestehender Freund hat mich gebeten, ich möchte doch einmal die Geschichte vom Turmbau von Babel auslegen, und ich hatte mir das vorgenommen für den nächsten Sonntag, an dem ich hier in Dahlem zu predigen habe. Nun ist das gerade der Sonntag nach dem Tag der Arbeit, und da scheint das ja wirklich ein ganz besonders passender Text zu sein. Denn hier in dieser Geschichte wird ja auch gearbeitet und gearbeitet, Ziegel werden gebrannt und Erfindungen werden gemacht, z.B. wie man Asphalt gewinnt, und daß man ihn auch als Mörtel verwenden kann. Eine große Anstrengung vereinigt die ganze Menschheit. Und dann ist alles vertane Mühe; dann kommt das Gegenteil von dem heraus, wofür man gearbeitet hat. »Da ich aber ansah alle meine Werke, die meine Hand getan hatte, und die Mühe, die ich gehabt hatte, siehe, da war es alles eitel und Haschen nach dem Wind und kein Gewinn unter der Sonne«, sagt der Prediger Salomo (2, 11). Ob das *alles* ist, was über unser menschliches Streben und Bauen, über alles Türme-Erbauen der Menschengeschichte zu sagen ist, das wird dann unsere bedrängende Frage am Schlusse sein. Sicher aber ist: dies ist jedenfalls *auch* zu sagen. Ich muß gestehen: je mehr ich über diese alte Geschichte nachdenke, desto gegenwärtiger wird sie. Da ist ja die ganze Geschichte des deutschen Arbeitens in diesem Jahrhundert drin. Was sind diese Deutschen für ein arbeitsames, ja arbeitswütiges Volk! Die ganze Welt bewundert sie dafür, und wir sind stolz wegen dieser Bewunderung. Aber was ist eigentlich herausgekommen bei dieser Arbeit? Zu Jahrhundertbeginn hatten wir uns vorgesetzt, eine Großmacht zu werden, und dafür haben wir gearbeitet, und weil man das nicht ohne eine starke Rüstung sein kann, haben wir für die Rüstung gearbeitet. Krupps Kanonenschmiede in Essen war das Symbol der deutschen Arbeit. Dann kam der Krieg, und man hat im Krieg geschuftet für den Krieg. Dann gings wieder an den Wiederaufbau, und als die große Arbeitslosigkeit kam, pries man den Führer, daß er wieder Arbeit gebracht hat. Aber es war Arbeit für die Autobahnen und für die Rüstung, Arbeit für den Krieg. Aufs neue schuftete man im Kriege für den Krieg, und wieder ging man nach dem Zusammenbruch an die Arbeit des Wiederaufbaus, und als die geschafft war, kam wieder das

Gespenst der Arbeitslosigkeit. Hätten wir jetzt nicht die Rüstungsarbeit, wie sprunghaft ginge da die Zahl der Arbeitslosen in die Höhe! Wo immer Umweltschützer vor einer chemischen Giftküche warnen oder Bürgerinitiativen sich gegen ein die Zukunft bedrohendes Kernkraftwerk wehren oder Proteste gegen den Rüstungswahnsinn laut werden, z.B. in einer großen Demonstration in Bonn am 22. Mai —, immer kommt das große Gegenargument: die Arbeitsplätze! Wenn's auch nur Arbeit für Zukunftszerstörung ist, Hauptsache: Es gibt Arbeit. Vernünftigeres wissen wir offenbar mit unserer Arbeitskraft nicht anzufangen, als sie für die Zerstörung unserer eigenen Zukunft einzusetzen. So war nun dies der babylonische Rhythmus der deutschen Arbeit im 20. Jahrhundert: Vorkriegsarbeit, Kriegsarbeit, Nachkriegsarbeit — dann wieder: Vorkriegsarbeit, Kriegsarbeit, Nachkriegsarbeit — und jetzt sind wir vielleicht schon wieder in der Vorkriegsarbeit drin; denn viele Kenner der Rüstungsprobleme sagen uns, daß die Gefahr eines neuen Krieges, eines Atomkrieges, nicht etwa ab-, sondern zunimmt, und daß mehr Wahrscheinlichkeit dafür spricht, daß unsere gegenwärtige Arbeit wieder nichts anderes als Vorkriegsarbeit ist. Das alles ist umso wahnsinniger, als ja alle bedrängenden Probleme unserer Zeit: der Welthunger, die Rohstoffausbeutung, die Landschaftserhaltung, die Ernährung und Behausung der zunehmenden Erdbevölkerung leicht gelöst werden könnten, wenn wir mit der Verrücktheit aufhörten, unsere Arbeit in Rüstung zu vergeuden. In Geld ausgedrückt: 300 Milliarden Dollar im Jahr — fast die Hälfte aller Wissenschaftler auf der Erde arbeiten heute an der Weiterentwicklung von Todeswerkzeugen, und Millionen von Arbeitern und Soldaten dazu.

Das ist die Gegenwart. Wie steht es mit der Vergangenheit? Der Turmbau von Babel ist die Geschichte der großen Reiche: von Jahrhundert zu Jahrhundert die großen Imperien mit ihren großen Cäsaren. Sie einigen viele Länder und Völker unter ihrer Herrschaft: *eine* Herrschaftssprache, *eine* Verwaltung, *eine* Kultur. Das geschieht alles im Namen der Einigung und des Friedens, alles angeblich zum Segen der Menschheit: Pax Romana, Pax Germanica, Pax Britannica, Pax Americana. Während aber der Höhepunkt der Einigung erreicht wird, hat jedes Mal auch schon der Zerfall begonnen. Da muß irgendein Wurm drin stecken in diesen Einigungsversuchen. Dabei hätten wir heute Einigung wahrhaftig nötig. Erinnert euch, wie nach 1945, nach dem Ende des Versuchs, Europa unter deutscher Herrschaft zu einigen, alle von der Weltregierung sprachen, die jetzt fällig wäre — und heute ist die Menschheit so zersplittert wie eh und je, gerade heute, wo wirklich eine gemeinsame Willensanstrengung aller Völker nötig wäre zur Beendigung des Rüstungswahnsinns, für eine neue Weltwirtschaftsordnung und für eine Rettung unserer Biosphäre, wenn wir nicht untergehen wollen. Stattdessen hören wir heute überall die verzweifelte Rede von der »Unregierbarkeit der Welt«. Im Großen wie im Kleinen, in der großen Politik wie in den kleinen Gruppen, in den Gemeinderäten und den Kirchgemeinderäten bleibt unsere Arbeit ohne Frucht, weil wir uns nicht verstehen können, weil es scheint, als sprächen wir alle lauter verschiedene Sprachen, weil es ständig so geht, wie es hier heißt: »daß keiner des anderen Sprache verstehe«.

So hat der alte Erzähler vor dreitausend Jahren in dieser Geschichte gezeichnet, was er um sich sah, wenn er auf die damaligen Großreiche Ägypten und Babylonien blickte, und er hat zugleich vorausgezeichnet die Menschheitsgeschichte bis auf den heutigen Tag. Er hat dazu eine Geschichte verwendet, die er nicht selber erfunden hat, sondern die man sich in der damaligen orientalischen Welt überall erzählte, und mit der man die Entstehung von zwei ganz verschiedenen Erscheinungen erklären wollte: die Entstehung turmähnlicher Berge oder auch richtiger hoher Türme und Turmruinen, die man im damaligen Mesopotamien anstaunte — und das Phänomen der vielerlei Sprache, die doch so unpraktisch sind, weil sie die Verständigung von Mensch zu Mensch behindern. Da müssen die Götter dazwischen geschlagen haben — deshalb diese rätselhaften Berge und Turmruinen und deshalb dieses Völker- und Sprachenchaos.

Der biblische Erzähler, der diese ätiologische Sage (so nennen die Wissenschaftler solche Entstehungserzählungen) übernommen hat, hält nichts von den Göttern; er meint nicht, daß über uns Götter leben, die Neid und Angst empfinden vor dem großen Können der Menschen und deshalb zu ihrem Selbstschutz dreinschlagen. Er kennt als Israelit den einen, lebendigen Gott, den Schöpfer, der seine Geschöpfe liebt, der seine Menschen mit vielen Gaben und großem Können ausgerüstet hat, der ihre Arbeit segnen und gedeihen lassen will, der sich freut am Können seiner Geschöpfe. Und doch sieht er eine Wahrheit in dieser Sage, und er stellt sie deshalb an den Schluß seines Berichtes über die Anfänge der Menschheitsgeschichte, der jetzt in den ersten elf Kapiteln des 1. Mose-Buches enthalten ist: so ein guter Anfang — die Menschen im Garten dieser Erde, sie haben zu essen und zu arbeiten, sie leben in Frieden und Gemeinschaft, die Arbeit lohnt sich, eine heile

Welt. Dann aber verdirbt dieses eine, besondere, besonders ausgerüstete Gottesgeschöpf, der Mensch, mehr und mehr die Schöpfung und sich selbst: Adam und Eva, Kain und Abel, die Menschen der Sintflutgeschichte und schließlich dieser Turmbau — das sind die Stationen einer steigenden Zerrüttung, eines lawinenartigen Anwachsens des Verderbens, das von den Menschen ausgeht und auf sie selbst zurückschlägt. Der Erzähler erzählt nur, er kommentiert nicht. Aber seine Erzählung drängt uns die Frage auf: Was ist da in Unordnung geraten, daß der Mensch so zerstört, und daß Gott nicht segnet, sondern mit seinem Gericht den Menschen entgegensteht?

Viel zu geläufig setzen wir hier das den Christen so leicht aus dem Munde gehende Wort Sünde ein. Aber ahnen wir auch, was wir damit sagen, und wie sehr das uns alle trifft? Nicht nur ein paar einzelne schlechte Gedanken und Taten, die man bei einiger moralischer Anstrengung unterlassen könnte, sind damit gemeint, sondern etwas Verderbliches, was sich auch mit unseren besten Bestrebungen verbindet, etwas Vergiftendes nicht nur bei einzelnen Handlungen und einzelnen Menschen, sondern auch in den großen gemeinsamen Unternehmungen, in den Gesellschaftsordnungen, in den Strukturen der Wirtschaft und der Staaten. Die Leute in unserer Geschichte wollen etwas ganz Gutes und Vernünftiges: sie wollen nicht »zerstreut« werden, nicht voneinander entfernt werden und dadurch vielleicht in Gegensatz und Feindschaft geraten; sie wollen zusammen bleiben, sie wollen ein gutes Zusammenleben, Gemeinschaft, friedliche Ordnung. Aber schon ist das Falsche dabei: *„daß wir uns einen Namen machen",* sagen sie. Die Ruhmsucht wird hier benannt als eine Gestalt

des Falschen und Vergiftenden. Die Lieblingsbeschäftigung der Völker sei das Karusselfahren um den eigenen Ruhm, sagte einmal Friedrich Wilhelm Foerster, einer der leidenschaftlichen und deshalb viel verlästerten Warner der Deutschen in unserem Jahrhundert. Wie sehr haben wir das erlebt! Eitelkeit und Ruhmsucht verderben die beste Arbeit im Persönlichen wie im Politischen. Da werden dann andere Völker unterdrückt um unseres eigenen Großseins willen, und im eigenen Volk muß man auch unterdrücken mit Konzentrationslagern und massenweisen Hinrichtungen. Da wird von schönen Bestrebungen gesprochen, von Volksgemeinschaft, Einigung und Frieden, aber das verschleiert nur, daß die einen treten und die anderen getreten werden, daß die oben auf Kosten derer leben, die unten sind. Ob man von Ruhmsucht spricht oder von Habsucht, von Privilegiensucht, davon, daß die einen es besser haben wollen als die anderen — immer wird das schöne Ziel der Gemeinschaft zersetzt und zerstört durch den Egoismus der Einzelnen, der Klassen und der Völker, und am Ende steht dann das Gegenteil von dem, wofür man gearbeitet hat: damit wir nicht zerstreut werden — damit begann die Einigungsarbeit, und: *»sie wurden zerstreut über die ganze Erde«,* das ist das Ergebnis.
Muß sich das immer wiederholen? Gibt es nicht einen Weg heraus aus dieser Geschichte der Selbstzerstörung der Menschheit, gibt es nicht einen anderen Weg? Das ist heute unsere bedrängendste Frage, da uns heute nicht nur eine Katastrophe droht, wie die bisherige, die man überlegen konnte, sondern ein Unheil, daß wir und unsere Kinder und Enkel aller Voraussicht nach nicht überleben werden. Es ist unsere bedrängende Frage, weil wir uns selbst so hinein gefesselt sehen in diese

allgemeine Ruhmsucht und Habsucht, in die Sucht, auf Kosten anderer besser zu leben, und zugleich erkennen, welches Verderben daraus entsteht. Dieser biblische Erzähler ist mit allen denen, die in der Bibel mit uns sprechen, der tiefen Überzeugung, daß wir mit eigener Kraft unsere Fesseln nicht sprengen, unsere Vergiftungen nicht loswerden können, daß wir einer großen anderen Hilfe bedürfen. Der Schöpfer, der den guten Anfang gesetzt hat, muß einen neuen Anfang setzen. Er muß mit neuen Gaben kommen, damit die alten Gaben unseres Könnens und Arbeitens nicht weiter zum Fluch für uns werden. Ein neuer Geist muß uns von den Verirrungen unseres alten Geistes befreien. Die ganze Bibel ist ein Hilferuf um diesen neuen Geist vom Schöpfer her, und die ganze Bibel ist zugleich das euangelion, die frohe Kunde, daß Gott dem bösen Willen der Menschen nicht nur, wie in unserer Geschichte, mit seinem Gericht entgegen tritt, sondern daß er sich aufgemacht hat und einen neuen Weg des guten Lebens, der Gemeinschaft, des Nicht-Zerstreutwerdens möglich gemacht hat. Auf diesen neuen Weg will er mit seinem Geist uns alle ziehen.
Diese Geschichte steht unmittelbar vor der Geschichte des Auszuges Abrahams aus dem Großreich Babylon. Abraham — das ist der neue Anfang einer neuen Geschichte, der neuen Gottesgeschichte, der Heilungsgeschichte für die kranke Menschheit. Diese neue Geschichte hat auch wieder ihre Stationen: Abraham — Israel, das Volk mit einer neuen Gottesverbindung und einer neuen Gemeinschaftsordnung — die Propheten, die zu dieser Gemeinschaftsordnung zurückrufen und Gottes Lebenswillen immer neu klarmachen — Jesus, die Gegenwart Gottes inmitten seines Volkes und inmitten

der verwirrten, zerrissenen Menschheit — die Vergebung des Kreuzes und das Licht der Auferstehung: da tut sich der neue Weg auf, der »Weg der Rettung«, der »Weg der Gerechtigkeit«, der »Weg der Wahrheit«, der »Weg des Friedens« — so wird er im Neuen Testament mit immer neuen Ausdrücken genannt.

Dieser Weg ist ein Exodusweg wie bei Abraham, ein Weg heraus aus der babylonischen Vermessenheit, Ruhmsucht und Habsucht und ihren gemeinschaftszerstörenden Unterdrückungsmethoden und Unterdrükkungsstrukturen. Auf diesen Weg sind wir gerufen, sind wir nicht nur eingeladen, sondern vom Geiste Gottes schon ergriffen und auf ihn gesetzt. Jeder von uns hat da schon ein paar Erfahrungen gemacht. Es kommt jetzt ganz darauf an, daß wir nicht abbiegen von ihm, wie es ja leider immer wieder geschieht, sondern vorwärts gehen in der Gegenbewegung des neuen Lebens gegen das alte babylonische Leben: unser Arbeiten ganz einsetzen zum Dienst für das gute Zusammenleben der Menschen, Gottes Gaben in der Richtung von Gottes Willen benützen, täglich uns reinigen lassen von der Verbindung unserer guten Bestrebungen mit Ruhmsucht und Habsucht — das ist die Arbeit, die auf Segen hoffen darf.

Manchen wird das als eine zu bescheidene Antwort erscheinen. Diese Wendung vom alten zum neuen Weg scheint ja nur bei einigen und wenigen zu geschehen, die Völker aber, die herrschenden Klassen, die Regierungen — die alle scheinen auf den alten Schienen weiterzufahren, von denen wir heute so deutlich sehen, daß sie ins Verderben führen. Es gibt Christen, die infolgedessen sich ganz von den Völkerfragen zurückziehen in die Schranken des persönlichen Lebens und der persön-

lichen Frömmigkeit, und es gibt andere, die meinen, für die Völker- und Gesellschaftsfragen könne der Glaube uns gar nichts helfen, nur der Kampf für eine richtigere Politik.
Der Erzähler unserer Geschichte hält es mit keiner dieser beiden Seiten. Sein Glaube läßt ihn von der Weltgeschichte und Weltpolitik nicht absehen, sondern gerade hineinsehen; er schreibt die Völker nicht ab, sondern ist ganz beschäftigt mit der Frage, wie das Schicksal nicht nur einzelner Menschen, sondern der ganzen Menschheit zum Besseren gewendet werden kann. Und er meint andererseits nicht, daß der Glaube, die Gottesverbundenheit, weil das nur die Sache einzelner Menschen und kleiner Gruppen sei, nichts bewirken könne im öffentlichen Leben. Er sieht die Menschheit ohne Gottes Hilfe ganz verloren, aber er sieht Gottes Hilfe schon gegenwärtig tätig, er sieht sie ansetzen bei einzelnen und kleinen Gruppen, und unter Gottes Verheißung verspricht er sich, daß von diesen kleinen Zellen und Zentren eine dynamische Wirkung ins Große geht. Ganze Gesellschaften können den Geschmack an Selbstruhm und Ausbeutung und Unterdrückung verlieren durch die ansteckende Wirkung von „abrahamitischen Minderheiten", wie Dom Helder Camara sich ausdrückt. Das ist kein Rezept für alle Fragen, die uns heute bedrängen, aber es ist der Anfang, bei dem wir ansetzen können. Zu diesen kleinen Zellen dürfen wir gehören und können hinauswirken für ihren Einfluß auf unsere so bedrohte Umwelt. Dafür sollen wir uns einsetzen mit unseren Gaben und Kräften. Das ist die Arbeit, die sich lohnt und der Segen verheißen ist.

Wir bringen heute vor dich, du Herr und Quelle unseres Lebens, die Not unserer Arbeit: die vielen, die Arbeit haben und von ihr aufgefressen werden oder unter ihrer Sinnlosigkeit leiden. Du siehst: unzählige Arbeit ist Raubbau an Körper und Geist; unzählige Arbeit wird vergeudet für nichtige oder für tödliche Zwecke. Du siehst daneben die Millionen, die keine Arbeit haben, die ihr Selbstbewußtsein durch Arbeitslosigkeit verlieren, in Not geraten, auf Wege des Verbrechens oder der Sucht, besonders die Jugendlichen, die lernen möchten zu arbeiten und ausgeschlossen sind. Du siehst, Herr, unsere Ratlosigkeit, unsere Ohnmacht, den Widerstand gegen bessere Lösungen und die schreienden Gegensätze in der Menschheit. Wir hören aus deinem Evangelium, daß du nicht gleichgültig über uns Menschen schwebst, daß du gegenwärtig bist unter uns und tätig, daß du mit allen Leidenden leidest, und daß du ein Helfer sein willst für deine Menschen. So bitten wir dich um deinen helfenden Geist für alle, die von ihrer Arbeit geplagt sind, und für alle, die von der Arbeitslosigkeit geplagt sind. Zeige jedem von uns sinnvolle Aufgaben, für die er seine Gaben einsetzen kann! Segne die Arbeit derer, die falsche Verhältnisse so ändern wollen, daß Arbeiten nicht mehr sinnlos ist und keiner mehr vom Arbeiten ausgeschlossen wird! Entziehe nicht deinen Segen, den du doch versprochen hast, für alles treue Arbeiten im Dienste der Menschen! Und wenn du uns aus der Arbeit herausnimmst durch Krankheit und Alter, dann laß uns erfahren, daß wir nicht von unserer Arbeit leben, sondern von deiner Gnade! Laß uns ja sagen zum Ruhen ebenso wie zum Arbeiten! Laß deine Gnade ein Licht sein beim Tätigsein und beim Ruhen, in diesem irdischen Leben und droben, wo wir deiner Hilfe ohne Ende danken werden!

DAS LEISE TRUTZLIED DER ZERSCHLAGENEN

Er ist unsere Zuversicht und Stärke, eine Hilfe in den großen Nöten,d ie uns betroffen haben. Darum fürchten wir uns nicht, wenngleich die Welt unterginge und die Berge mitten ins Meer sänken, wenngleich das Meer wütete und wallte und von seinem Ungestüm die Berge einfielen. Dennoch soll die Stadt Gottes fein lustig bleiben mit ihren Brunnen, da die heiligen Wohnungen des Höchsten sind. Gott ist bei ihr drinnen, darum wird sie fest bleiben. Er hilft ihr früh am Morgen.

Ps. 46, 2—6

Herr, unser Gott, du befreist immer wieder, wo wir gebunden sind. Auch die Reformation vor 400 Jahren war eine Befreiung von Bevormundung und Vergewaltigung durch Menschen und Verfälschung des Glaubens durch menschliche Einbildungen. Sie gab die Freiheit, dich selbst in deinem Wort zu hören. Heute werden wir gefragt von dir: Was machen wir aus unserer Freiheit, welche Bindungen hindern uns heute, frei auf dich zu hören und deinen Weg zu gehen? Dein Wort will alle anderen Bindungen zerhauen und uns frei für ein neues Leben machen mitten unter versklavten Menschen. Wir aber lieben unsere Fesseln mehr als deine Freiheit. So bekennen wir dir unser Gebundensein an Besitz, an Vorurteile, an Haß, an Unbrüderlichkeit, an Eitelkeit, unsere Angst vor deiner Freiheit. Du bist den Sklaven ein Bruder geworden, um sie in die Freiheit zu führen. Herr, wir bitten dich, tue das und erbarme dich unser!

Es soll ein gewisses Wagnis jetzt unternommen werden,

und ich bitte euch mitzumachen. Es besteht darin, daß wir miteinander betrachten wollen das Lied *„Ein feste Burg ist unser Gott"*, das Lutherlied, das Reformationslied, für manche von uns vielleicht kaum mehr singbar. Ein Wagnis, es am Reformationsfest miteinander zu singen! Wie werden wir dabei vermeiden den Sog der Tradition dieses Liedes, das Hineinrutschen in das Pathos der vaterländisch-protestantisch geschwellten Brust, mit der einst Männerchöre und Studentenkorporationen dieses Lied als christliches und deutsches Trutzlied gedröhnt haben und bei der letzten Zeile nicht mehr das Reich Gottes und das deutsche Reich zu unterscheiden wußten?

Als dann die Bedrängnis des Glaubens in der Kirche wirklich auf uns kam, haben wir — einige werden sich noch daran erinnern — ziemlich selten nach diesem Lied gegriffen. Es war uns verleidet durch das falsche Pathos, und als es aktuell wurde mit der Bedrängnis, da sangen wir lieber manche anderen Lieder aus der Reformationszeit und neuere, die glaubwürdiger aussprachen und ausdrückten die Lage des angefochtenen Glaubens in der Bedrängnis. Wie wir also auf der einen Seite das Pathos, den Mißbrauch und den Mißverstand scheuen, so auf der andern Seite das Kraftbewußtsein, das sich auch in diesem Trutzlied ausspricht, so wie in der Haltung des Luther auf dem Lutherdenkmal von Worms. Das ist nicht eigentlich der Mensch des Glaubens, wie wir ihn durch eigene Bedrängnis zu sehen gelernt haben.

Soll damit für uns dieses Lied verdrängt sein wie andere alte patriotische Kraftgesänge aus der Kaiserzeit, die wir höchstens noch ironisch zitieren? Wir könnten zu dem Lied, glaube ich, ein neues Verhältnis gewinnen, wenn wir nachdenklich seinen Inhalt uns vergegenwärtigen und dabei zuerst, welche Lage beschrieben wird für die, die da singen: *»Ein feste Burg ist unser Gott«. »Unser«* — wir, eine ganze Gruppe spricht da also, nicht nur ein einzelner Christ, einsam innere Kämpfe mit seinem Gott durchfechtend. Das gibt es auch — aber darum handelt es sich hier offenbar nicht, sondern eine Gruppe ist gemeinsam so dran, wie sie es hier ausspricht. Schrecklich ist sie dran. Nicht im Frieden lebt sie, keine Toleranz genießt sie, keine Rechtsbasis hat sie. Sie steht in einem Kampf auf Leben und Tod mit Feinden, von denen sie keine Gnade zu erwarten hat. Ein Vernichtungskampf wird gegen sie ausgeführt, und zwar von einer feindlichen Macht, die ihr haushoch überlegen ist, und der alle Machtmittel der Welt zu Gebote stehen: *»Der Fürst dieser Welt«* mit *»großer Macht und viel List«*, und nirgends auf Erden ist ein Bundesgenosse zu sehen, der die Lage ändern könnte; *»auf Erd' ist nicht seinsgleichen«*. Und damit keiner meint, es seien hier nur äußere Bilder für innere Glaubenskämpfe gemeint, wird deutlich gesagt: es geht um reale, materielle Kämpfe; *„Leib, Blut,Gut, Ehr, Kind und Weib“*, all das, was das Leben auf Erden lebenswert macht, kann ihnen entrissen werden. Und es wird ihnen entrissen werden; denn die Welt ist für sie voll Teufel und will sie verschlingen, und *„mit unsrer Macht ist nichts getan, wir sind gar bald verloren“*. So sind sie dran.

Warum sind sie so dran? Das wird seltsamerweise in diesem Lied nicht gesagt. Sind sie Kriminelle, die die Macht der Gesellschaft gegen sich haben? Sind sie Terroristen, die die ganze Welt herausgefordert haben? Sind sie eine Minderheit mit anderer Abstammung und Hautfarbe und darum von dr Majorität gnadenlos verfolgt? Es gibt nur eine Andeutung, aus der man erraten kann, warum sie so dran sind; sie sagen nämlich, *„es streit' für uns der rechte Mann, den Gott hat selbst erkoren"*, und er bekommt den merkwürdigen Namen: *„Jesus Christ, der Herr Zebaoth"*, und dann wird gesagt: *„Es ist kein anderer Gott."* Es ist kein anderer Gott. Diese Gruppe sagt das in einer Welt, die voll von Göttern ist, in der überall Götter auftreten und von den Menschen Opfer und Gehorsam und Verehrung fordern. Sie lehnt das alles ab, macht das nicht mit, erweist diesen Göttern keine Reverenz und sagt: *„Es ist kein anderer Gott."* Der Bundesgenosse, der für sie streitet, der scheint das von ihnen verlangt zu haben. Ihr Bundesgenosse ist er nur, wenn sie mit allen anderen Bundesgenossen, mit allen andern Göttern brechen und ihnen den Gehorsam aufsagen. Daß sie sich von dem einen Bundesgenossen dazu haben verführen lassen, das rächt sich jetzt. Das hat ihr Leben nicht friedlicher und sicherer gemacht, sondern die Vernichtungswut der Teufel der ganzen Welt heraufbeschworen; das hat die Götter dieser Welt in Teufel verwandelt, die gegen sie stehen. Wo finden wir diese Gruppe? Hier bei uns offenbar nicht. Auf die evangelische und katholische Kirche in unserm Lande trifft diese Lagebeschreibung in keiner Weise zu. Sie sind nicht von aller Welt verlassen. Sie stehen in öffentlichem Ansehen, vom Staate geschützt. Sich mit der Kirche anzulegen, bringt eher politisches Risiko. Was sie bedroht, ist höchstens eine große Gleichgültigkeit, nicht aber diese geballte Feindschaft und Vernichtungswut der großen Mächtigen auf dieser Erde, der die kleine Gruppe dieses Liedes ausgesetzt ist. Bei uns rächt es sich nicht, sich zu Jesus Christus zu bekennen, es lohnt sich eher, z.B. bei der Beamtenkar-

riere und in vielen anderen Fällen. Wo aber rächt es sich?
Wir denken zuerst an die Christen in den kommunistischen Ländern. Zwar ist dort die Zeit der schlimmsten Christenverfolgung vorüber. Es war in Rußland so wie damals in den Anfängen der Lutherbewegung. Es konnte bis ins Gefängnis und auf den Scheiterhaufen gehen, wenn einer mit Luther sagte: »Es ist kein anderer Gott.« Drüben im Osten hat heute, Gott sei Dank, die Verfolgung abgenommen, aber immerhin, wer sich zu Christus bekennt und den Gott Partei nicht anbetet und sich ihm mit seinem Gewissen nicht unbedingt unterwirft, der hat mit Familie und Beruf allerlei Nachteile in Kauf zu nehmen, und immer wieder verlieren einzelne, etwa manche Baptisten in Rußland, noch viel mehr, oder sie geraten in Empörung und Verzweiflung wie unser Bruder Oskar Brüsewitz bei seiner Selbstverbrennung.
Auch da drüben aber ist es nicht eigentlich der Glaube als solcher, der in Konflikte mit der Macht gerät, sondern ein Verhalten, das aus dem Glauben wächst. Wenn dort eine Staats-Weltanschauung geboten wird, dann deshalb, weil man durch Kontrolle der Gedanken das Verhalten regieren will. Darum kommen Christen in Konflikte mit der dortigen Macht; denn sie bekennen im Verhalten: »Es ist kein anderer Gott.« Bei uns im Westen herrscht ein toleranter Pluralismus. Du kannst an einen Gott glauben oder an zehn Götter oder an gar keinen, das macht überhaupt nichts, das regt niemanden auf. So scheint die Lagebeschreibung für uns nicht zu gelten, weil das Bekenntnis: »Es ist kein anderer Gott« für mich und euch keine nachteiligen Folgen hat. Wir können also, so scheint es, das Lied »Ein feste Burg ist unser Gott« hier gar nicht singen.

Schauen wir über die Grenzen unseres bundesrepublikanischen Kirchenidylls hinaus, dann ändern sich die Dinge. In Lateinamerika gehen Priester und Laien zu den elenden Massen in die Slums und richten dort medizinische Zentren ein und Analphabetenschulen und leiten zur Selbsthilfeorganisation an und helfen den Familien der Gefangenen und unterstützen die streikenden Arbeiter — und schon stören sie die Interessen der Mächtigen, der Götter in diesen Ländern, weil sie mit ihrem Verhalten und nicht nur mit Worten Jesus als ihren Herrn bekennen, und schon sieht es für diese Menschen aus, *»als ob die Welt voll Teufel wär«*. Der deutsche Pater Lunkenbein ist vor einigen Wochen dort erschossen worden, der viele Jahre bei den Amazonas-Indianern lebte. Mit ihnen zusammen störte er die Interessen der großen Konzerne — auch unser Volkswagen-Werk und also, wir Deutschen sind da sehr beteiligt —, die jetzt bestrebt sind, diesen Indios dort ihre letzten Lebensmöglichkeiten wegzurauben und den großen Indianermord der weißen Geschichte in diesen Jahren zu Ende zu führen, ohne daß irgendein Hahn in der weißen Welt danach kräht. Einem brasilianischen Bischof ist kürzlich auf einer Polizeistelle, als er für drei gefolterte Frauen eintrat, sein nächster Mitarbeiter vor seinen Augen erschossen worden mit der Drohung, das nächste Mal käme er dran. So strömen Tag für Tag Nachrichten aus Lateinamerika zu mir ins Haus, aus diesem ganzen Kontinent, der heute im Interesse des großen Kapitals in eine Hölle verwandelt worden ist für unzählige gefolterte, hungernde und versklavte Menschen. Oder in Süd-Korea: Kürzlich kam eine Gruppe von Süd-Koreanern zu mir, von jedem ein Bruder oder ein Verwandter jetzt im Gefängnis, als Pfarrer oder als Gemeindeglied schon zum Krüppel geschlagen oder die Verhaftung demnächst erwartend. Eine bekennende Kirche ist dort entstanden, viel schlimmer dran, als wir es damals waren in der Zeit der Bekennenden Kirche unseres Kirchenkampfes, viel mehr bedrückt, gefoltert, mißhandelt, weil sie eintreten für die Menschenrechte. Gehen wir um den Erdball herum bis ins südliche Afrika und wo auch immer, überall gilt: Der Glaube hat das Verhalten der Liebe zur Folge, wenn er nicht leeres Geschwätz und bloßer Egoismus sein will. Und wenn der Glaube in der Liebe nach außen tritt und zu einem realen Verhalten wird, dann wird er mächtige Interessen stören, und zwar auch bei uns. Auch bei uns kann es geschehen, daß ein einzelner oder eine ganze Gruppe durch ihr Verhalten nach den Weisungen Christi zu Schaden kommt mit Familie, Recht und Beruf, und daß es um sie so verzweifelt aussieht, daß auch sie sagen müssen: »*Wir sind gar bald verloren.*«

Denkt ihr euch in die Lage solcher Menschen in Paraguay, in Namibia, in Süd-Korea, in Chile, in den sowjetischen Irrenanstalten — werden wir dann noch singen: »*Ein feste Burg ist unser Gott*«? Ist es denkbar, daß es in Folterkellern etwas anderes gibt als Verzweiflung? So ist das Lied unmöglich zu singen für uns hier, weil wir nicht so dran sind — und unmöglich zu singen für die, die so dran sind, weil einem da alles Singen vergeht, und weil einem da auch vielleicht alles Glauben vergeht? Es müßte ein Wunder geschehen, wenn ein Mensch und eine Gruppe in solcher Lage noch sagen kann: »*Das Reich muß uns doch bleiben*« — nämlich die Zugehörigkeit zum Gottesreich, zum wahren Leben, zum wahren Glück, selbst wenn der Leib zerschlagen und das irdische Glück zerstört wird. Wodurch können Menschen solche Hoffnung fassen, so daß sie dann glauben und vielleicht auch im Folterkeller, im Schlamm des Gefängnisses und der Slums singen können, was ja immer wieder in den Jahren unseres Jahrhunderts, das so reich ist wie wenig andere an christlichen Lebens- und Todeszeugnissen, geschehen ist. Es kann Hoffnung in ihnen entstehen, die sie schon verloren haben, wenn sie neben sich einen gefolterten Zellengenossen flüstern hören, der mit ihnen geröchelt hat: »Mein Gott, mein Gott, warum hast du mich verlassen?«, und der ihnen nun zuflüstert: »Es ist doch wahr. Wir haben gut getan, auf diesen Weg uns einzulassen. Wir brauchen's nicht bereuen, wir sind nicht verloren. Er läßt seine Sache und seine Leute nicht im Stich; ›*das Feld muß er behalten*‹.« Der gleiche Bundesgenosse, der sie verlockt hat auf diesen Weg, der sich jetzt an Gut, Ehr, Kind und Weib und am eigenen Leib so bitter rächt, Jesus Christus selbst liegt gefoltert neben ihnen und ist zugleich als der Auferstandene durch alle Niederlagen hindurch zum Sieg vorgedrungen. Durch ihn spricht der Gott, von dem sie gesagt haben: »Es ist kein anderer Gott«, zu ihnen: »*Ich bin bei euch mit meinem Geist und Gaben, ich bin eure feste Burg, eure gute Wehr und Waffen.* Und ihr werdet noch sehen, daß ihr's nicht zu bereuen habt, die Götter nicht respektiert zu haben. Sie sind keine Götter, sie sind nur Verderber, und sie sind mächtig nur, so lange man sich vor ihnen fürchtet. Und weil sich die ganze Welt vor ihnen fürchtet, darum ist die ganze Welt so schrecklich dran, und ihr, die ihr mit ihnen gebrochen habt, ihr werdet sehen: ihr seid nicht auf der verlorenen Seite, sondern auf der siegreichen Seite.«

Es kann, ich sage, es kann Hoffnung entstehen, und das Wunder, das ich hier beschreibe, ist immer wieder geschehen in diesem unsern Jahrhundert und geschieht immer wieder überall da, wo der Glaube, der durch die Liebe tätig ist, in Konflikt kommt mit den großen Göttermächten und Teufelsmächten dieser Erde. Wenn die Liebe nicht in Konflikt kommt, dann kann es wohl daher kommen, daß sie sich in Grenzen hält, in denen es ungefährlich bleibt, in denen einem nichts passiert und alle Leute nur Beifall klatschen, weil das immer ein erbaulicher Anblick für andere Menschen ist, wenn ein paar liebende Menschen da sind. Aber wenn die Liebe solche Grenzen nicht respektiert, dann kommt sie in Konflikt. Und daran ist zu lernen: Der Glaube führt auf den Weg der Liebe, aber die konsequent weiter dringende Liebe kommt in so tödliche Konflikte in dieser Welt, daß sie wieder flüchten muß in den Glauben.

Diese Christen, von denen wir heute viel hören können, sind dort, in den Gefängnissen Südamerikas, Chiles, Süd-Koreas usw., ja nicht allein. Sie liegen dort gequält und mißhandelt und um Freiheit und Leben gebracht mitten unter anderen, die aus Not und Empörung oder aus Humanität und Gerechtigkeitsgefühl ebenso in Konflikt gekommen sind, sich einsetzend für die Not ihrer Mitmenschen, in Konflikt gekommen mit den großen Mächten, die heute die Erde in ein Massengrab für ungezählte Hungernde und Verfolgte und Gefolterte und Entmündigte verwandeln. Was haben die Christen Besonderes inmitten ihrer Kampf- und Leidensgenossen? Sie hören, wo kein irdischer Bundesgenosse mehr helfen kann, einen Bundesgenossen zu sich sprechen. In äußerster Verlassenheit erfahren sie sich als nicht verlassen. Der Bundesgenosse leidet mit ihnen und ist ihnen zugleich schon voraus im Siege. Dadurch bestätigt er ihnen, daß der Weg, auf den er sie gebracht hat, der rechte

Weg ist, den sie nicht bereuen müssen, auch wenn sie ihn jetzt so teuer, mit »*Leib, Gut, Ehr, Kind und Weib*« — oder, was die vielen Frauen in jenen Ländern und Gefängnissen angeht, mit Kind und Mann, mit allem, was ihnen auf Erden lieb und teuer ist, bezahlen müssen. Er ermutigt und stärkt sie durch »*seinen Geist und Gaben*«, er läßt sie vorausschauen auf den Sieg und macht sie gewiß, daß Gott diese Welt nicht den Teufeln überläßt, sondern sie aus deren Hand retten will, und daß sie also nicht für eine verlorene, sondern für die siegreiche Sache leiden: »*Es muß uns doch gelingen.*« Immer wieder geschieht das Wunder, daß Menschen, die allen Anlaß zur Furcht hatten und von Furcht überwältigt waren, durch dieses *Wort* beginnen zu sagen: »*so fürchten wir uns nicht so sehr*«, und ihre Furchtlosigkeit ausstrahlt auf ihre Kampf- und Leidensgenossen und die Verzagten stärkt, damit sie nicht aufgeben, nicht verraten, nicht zum Feinde überlaufen, nicht verzweifelt in den Tod sinken.

Für uns scheint das weit entfernt zu sein. Wir sind nicht in Süd-Korea und nicht in Lateinamerika und nicht in der Sowjet-Union, nicht einmal in der DDR, wir leben so gemütlich als Christen, und für uns, wenn wir unseren Glauben bekennen, verwandelt sich die Welt nicht in eine Welt voll Teufel. Jene Lage kann aber uns doch nahe rücken: 1. Wenn wir teilnehmen an den Kämpfen unserer Brüder in fernen Ländern, wie wir in der einen Christenheit, der Gemeinschaft der Heiligen, es versprechen zu tun. Teilnehmen können wir nur, wenn wir informiert sind und uns diese bedrückenden Informationen nicht vom Leibe halten. Und das Informiertwerden führt zur Fürbitte und zur solidarischen Aktion. Dann rückt deren Lage uns nahe. 2. Ganz fremd werden uns hier diese

Ohnmachtserfahrungen und diese Furcht nicht bleiben. Dann nämlich, wenn auch bei uns der Glaube in der Liebe tätig wird und unsere Liebe nicht vorsichtig sich in den Grenzen hält, in denen sie keine mächtigen Interessen stört. Und 3. eine Frage: Es könnte ja sein, daß wir so gemütlich leben, weil wir das Christentum so verstehen, daß es uns nur fürs innere Leben gut ist, aber im äußeren Verhalten keine Schwierigkeiten macht, weil wir also wohl mit dem Munde, keineswegs aber mit unserem Verhalten bekennen: *»Es ist kein anderer Gott«*, sondern schlau und eifrig neben dem einen Gott auch die Göttermächte dieser Welt anbeten, um *»Leib, Gut, Ehr, Kind und Weib«* uns zu sichern. Das ist die Frage, die das Schicksal und der Kampf der christlichen Gemeinden heute weithin in der Welt an unsere hiesige christliche Kirche und an jeden von uns stellt. Teilnehmend in der Fürbitte an diesem Kampf, werden wir das Lied nun vielleicht doch als Ausdruck einer neuen Hoffnung singen können, einer zitternden, trostbedürftigen und getrösteten Hoffnung. Leise, nachdenklich, gar nicht mehr pathetisch, sehr gedämpft wollen wir jetzt miteinander singen:

> Ein feste Burg ist unser Gott /
> Ein gute Wehr und Waffen /
> Er hilft uns frei aus aller Not, /
> die uns jetzt hat betroffen...

Herr unser Gott, wir haben es selbst erfahren dürfen und andere bezeugen es uns, daß dein Wort gewachsen ist allem Unglück und aller Verfolgung, daß dein Wort unsere Verzweiflung besiegen, unsere Furcht austreiben, unsern Glauben neu entstehen lassen und stärken kann.

Darum danken wir für dein Wort und bitten dich: Mache uns zu deinen Dienern, es auszubreiten überall!
trachtet haben, ausgesprochen ist, die, die wir genannt haben, und die, die wir nicht genannt haben, die, von denen wir nichts wissen, obwohl wir von ihnen wissen sollten, und die, von denen wir nichts wissen können, alle, die dein Weg des Gehorsams ins Leiden geführt hat, zusammen mit ihren Genossen der Leiden legen wir in deine Hand und bitten um deinen Geist und deine Gaben für sie, daß sie ausstrahlen können auf alle Verzagten um sie herum und ihre Leidensgenossen stärken, daß keiner aufgibt und verrät und verzweifelt. Wir bitten für alle Friedensstifter im südlichenAfrika, im Libanon, in Nord-Irdland, alle, die dazu beitragen, daß der Weg der Gewalt und der Unterdrückung verlassen wird. Heute, an diesem Tag, da wir der Reformation gedenken und der Trennung, die durch die Freiheit deines Wortes in der Christenheit entstanden ist, legen wir dir vor auch die Schande und die Schwäche dieser Trennungen in der Christenheit und bitten dich, uns zu helfen, die Einheit mit den Brüdern in den anderen Glaubensgemeinschaften der Christenheit zu suchen, um gemeinsam der Not der Welt zu dienen. Segne und behüte und begleite und berate die Arbeit im Ökumenischen Rat der Kirchen. Wir legen auf dein Herz, Herr, unsere West-Berliner Kirche mit ihrem Bischof, alle, die in ihr predigen und vielfachen Dienst leisten an der Orgel, in den Krankenhäusern, die Kirchendiener und Mitarbeiter, alle miteinander. Mache uns zu einer Gemeinde deines freien Wortes, zu Menschen, die in der Liebe tätig sind und bekennen, daß nur du der Gott bist, den wir fürchten und lieben sollen! Hilf uns zum Glauben und zur Liebe!

KONSEQUENZEN DES LOBGESANGS

Du hast längst angefangen, deine verlorene Welt dir zurückzugewinnen. Du hast auch uns erreicht und uns zu Gliedern deines Reiches gemacht, aber unsere Augen sind so blind für deine Siege. Wir sehen nur die Siege der Mächte, die dich nicht zur Herrschaft kommen lassen wollen, die Macht des Geldes und die Macht der Waffen und die Macht der Torheit und die Macht all der Schwierigkeiten, in die wir uns verfilzt haben. Die verführt uns, macht uns feige, läßt uns zweifeln an deiner Macht und daß wir doch an dein Ziel kommen. Wir bitten dich: Vergib uns, daß wir so schlechte Zeugen deines Reiches sind. Laß dein Reich in uns siegen und laß es in der Welt siegen, und mache uns zu Dienern deines Reiches, besser als gestern, in der Zukunft! Herr, erbarme dich unser!

Worüber ich in den fünf Gottesdiensten, für die ich in diesem Wintersemester verantwortlich bin, predigen soll, habe ich einige Freunde gefragt. Einer hat mir gesagt: endlich einmal über Psalmen. Nun habe ich dafür nicht verschiedene Texte ausgewählt, sondern möchte in diesem Winter über die einzelnen Teile des *Psalms 118* predigen.

Danket dem Herrn; denn er ist freundlich und seine Güte währet ewiglich. Es sage nun Israel: Seine Güte währet ewiglich. Es sage nun das Haus Aaron: Seine Gnade währet ewiglich. Es sagen nun, die den Herrn fürchten: Seine Güte währet ewiglich.

Ps. 118, 1—4

»Nachdem sie den Lobgesang gesungen hatten, gingen sie hinaus an den Ölberg.« So beginnt der Evangelist

Matthäus seinen Bericht von der Gefangennahme Jesu in Gethsemane (26, 30). Der Lobgesang, das große Hallel, das in Israel zum Passahmahl gesungen wurde, bestand aus den Psalmen 113—118. Bei Beginn des Mahles sang man den 113. und 114. Psalm und Psalm 115—118 zum Abschluß dieses Mahles. So nun auch Jesus, der Jude aus Nazareth, mit seinen Jüngern bei seinem letzten Passahmahl, in das wir uns einfügen mit jedem Abendmahl als auch Geladene und auch Dabeisein-Dürfende.

Von diesem Lobgesang bricht Jesus dann auf zu seinem Weg nach Gethsemane und Golgatha. Das ist der Weg Jesu, das sind seine Konsequenzen des Lobgesangs, das ist seine Praxis des Lobgesangs: nach Gethsemane und Golgatha bereitwillig zu gehen. Nachfolge Jesu heißt, auf diesem Weg ihm nachzugehen, dazu bereit zu sein, und nur von der Nachfolge Jesu her bekommen wir wirklich Zugang zu diesem Lobgesang. Als wir vor 30 Jahren ein wenig in Bedrängnis kamen, da kam uns dieser Psalm nahe und wir kamen diesem Psalm nahe. Ich erinnere mich an einen großen Fürbittgottesdienst 1938 in der Hauptkirche in Jena während einer Verhaftungswelle. Ich las diesen Psalm 118, und die Versammelten fielen ein und sprachen ihn mit, und es waren unsere eigensten Worte und zugleich Worte, uns in den Mund gelegt, die uns über uns hinaus hoben und mehr an Freiheit schufen in uns, als von uns aus in uns war, Freiheit, den Weg der Nachfolge zu gehen bis ins Gefängnis, ins KZ, in den Tod.

Dieser Weg mit seiner letzten Konsequenz ist damals nur von wenigen von uns verlangt worden, und wir haben damals zu wenig bedacht, daß die gleichen Worte zur gleichen Zeit, die Worte dieses Lobgesangs, nicht nur von uns, nicht nur auf Deutsch, sondern auf Hebräisch gesungen wurden von jüdischen Familien beim Passahmahl in viel größerer Bedrängnis, diffamiert und geschmäht, verleumdet und beraubt und isoliert und im Stich gelassen von ihrer ganzen Umwelt, auch ihrer christlichen, und schon immer deutlicher die Ermordung vor Augen. So sangen sie und rüsteten sich mit diesem Lobgesang auf den Todesweg, wie Jesus sich mit dem Lobgesang auf seinen Todesweg gerüstet hat. Und so widersprüchlich das zu sein scheint, der Lobgesang und der Todesweg, so ist das doch das Geheimnis des Evangeliums. Das ganze Evangelium will uns rüsten mit Lobgesängen für unseren Todesweg, wie jeder ihn zu gehen hat, damit aus dem Todesweg ein Lebensweg wird.

Wenn Jesus mit diesem Lobgesang auf den Lippen aufbricht nach Gethsemane und Golgatha, dann sagt uns das jedenfalls zunächst eines: Ein solcher Lobgesang, ein solcher Dank für Gottes Güte ist nicht beschränkt auf heitere Stunden und nicht die Frucht heiterer Stunden. Wir haben die biblische Rede von der Liebe Gottes tief mißverstanden, wenn wir uns denken, das sei eine Idee, die Menschen in zufriedenstellender Lage gekommen ist, und mit der sie in religiösen Begriffen nichts anderes aussprechen als: Das Leben ist schön, und wir haben's gut. Eine Idee, die taugt für die sonnigen Tage des Daseins, und die einem vergeht, wenn das Blatt sich wendet, wenn wir wie Hiob im Elend und in der Asche sitzen, wenn wir in den Krämpfen des Krebses uns winden, und wenn wir in die Folterkammer geschleppt werden. In Wirklichkeit hören wir die Menschen des Glaubens von der Liebe Gottes: »*Er ist freundlich, seine Güte währet ewiglich*« sprechen mehr noch in Tagen der Bedrängnis als in guten Tagen. Jesus ist das Beispiel dafür, der sehenden Auges in den Tod ging mit dem Lobgesang auf den Lippen. Wir hören sie von Gottes Liebe sprechen und diese Liebe erkennen, sie hinausrufen vom Kreuz her und in kreuzgemäßen Lagen, gerade von dort aus mit zitternder und dann immer fester werdender Stimme sagen: »*Danket dem Herrn; denn er ist freundlich und seine Güte währet ewig.*«

Jesus sagt damit auf dem Weg zum Kreuz: Das wird sich herausstellen, darauf geht es zu. Alles, was dir jetzt angetan wird und was dir den Schrei der Verlassenheit auspressen wird, wird dies nicht widerlegen, wird nicht verhindern können, daß dies herauskommt: »*Deine Güte ist ewig!*« Das nennen die Theologen ein eschatologisches Bekenntnis, d.h. ein Bekenntnis der Hoffnung aufs Letzte hin, ein Bekenntnis gegen das Jetzige im Namen einer noch verborgenen Zukunft, der Zukunft der Verheißung, die jetzt und hier ergriffen wird. Die Nacht wird nicht ewig dauern. Es wird nicht finster bleiben; die Tage, von denen wir sagen, sie gefallen uns nicht, werden nicht die letzten Tage sein. Wir schauen durch sie hindurch vorwärts auf ein Licht, zu dem wir jetzt schon gehören und das uns nicht loslassen wird. Das ist unser Bekenntnis. Wenn wir jetzt den Lobgesang singen, dann nehmen wir damit vorweg, mit den gleichen Worten, den Lobgesang, den wir dann sehenden Auges in Ewigkeit singen werden: »*Er ist freundlich, seine Güte währet ewiglich!*«

Das Wort, das Luther hier mit »*Güte*« übersetzt, das hebräische Wort *chesed* wird von Luther und den meisten Bibelverdeutschungen an den vielen Stellen, an denen es vorkommt, mit »Gnade« übersetzt. Das schöne Wort Gnade, das ursprünglich bedeutet: »sich helfend zu jemandem hinneigen«, auch dieses schöne Wort ist leider so abgebraucht, daß ein jüdischer Forscher vor einigen Jahren vorgeschlagen hat, es zu verdeutlichen und uns zu verlebendigen durch das moderne Fremdwort »Solidarität«. Wer solidarisch mit uns ist, der tritt konsequent ganz auf unsere Seite, teilt alles mit uns, will es nicht besser haben als wir, setzt alles, was er hat und kann, für uns ein, kämpft für uns und will uns durchretten. Jetzt ermessen wir vielleicht oder ahnen wenigstens die unermeßliche Weite und das unermeßliche Wagnis dieses Lobgesangs, mit dem die biblische Botschaft ganz einsam steht in der Welt der Religionen und Philosophien und Weltanschauungen, weil außerhalb dieser biblischen Botschaft niemand gewagt hat, mit Gewißheit, die Hand dafür ins Feuer legend, zu sagen: »Gott ist mit uns solidarisch.« Wir sind umgeben nicht von kaltem und leerem Nichts, wir sind regiert nicht vom blinden Schicksal, wir sind nicht ausgeliefert den Folterknechten dieser Welt, wir sind erwartet nicht vom letzten Henker, vom Tod. Wir sind umgeben, getragen, beschützt, regiert, erwartet von einer ewigen Solidarität, die auf unserer Seite steht, mit uns leidet, für uns kämpft, sich für uns opfert und die Zukunft für uns gewinnt. Das ist unsere Wirklichkeit, davon leben wir. Diese Solidarität gibt uns Lebensweisungen und verspricht uns zugleich, für uns einzutreten, wenn wir durch die Befolgung ihrer Weisungen, wie zu erwarten, in Feindschaft, in schwerste Bedrängnis geraten. Das ist die Zuversicht derer, die diese Solidarität hören und empfangen. Dadurch werden wir selber solidarisch; denn Gott ist solidarisch mit jedem seiner Geschöpfe, mit jedem anderen Menschen, auch — und darüber wäre noch viel zu sprechen — mit jedem Tier. Und wenn wir uns unsolidarisch verhalten zu dem, der neben uns getreten wird und bedrückt und hungert, und selber mit treten und unterdrücken, dann sind wir unsolidarisch zu dem Gott, der mit diesem Mitmenschen solidarisch ist und von dessen Solidarität wir selber leben.

Jetzt ist klar: so ein eschatologisches Bekenntnis ist nicht nur irgendeine Prophezeiung für irgendeine Zukunft, sondern ist ein lebenspendendes Bekenntnis in diese Gegenwart herein. *Glauben* heißt: jetzt schon gegen alles, was dies bestreitet, daran festhalten mit Zuversicht: »*Er ist freundlich und seine Güte währet ewiglich.*« *Glauben* heißt: diese Solidarität zu uns sprechen hören und mit ihr sprechen und auf sie setzen mehr als auf alle anderen Solidaritäten, mit einem Zuversichts grund, der bleibt, wenn alle anderen Zuversichtsgründe dahin fallen. *Glauben* heißt: »Seine Güte währt ewiglich" ansprechen gegen den bittersten Verlust, weinend am Grabe. Und *Glauben* heißt: solidarisch werden mit denen, mit denen Gott solidarisch ist, ein Bote der Solidarität Gottes zu dem anderen hin, weil er mit uns nicht solidarisch ist, ohne mit dem neben uns solidarisch zu sein. Solidarität heißt Freiheit für den anderen, wie Gott frei ist für uns.

Das ist die Freiheit Jesu; unter diesem Lobgesang geht er für uns den Weg nach Gethsemane. Und diese Freiheit teilt er seinen Jüngern mit. Diese Freiheit ruft er in diesem Lobgesang seinem Volk Israel zu: »*Es sage nun Israel: Seine Güte währet ewiglich.*« Ohne ihn zu erkennen, haben sie seine Stimme gehört, wenn sie die Jahrhunderte hindurch, bedrückt von den unchristlichen Christen, diesen Lobgesang bei ihren Passahmählern sangen und sich dadurch stärken ließen für ihre Todeswege, und am Festhalten daran, daß sie Juden sind, Israel, Gottes Israel. Diesen Lobgesang haben sie heute wieder nötig, wo sie dort in ihrem Land, ein kleines Häuflein von zwei Millionen, auf den Tod bedroht, leben, umgeben von immer noch tödlicher Feindschaft, bedroht von der ungeheuren Waffe der Ölmilliarden, im Stich gelassen von den meisten anderen Staaten und immer noch ohne entschlossene Solidarität von seiten der Ökumene der Christenheit, für die es höchste Zeit wäre.

Israel war der erste Empfänger und Erkenner und Zeuge der Solidarität Gottes mit seiner sich selbst durch Unsolidarität verderbenden Menschheit. Es wurde dieser Empfänger und Erkenner und Zeuge nicht um seiner selbst willen, sondern um aller Menschen willen. Als Juden und Heiden miteinander den König Israels, in dem der Herr Israels bis zur letzten Konsequenz solidarisch wurde, erschlugen und aufhingen, da gingen die Türen auf für uns aus den Völkern, mit Israel zusammen den Lobgesang zu sprechen, und darum heißt es: »*Es sagen nun, die den Herrn fürchten: Seine Güte währet ewiglich.*« Das umgreift uns alle. Denn als Hörer des Evangeliums, der Liebe Gottes, die die Furcht austreibt, bleibt dann nur noch eine neue Furcht übrig: die Furcht, wieder herauszufallen aus dem Lobgesang, in das Verstummen der Verzweiflung, der Angst, der Hoffnungslosigkeit, und aus dieser Furcht das Hinlaufen und die Bitte, uns immer wieder hereinzuholen in den Lobgesang, der uns ins Herz und in den Mund gelegt ist, und dadurch uns zu rüsten für jeden Todesweg, damit jeder Todesweg ein Lebensweg werde.

Darum bitten wir dich, unser Herr, mit allen Lobgesängen, die wir dir nachsprechen und für die wir dir danken.

DIE SENDUNG DES BRÜDERLICHEN LEBENS

Danket dem Herrn, denn er ist freundlich und seine Güte währet ewiglich. Unser himmlischer Vater, durch deine Güte willst du uns gütig machen, durch deine Brüderlichkeit uns verwandeln zu Brüdern. Wir aber stehen dir im Wege, und wir stehen uns selbst im Wege. Wir wollen nicht heraus aus unserer Unbrüderlichkeit, wir trauen uns nicht heraus, wir halten uns ängstlich fest an unserm Eigenen und wollen es nicht weggeben. Darum sind wir schlechte Mitarbeiter deiner Brüderlichkeit. Wir bitten dich: vergib uns, arbeite du weiter an uns durch deinen Geist, daß wir dir heute und morgen besser dienen als gestern. Herr, erbarme dich unser!

Aus der Angst rief ich ihn an: Er antwortete mir mit weitem Raum. Er ist für mich, ich fürchte mich nicht; was kann ein Mensch mir tun? Er ist für mich, mein Helfer. Ich werde herabschauen auf meine Hasser. Besser ist's, sich bergen bei ihm als sich sichern bei Menschen. Besser ist's, sich bergen bei ihm als sich sichern bei Mächtigen. Haben alle Völker mich umzingelt — in seinem Namen, jawohl, habe ich sie zerhauen. Haben sie mich umzingelt, ja, umzingelt — in seinem Namen, jawohl, habe ich sie zerhauen. Haben sie mich umzingelt wie Bienen, sie verschwelen wie Dornenfeuer — in seinem Namen, jawohl, habe ich sie zerhauen.

Ps. 118,5—12

Juni 1530, Reichstag in Augsburg. Die evangelische Bewegung hat sich zwar in den neun Jahren seit dem Reichstag von Worms mächtig ausgebreitet, aber auch schwere Rückschläge erfahren. Starke Gruppen arbeiten daran, daß die Protestanten verketzert werden, unter

das Ketzerurteil fallen, und das bedeutet nach der mittelalterlichen Ketzerpraxis, die immer noch in Geltung ist, die physische Ausrottung. Der Kaiser wird dann einen Kreuzzug machen gegen die evangelischen Fürsten und Städte, die in der Minderzahl sind, und es wird, so scheint es, nicht lange mehr mit ihnen dauern. In Augsburg selbst sind die Wittenberger vertreten durch Melanchthon, diesen feinnervigen und ängstlichen Mann. Luther selbst, der wegen seiner Reichsacht nicht hin kann, hat sich in die möglichste Nähe begeben, auf die Feste Coburg. Von dort aus stärkt er Melanchthon mit herrlichen Briefen, und dort bringt er eine seiner schönsten Schriften zu Papier, eine Auslegung des Psalms 118, »des Liedleins der Heiligen«, wie er ihn nennt. Bald wird diese Schrift unter dem Titel »Das schöne Confitemini« (weil das Anfangswort dieses Psalms in der lateinischen Bibel lautet »Confitemini«, »Bekennt die Güte des Herrn«)weit verbreitet und hat seither unzählige Menschen in schweren Nöten getröstet. Luther selbst sagt in seiner Vorrede, daß dieser Psalm „mein heißen und sein muß; denn er hat sich auch redlich um mich gar oft verdient und mir aus manchen großen Nöten geholfen, da mir sonst weder Könige, Kaiser, Weise, Kluge, Heilige hätten helfen können, und ist mir lieber denn des Papstes, Türken, Kaisers und aller Welt Ehre, Gut und Gewalt. Wollt auch gar ungern um diesen Psalm mit ihnen allen tauschen.«
Da wir in der vergangenen Woche dankbar der Reformation gedacht haben, paßt es gut, daß wir diesen für Luther so wichtigen Psalm heute näher betrachten. Luther, diese zentrale Gestalt der reformatorischen Bewegung, bleibt ja bei aller Kritik, die heute an ihm geübt wird, die auch ich empfinde in vielen Einzelpunkten seines Ver-

haltens und seiner Theologie, einer der großen Glaubenszeugen der Kirche und ein so reicher, ursprünglicher Ausleger der Bibel von so großen Gnaden, wie er der Christenheit ganz selten geschenkt worden ist. Solche Siegeslieder wie diesen Psalm hat er geliebt. Daß er einige Osterlieder gedichtet hat, aber nie ein Karfreitagslied, das ist bezeichnend für ihn. Daraus ist die Vorstellung von ihm entstanden als eines starken, unbeugsamen Mannes, wie es das bekannte Luther-Denkmal in Worms darstellt: ein kraftvoller Mann mit der Bibel vor der Brust, geradeaus schauend. »Und wenn die Welt voll Teufel wär«, den kann nichts umwerfen.
Dieses verbreitete Lutherbild ist aber ein sehr oberflächliches Lutherbild, das Bild eines unangefochtenen Mannes. Da beneiden wir ihn und bewundern ihn, aber damit ist er fern von uns sehr angefochtenen Menschen gerückt. In Wirklichkeit war Luther ein Mann, in dessen Erfahrung und Leben und Denken und Theologie Anfechtung einen zentralen Ort hat. Zwar hat er einmal gesagt, als er zum ersten Mal die Streitschrift eines päpstlichen Theologen gegen ihn gelesen habe, sei ihm zuerst angst geworden, aber „dann habe ich gedacht: soll es so kommen, daß der Bacchant so böse Dinge gegen mich schreibt, da gab mir unser Gott Gnade und ich mußte lachen. Seit dieser Zeit bin ich nie erschrocken.« Ein erstaunliches Wort: »Seit dieser Zeit bin ich nie erschrocken!« Und eben das würde ihn uns, die wir so viel erschrecken, ferne rücken. Aber noch einmal, in Wirklichkeit war er, und zunehmend in seinem Alter, ein Mann tiefer Anfechtung, großer Sorgen, gewaltiger Zerrissenheit. »Aus der Wüste, am 1. Juli 1530«, so schreibt er die Vorrede zum schönen Cinfitemini. »Aus der Wüste!« — da rückt er uns nahe; denn die Wüste, die

Strecken der Dürre, des Verdurstens, der Glaubenstrockenheit, in denen nichts frisch blüht, alles verwelkt und wir nicht mehr hoffen können, es werde noch einmal etwas zum Blühen und zur Frucht kommen, diese Zeiten sind uns nicht unbekannt. Glauben Luthers, siegesgewisse Worte vom Glauben sind aus der Wüste entstanden und in der Wüste bewährt. Glauben heißt für ihn: vorwegnehmend, mitten in der Wüste und im Kampf, schon vom Siege sprechen, auf den Sieg vorausschauen, am Sieg nicht verzweifeln.

Hier freilich, in diesem Psalm, da steht wirklich ein Sieger und schreit seinen Jubel heraus. Er hat's hinter sich; aufatmend läßt er das Schwert sinken, setzt den Helm ab, wischt sich Schweiß und Blut ab und stößt die Genugtuung heraus: »*Sie haben mich umzingelt wie Bienen, aber im Namen des Herrn, jawohl, habe ich sie zerhauen!*«Das ist doch schön, herrlich, wenn einer es mal wieder hinter sich hat. Wenn er durch ist, die Dämonen sich verzogen haben und man ihnen hinterherlachen kann. Und das also zuerst soll nicht vergessen werden, daß es dazu immer wieder kommen kann, daß wir es hinter uns haben, durch sind, daß es durchgestanden und ausgestanden sein wird.

Dieser Sieger will aber all denen nahe sein, nicht ferne gerückt, die noch nicht so weit sind, die noch in der Wüste und im Kampf sich abmühen und beneidend zu ihm hinschauen. Deshalb spricht er nicht nur vom Sieg, sondern ebenso davon, wie's vorher war, und sagt jedem, der noch mitten drin steckt in der Grube und in der Wüste und dem Kampf: Ich war genauso dran wie du! Das Wasser stieg mir zum Hals. In der Angst steckte ich rettungslos drin. Das hebräische Wort Angst hängt wie das deutsche Wort Angst mit dem Wort »eng« zusammen:

wenn einem eng wird um die Brust, das Herz zugeschnürt, und man nicht Luft und Kraft mehr zum Atmen hat; von allen Seiten schlägt es auf mich ein, ich komme nicht mehr hoch. Ich bin eingekesselt. Alles mißlingt mir. Aussichtsloses Mißverhältnis zwischen den Gegenmächten auf der anderen Seite und meiner eigenen Ohnmacht. »*Sie umringen mich wie die Bienen!*«
»*Alle Völker*«, sagt er; alle Heidenvölker, sagt Israel, alle Heidenvölker mit tödlicher Feindschaft umgeben mich und geben mir keine Chance mehr, damals nicht und vor 30 Jahren nicht und heute wieder nicht. Und in der Mitte Israels Jesus, nachdem er diesen Lobgesang gesungen hatte, diesen Psalm, hinübergehend nach dem Ölberg, nach Gethsemane. »Was können mir Menschen tun?«, hat er gesungen. War es Leichtsinn? War es Illusion? O, was können Menschen ihm antun und uns allen! In Jerusalem kann man heute noch sehen im Hause des Kaiphas im Keller die zwei Säulen, zwischen denen sie ihn gebunden haben, die Hände und die Füße, und ihn gegeißelt mit Peitschen, in die Metallstücke eingeflochten waren, die das Fleisch herausrissen. Und dann haben sie ihn hingeschleppt und angenagelt und sterben lassen an einer der fürchterlichsten Todesarten, die sadistischer Menschengeist erfunden hat. Das können Menschen ihm antun. Der Mensch ist des Menschen bösester Feind. Was die Natur uns antun kann mit Krankheit und Katastrophen, das wird weit übertroffen von dem, was Menschen einander antun können. Die Unbarmherzigkeit und Grausamkeit von Menschen übertrifft die Gleichgültigkeit der Natur. Oft in jenen Tagen, als Jesu jüdische Brüder ermordet wurden, haben wir mit den Geängstigten zusammen die Worte Davids gebetet: »Es ist mir angst; laß uns in die Hand des Herrn fallen; denn sei-

ne Barmherzigkeit ist groß. Ich will nicht in die Hand der Menschen fallen« (2. Sam. 24, 14). Und da sagt Jesus: »Was können mir Menschen tun?«
Es ist nicht Leichtsinn, nicht Illusion, nein, sehenden Auges geht er hinein in das, was Menschen ihm antun können. Warum eigentlich? Da ist ein Auftrag, eine Sendung, eine große Sache, und da ist ein Sendender hinter dem Auftrag, und der Auftrag, die Sendung, die große Sache ist ihm lieb, und der Sendende ist ihm lieb, und ohne ihn und seine Sache möchte er nicht mehr leben. Und so singt er dem Sendenden den Lobgesang: »*Er ist für mich, ich fürchte mich nicht*«, und geht mitten hinein in die Einkesselung, die Verzagtheit, die Glaubenslosigkeit, all die Feinde, die ihm das Herz zuschnüren, mitten hinein in die Verlassenheit, wo der ihn im Stich läßt, der ihm versprochen hat, ihn nicht im Stich zu lassen: »Mein Gott, mein Gott, warum hast du mich verlassen?«
Was ist diese Sendung, die ihn bereit macht, sich so in das, was Menschen ihm antun können, hineinsenden zu lassen? Was ist die Sendung Jesu? Menschen menschlich machen, unmenschliche Menschen menschlich, brüderlich machen, um der Brüderlichkeit Gottes willen, weil die Unmenschlichkeit und Unbrüderlichkeit uns alle verdirbt. In diese Sendung, der Jesus gehorsam sich zur Verfügung stellt, in die zieht er seine Jünger hinein, und die Verwandlung geht tief bis in die innersten Antriebe unseres Geistes und Herzens. Denn die Unbrüderlichkeit sitzt tief in uns, ebenso wie in unseren Verhältnissen, in unseren Gesellschaftsregelungen, in einem Weltwirtschaftssystem, von dem der Weltkirchenrat gerade erklärt hat, seine Ungerechtigkeit sei augenfällig, weil es Millionen Menschen zum Hungertod verurteilt, im Festhalten an einer Ungleichheit, durch die wir ge-

nug haben und mehr als genug und die anderen zum Leben zu wenig. Wenn Jesus das angreift mit seinen Jüngern, diese tief in uns und in unseren Verhältnissen sitzende Unbrüderlichkeit, dann wird er auf tödliche Feindschaft stoßen, dann wird in Ost und West auf die, die in seinem Sinne handeln, zur Jagd geblasen. Darum können solchen Leuten Menschen viel antun. Wie sollen so schwache und ängstliche und erschreckbare Menschen wie wir, denen das eigene Leben so lieb ist, zu menschlichen Menschen werden, befreit zur Brüderlichkeit, wie sollen sie an dieser Sendung Jesu, an der sie beteiligt werden, festhalten, selbst wenn es ihnen ihr Leben kostet? Wie sollen glaubenslose Menschen glaubende Menschen werden, die vom Beistand hören und daraufhin auch der Sendung treu bleiben können?
Das Siegeslied spricht auch davon. Es nennt die Waffe, mit der dieser Sieger in seiner aussichtslosen Lage gekämpft hat. Er ruft die Empfehlung dieser Waffe hinaus zu allen anderen, die gerade so dran sind. »*Im Namen des Herrn, jawohl, habe ich sie zerhauen.*« »Im Namen des Herrn«, das enthält drei Weisungen für alle Kämpfenden, und zwar am deutlichsten für die Kämpfe, die in die Jüngerschaft führen, die Sendung Jesu, der Auftrag der Brüderlichkeit Gottes zum brüderlichen Leben, dann und von daher aber auch für alle Wüsten, in die wir geraten, für alle Kämpfe, in die wir verwickelt werden durch persönliche Schwierigkeiten, in Geld- und Krankheits- und Alterssorgen, was auch genannt werden mag.
Die erste: Richtig kalkulieren beim Vorausschauen! Wir kennen das, wir sehen ja täglich voraus auf morgen, auf übermorgen, wie das gehen wird, und wir kalkulieren ständig dabei unsere Kräfte, unsere Gesundheit, unsere Vitalität, unsere Schlauheit, unser Geld, das wir zur Ver-

fügung haben, unsere Versicherungen, unsere Renten, unsere Bundesgenossen, und je mehr wir so vorausschauen und kalkulieren, wir kennen das, desto größer werden die Sorgen, desto größer die Gegenmächte, desto gefährlicher das, was Menschen uns antun können, desto geringer die Chancen, da noch durchzukommen, desto kleiner unsere eigenen Ressourcen, und desto mehr sinkt das Herz, desto mehr neigen wir dazu, aufzugeben. *»Im Namen des Herrn habe ich sie zerhauen«*, d.h. als erstes den entscheidenden Faktor einkalkulieren für Jünger, die gesendet sind, und dieser Faktor ist Er selbst, der sendet.Seine Kraft, die größeren Kräfte! »Die Wasserströme im Meer erheben sich hoch und brausen mächtig, aber der Herr ist noch höher in der Höhe« (Ps. 93, 3). *»Es ist gut bei ihm sich zu bergen und nicht sich zu sichern bei Menschen.«* »Es ist gut, sich auf den Herrn verlassen und nicht sich verlassen auf Fürsten«, auf Mächtige, auf mächtige Bundesgenossen, auf mächtige Ressourcen. Wieso? Soll man davon überhaupt nicht Gebrauch machen? Ist das nicht auch etwas Gutes? Luther sagt sehr schön an dieser Stelle: »Trauen und brauchen, das ist zweierlei; Trauen gehört allein Gott zu, Brauchen gehört den Kreaturen zu.« Wir sollen also die Kreaturen gebrauchen und die kreatürlichen Hilfsmittel, aber — das ist die erste Weisung — den entscheidenden Faktor einkalkulieren, seinen verheißenen Beistand, und auf ihn allein trauen.

Die zweite Weisung: Erst im Kampf werden die Erfahrungen gemacht, erst im Kampf entsteht die Gewißheit, nicht vorher. Es geht nicht so: du hast zuerst deine mächtige Glaubensgewißheit, die füllt dich aus, und dann denkst du, jetzt kannst du diesen Kampf um der Sache Gottes willen, diesen Kampf um der Brüderlichkeit willen, das, was jetzt gerade ansteht, riskieren. So geht das nicht. Es gibt keine Garantie vorher. *Er* gibt keine Garantie vorher. Nur mit seinem Namen bewaffnet, nicht mit Glaubensgefühlen und Kraftgefühlen bewaffnet, nur mit seinem Namen bewaffnet sendet er mich in den Kampf, läßt mich hineingeraten in die Wüste — ausgerüstet vielleicht noch (das ist allerdings wichtig) mit einigen Erfahrungen in der Vergangenheit, die ich schon mit seinem Namen gemacht habe und die andere gemacht haben; mit ihnen darf ich hineingehen. Erst im Kampf wachsen die Kräfte, erst im Kampf entsteht Erfahrung, in der Wüste entsteht Gewißheit seiner Gegenwart.

Und die dritte Weisung: die Waffe ist sein Name. Wenn Israel vom Namen des Herrn sprach, dann meinte es nicht irgendeinen Namen, wie Hans und Fritz oder auch Wotan und Jupiter, sondern den Namen, den Mose aus dem Dornbusch herausrufen hörte, den Namen, der mit vier Buchstaben angegeben wird: JHWH; wir sprechen ihn heute Jehova oder Jahwe aus. Die Juden haben besser getan und ihn überhaupt nie ausgesprochen, sondern ein anderes Wort, das Wort »der Herr«, dafür gesetzt. Diese vier Zeichen haben eine Bedeutung, die dem Mose in der Dornbuschgeschichte gesagt wird (2. Mos. 3, 14). Sie haben die Bedeutung: »Ich bin da, ich werde da sein.« Das ist der Name des Herrn, und mit diesem Namen geht Jesus hinüber nach Gethsemane und Golgatha. Diesen Namen hören und, während es scheint, als wäre der, der gesagt hat: »Ich werde da sein«, nicht da, glaubend ihn herbeirufen, ihm zutrauen, daß er trotzdem da ist. Dieser Name ist die Waffe seiner Leute; auf diesen Namen uns berufen, nach diesem Namen greifen, in diesem Namen uns wehren, mit diesem

Namen angreifen alles, was uns abbringen will von der Sendung Jesu, von der Sendung des brüderlichen Lebens im Namen des Gottes der Brüderlichkeit, dessen Name immer zweierlei enthält: den Auftrag und das Beistandsversprechen. Du sollst brüderlich werden, mit Brüderlichkeit es wagen, und: Ich werde da sein, der lebendige Gott, als dein treuer Bruder. Das also wird jetzt geschehen, daß wir Erfahrungen der Angst und der Drangsal machen, hineingeführt werden in Bedrängnisse: »*von allen Seiten umgeben sie mich wie Bienen*«. Dann wird auch das Andere geschehen: daß wir mit diesem Namen uns wehren und uns durchschlagen, Erfahrungen des Sieges machen und endlich, endgültig und ohne Ende sprechen: »*In der Angst rief ich Ihn an, den ‚Ich werde da sein', und Er, der ‚Ich werde da sein', stellte meine Füße auf weiten Raum.*«
Darum bitten wir dich, die wir dies gehört haben: Bring deinen Namen uns unvergeßlich in unser Herz! Laß uns durch ihn treu werden deiner Sendung und dann Erfahrungen des Sieges machen, hier zeitlich und dort ewig!

Wir gedenken, Herr, heute, da wir deine Versprechungen und Aufrufe und die Siegeslieder deines Sohnes und deiner Gemeinde gehört haben — wir gedenken heute vor allem derer, die sich weit weg sehen von jedem Sieg, die nahe daran sind, den Kampf aufzugeben, den Kampf ums Leben, den Kampf um den Glauben, den Kampf um die Liebe, den Kampf um eine gute Sache. Wir gedenken all derer, die in der Grube liegen und kein Licht sehen, auf den Krankenbetten, in der Trockenheit der Seele, der Verzagten aller Art. Wir gedenken vor dir all derer, denen das Wort, das wir bezeugen, durch unser schlechtes Zeugnis und unser falsches Leben verstellt wird, und de-

nen dein Wort nur ein Schall ist, der nur die Ohren, aber nicht die Herzen erreicht. Für sie alle, zu denen auch wir manchmal gehören, rufen wir zu dir und bitten dich, wie du versprochen hast: erbarme dich ihrer; laß die, die in Finsternis sind, dein Licht sehen!
Wir bitten dich für die Synode der Ev. Kirche in Deutschland, die heute beginnt draußen im Johannesstift, und dann wieder für die Synode unserer Ev. Kirche Westberlins, die nächsten Sonntag beginnen wird im Johannesstift. Wir bitten dich, Herr, für die Beratungen derer, die wir gesendet haben, damit sie die Angelegenheiten der ganzen Kirche, ihre Schwierigkeiten, ihre Reformen, ihren Auftrag, ihre Verbesserungen miteinander bedenken. Wir bitten dich für diese Beratungen um die Erhellung und die Kräftigung und die Entschiedenheit durch deinen Geist.
Herr, uns ist angst um Israel inmitten der Feinde, die es rings umgeben. Rechne ihm nicht an, was von seiner Seite an Fehlern geschehen ist! Wandle die Herzen der Feinde! Gib der israelischen Regierung Weisheit und Entschiedenheit für Entschlüsse des Friedens! Laß sie alle miteinander einsehen, wie nötig sie es haben, in Frieden miteinander zu leben! Rette und bewahre, Herr, dein Volk Israel vor neuen Ermordungen!
Wir bitten dich für alle, die in dieser Stunde zu dir beten in Nöten und Aufgaben, und wir selber rufen zu dir, Herr: Mache wahr, was dein Name verheißt! Du bist der, der da sein wird für uns jetzt und immerdar.

HILFE, MIT RÄTSELN ZU LEBEN

Unser Herr und Vater, wenn wir auf dich warten, so warten wir nicht vergebens. Keiner, der auf dich wartet, wartet vergeblich. Wir aber erwarten von uns selber meist zu viel und von dir zu wenig, darum enden wir so oft in Erwartungslosigkeit und Hoffnungslosigkeit und Verzweiflung, und es geht von uns so wenig Kraft der Hoffnung aus. Vergib uns unser falsches Erwarten! Vergib uns, daß wir so wenig von dir erwarten! Hilf uns, daß wir auf dich wartende Menschen werden und andere hereinziehen in die Hoffnung des Wartens auf dich! Herr erbarme dich unser!

Stimme des Jubels und der Befreiung in den Hütten der Bewährten: Die Rechte des Herrn tut Krafttaten, die Rechte des Herrn ist hoch erhoben, die Rechte des Herrn tut Krafttaten. Ich werde nicht sterben, sondern leben und seine Werke erzählen. Hart hat er mich gezüchtigt, aber dem Sterben hat er mich nicht übergeben.

Ps. 118, 15—18

Damals, 1530, als Martin Luther, wie ich das letzte Mal erzählte, auf der Feste Coburg in quälender Spannung und Sorge die Entwicklung der Dinge auf dem Augsburger Reichstag verfolgte, ist ihm dieser Psalm 118 so lieb geworden. An die Zimmerwand seines Wohnraums auf der Feste Coburg hat er sich den 17. Vers dick angemalt: Non moriar, sed vivam et narabo opera Domini. »*Ich werde nicht sterben, sondern leben und die Werke des Herrn erzählen.*«

Als der Reichstag vorüber war und er aufatmend und erleichtert feststellen konnte, daß seine Freunde in Augsburg ein gutes Bekenntnis vor Kaiser und Reich abgelegt hatten, da bat er einen von ihm hochgeschätzten Komponisten, den damals berühmten Motetten-Komponisten Ludwig Senfl in München, er möge ihm diesen 17. Vers in Musik setzen, und das »Non moriar« ist dann vielmals in Luthers Haus und in den Häusern seiner Freunde erklungen: »Ich werde nicht sterben, sondern leben und erzählen die Werke des Herrn.« Leben und die Werke des Herrn erzählen ist hier nahezu gleichbedeutend. Und erzählen die Werke des Herrn, das ist Leben!

Was ist damit gemeint? Wir haben alle schon Menschen erlebt, die uns auf die Nerven gefallen sind dadurch, daß sie pausenlos nur von sich selbst und von ihren Werken erzählen und ihr Siegeslied immer nur ein Ruhmeslied ihrer selbst war. In diesem Siegeslied hier werden die Blicke derer, die es singen, weggelenkt von den eigenen Werken und hingelenkt auf die Werke eines ganz anderen, und was sie selbst geleistet und errungen haben, das versinkt vor Staunen und Begeisterung darüber, was dieser Bundesgenosse geleistet und errungen hat. Dieses Weggelenktwerden des Blicks von sich selbst und Hingelenktwerden des Blicks auf einen anderen, das ist selbst ein Teil der Befreiung, über die dieser Psalm jubelt. Denn das ist doch eine wichtige und nötige Befreiung, herauszukommen aus diesem Gebanntsein des Blicks auf mich selbst, auf meine Leistungen, auf meine Probleme, auf meine Erfolge, aus diesem Karusselfahren um den eigenen Ruhm, frei werden zum freien, neidlosen, sich mitfreuenden Blick auf die Werke der anderen hier neben uns, dankbar für ihre Werke und das, was ihnen gelungen ist.

Wie diese Befreiung zustande kommt, das ist an diesem Siegespsalm zu sehen. Wenn er seinen Sieg herausruft: »Wie die Bienen haben sie mich umzingelt, aber im Namen des Herrn, jawohl, im Namen des Herrn, habe ich sie zerhauen«, dann ist das nicht Rühmung seiner Leistung, dessen, was er fertiggebracht hat, sondern Rühmung der Krafttaten seines Bundesgenossen, des großen Verbündeten, über den er sich freut. »Alles, was wir ausrichten, das hast du uns gegeben«, sagt der Prophet Jesaja (26, 12). Jetzt wandeln sich unsere Erfolge aus unseren Leistungen in Gaben, die wir bekommen haben. Statt eitel zu werden, werden wir dankbar. Indem wir dankbar werden für die Hilfswirkungen des Bundesgenossen, dem wir alles verdanken, was uns gelingt, eben darin wird unser Blick frei auch für das, was anderen gegeben ist um uns her. Wir können denen gratulieren zu ihren Erfolgen ohne Neid, und wir können froh sein, daß anderen etwas gelingt — als eine Gabe, die durch sie auch uns gegeben ist. Wir werden frei vom eigenen Selbstruhm, der eine so große Plage unter uns Menschen ist. Alles, was wir können, das hast du uns gegeben.

So spricht der Glaube. Der Glaube ist eine gute Sicht der Dinge. Wenn wir das Evangelium hören und anfangen, ihm zu glauben, dann sehen wir hindurch durch die Oberfläche, durch den Vordergrund der Wirklichkeit. Auf der Oberfläche, auf dem Vordergrund ist all das zu sehen, was unsere Augen sehen, was unser normales Bewußtsein erfaßt, die Natur, die Dinge, die Menschen, die Wirksamkeit der Natur und die Wirksamkeit der Menschen. Solange wir vom Glauben nichts wissen, solange wir von Gott nichts wissen, ist das Einzige, was wir sehen, dieser Vordergrund, die Wirksamkeit der Natur und

die Wirksamkeit der Menschen. Hörend und glaubend erkennen wir, durchschauend durch die Oberfläche und den Vordergrund, den wirkenden lebendigen Gott am Werk, sein ständiges Geben und Helfen. Was da im Vordergrund geschieht, das ist durchwirkt von seinem Wirken, das ist ein Kampf zwischen seinem Wirken und all dem, was ihm entgegen wirkt.
Diese neue Sicht des Glaubens, die durch den Vordergrund hindurch den lebendigen Gott am Werk sieht, ist eine unerhörte Befreiung, nicht nur von der Eitelkeit, sondern auch von der Angst. Solange wir, wie es doch die meisten Menschen tun, und wie es auch wir, wir Hörer des Evangeliums, so oft, so lange Strecken unseres Lebens tun, solange wir nur die Oberfläche sehen, die Oberflächenwirklichkeit, solange müssen wir ja meinen, wir müßten alles selbst schaffen. Und das ist notwendig ein Zustand großer Angst. Hier stehen wir unter beständigem Leistungsdruck. Hier steht vor uns die Größe der Aufgaben, die unsere Kräfte übersteigen; und kein Wunder, wenn Menschen neurotisch werden, weil sie ständig das Gefühl haben, sie können es nicht schaffen. Da steht vor uns die Macht aller Widerstände, der äußeren und der inneren in uns. Da ist die schwache Ausrüstung mit Glauben und Liebe. Wie kann das alles sein ohne große Angst? Hindurchschauen und den wirkenden, lebendigen Gott am Werke sehen, der selbst Verantwortung übernimmt für das Geschehen und dafür, daß er uns, uns Schwache, Unzulängliche ans Werk gestellt hat, das gibt neue Zuversicht, da fängt die neue Sicht an, die der alten Angst widerspricht. Da gibt es Niederlagen der Angst vor der Hoffnung, und wir können neu anfangen und schauen uns frei um: »Der Herr ist mit mir, was können uns Menschen tun?«

Aber nun noch das andere, was auch in unserem Stück enthalten ist: die neue Sicht des Glaubens als ein Hindurchschauen durch den Vordergrund auf die eigentliche, die Gotteswirklichkeit. Wirklichkeit heißt Wirksamkeit. Die Gotteswirksamkeit sehen hinter den vordergründigen, sichtbaren Dingen und Ereignissen. Diese neue Sicht des Glaubens betrifft nicht nur unser Können, unsere Aktivitäten und das Können und die Aktionen anderer Menschen, sondern ebenso auch unser Leiden. Das ist wahrhaftig ein großer Teil unserer Wirklichkeit, unserer Lebenswirklichkeit: was wir auszustehen haben, weil wir Wesen dieser Natur sind und ihrem Zugriff ausgesetzt, und weil wir Glieder der Gesellschaft sind und dem Zugriff anderer Menschen ausgesetzt, ausgesetzt auch den Katastrophen der Geschichte — denkt nur an die Katastrophen dieses unseres Jahrhunderts! Was das alles an Leiden ausmacht! Dies wird aber noch vermehrt, wenn einer hineingerät in die Jüngerschaft Jesu, sich gegen den Ruf Jesu nicht mehr wehren kann, sondern von ihm mitgezogen wird in neue Tätigkeit, in alle Provokationen, die die Jüngerschaft Jesu für die Umwelt bedeutet, und von denen man in diesen Wochen hier in Berlin ja einiges hat merken können. Was für ein Aufruhr, wenn ein Bischof wagt, christlich zu handeln, wie es einem Bischof gebührt! Wie stürzt sich da die außerkirchliche Welt und die innerkirchliche Welt auf ihn! Und durch welche Verleumdungen, durch welche harten Tage haben diese zwei jungen Menschen, Undine Zühlke und Cornelius Burghardt, hindurchgehen müssen, in der Zelle und durchgejagt durch die Presse als Straftäter und Unterstützer von Mordbanden. Jeder, der es wissen wollte, konnte wissen, daß von vornherein keine Spur von Tatverdacht an ihnen war, und daß sie

nichts getan hatten als versucht, die Synode der Evangelischen Kirche in Deutschland vor einigen Störungen zu bewahren. Nun, es kann sein, daß Zeiten kommen, in denen wir zurückblickend sagen, daß dies noch geringe Leiden von Jüngern Jesu gewesen sind. Aber eine Andeutung dessen, daß nicht nur zum Menschsein das Leiden gehört, sondern erst recht zum Jüngersein, das konnte man diesen Wochen entnehmen.
Nun sieht dieser Psalmsänger durch den Vordergrund des Leidens und der Leidenszufügungen auf den dahinter in all dem verborgen wirkenden Gott. Was er dabei erkennt, spricht er aus in einer sehr alten Sprache, in der Sprache einer alten Pädagogik. *»Hart hat er mich gezüchtigt.«* Das ist die Sprache der alten Pädagogik, für die es selbstverständlich war, daß die Rute ein unentbehrliches Instrument wahrer Elternliebe sei. Hoffentlich haben wir alle diese Pädagogik hinter uns gelassen. Aber wir werden uns hineinversetzen müssen, wenn von Glaubenszeugen früherer Zeit das Evangelium bezeugt wird, in deren Denkweise und Sprache. Für sie also war Rute und Elternliebe kein Widerspruch, sondern das gehörte unlöslich zusammen. Nun sagt er in dieser Sprache der alten Pädagogik: Wie einem vernünftig gewordenen Kind aufgeht, daß die Schmerzen, die die Eltern ihm in der Züchtigung zufügten, nicht aus Bosheit ihm zugefügt wurden, sondern aus einer liebenden Gesinnung, sein Bestes suchend, ihm einschärfen wollend, belehrend und warnend mit Hilfe von Schmerzen, damit es das nie mehr vergißt — wie einem vernünftig gewordenen Kind das aufgeht, so geht mir jetzt auf: Nachdem ich geschrien hatte mit bitteren Vorwürfen gegen ihn, der mir Hilfe versprochen hatte und mich im Stiche ließ, nachdem ich geschrien hatte: »Warum läßt du das zu,

warum läßt du mich so grausam quälen, warum quälst du selbst mich so grausam?«, ist mir durch Hören deiner Zusage aufgegangen: auch im Leiden ist deine Liebe wirksam, arbeitest du an mir, willst du mir etwas einschärfen, was ich sonst nicht gelernt hätte, willst du mich in neue Erfahrungen bringen, auch in neue Befreiungen. »*Hart hat er mich gezüchtigt, aber dem Sterben hat er mich nicht übergeben.*«
Wir merken es wohl, hier rühren wir, hier rührt auch dieser Psalm an die schwere Frage nach dem Sinn des Leidens. Es ist nicht so, daß dieser Psalmist meint, mit seiner Auskunft »Hart hat er mich gezüchtigt« hätte er eine Auskunft über allen Sinn des Leidens gegeben. Was wir im Evangelium hören über den Sinn des Leidens, ist nicht ein Schlüssel, uns alle Fragen über uns selbst und über das Geschick anderer Menschen und den ganzen Ozean von Leiden, der die Geschichte der Erde erfüllt, zu beantworten. Wer meint, das Evangelium werde auf alle Fragen antworten, der wird immer wieder bitter enttäuscht. Und wer meint, das Evangelium enträtsle uns den Sinn des Leidens, der wird auch enttäuscht werden. Froh müssen wir sein, wenn wir ab und zu — und das scheint dem Psalmisten geschehen zu sein —, wenn wir ab und zu ein wenig, einen Zipfel von Sinn in unserem Leiden oder dem Leiden anderer erkennen, ein wenig erkennen, daß da etwa ein gerechtes Gericht geschieht, oder daß dort eine Läuterung geschieht, oder daß ich hier mehr gelernt habe und am Schluß sage: Ich möchte diese schweren Jahre aus meinem Leben nicht missen. Das ist ein Zipfel von Sinn — Gott sei Dank, wenn wir ihn bekommen. Aber die eigentliche Bedeutung des Evangeliums in der Frage nach dem Sinn des Leidens ist, daß es uns hilft, in unenträtselten Fragen zu leben,

bei noch nicht vorhandenen Antworten auf alle unsere Warums. In dieser Frage-Zeit leidet mit uns der lebendige wirkende Gott selbst in seinem Sohn am Kreuz, schreit mit uns das Warum und verheißt uns vom Kreuze her, daß wir Antwort bekommen werden, die uns in den Frieden bringt. So vertrauen wir ihm die Antwort an, die wir jetzt noch nicht haben.
Daran gerade wird uns vielleicht die Bedeutung eines solchen Siegesliedes am meisten deutlich, bezogen auf das Leiden, in dem wir und die ganze Welt noch so tief drin stecken. Es ist das Siegeslied der »Gemeinde der Bewährten« (wie Martin Buber das Wort »Gemeinde der Gerechten« übersetzt), das Lied, das die Gemeinde der Bewährten, die Gemeinde derer, die durchgehalten haben, am Schluß, am Ende der Tage, am Tag Jesu Christi, im Reiche Gottes singen wird, am Tage der Antwort, am Tage, da all unser Hadern in all unserm Leiden zum Frieden gekommen sein wird. Dieses Siegeslied sagt das jetzt schon mit jetzigen menschlichen Worten und fordert uns auf, jetzt schon einzustimmen. Dieses »jetzt schon« — das heißt Advent. Denn Advent ist doch die Situation, in der man noch nicht in der Erfüllung steht, in der man noch vor den Toren steht, noch im finstern Tal Stecken und Stab braucht, noch ausschaut nach dem Licht und froh ist über jeden Lichtstrahl. Im Advent vorwegnehmend, vorausschauend auf die Erfüllung, singen da einige Leute scheinbar ganz unangebrachter Weise jetzt schon das Siegeslied. Sie singen so stark, daß sie sogar von dem größten Feind, von dem, den der Apostel Paulus den letzten Feind Gottes nennt, vom Tode, sagen, er bedeute schon nichts mehr. Denn wenn hier das Siegeslied ruft *»Ich werde nicht sterben, sondern leben«*, dann wird unsere Sicht auf den Vordergrund der

Dinge ihm ja entgegengehalten, wie wir alle sterben. Er singt: »*Er hat mich gezüchtigt, aber nicht dem Sterben übergeben.*« Wir sind alle dem Sterben übergeben, und viele sind aufzuzählen damals und heute, die aus Treue zur Sache Gottes und aus Treue zur Sache der Menschen in Folter und Tod geraten sind.
Was soll das dann heißen: »*Ich werde nicht sterben, sondern leben?*« Damals, in seiner Auslegung des Psalms 118, 1530, als noch nichts gewonnen war, als noch überall evangelische Märtyrer starben, da schrieb Luther: »Heißt das nicht gestorben, wenn du verbrannt, geköpft, ertränkt, erwürgt, verdammt, verjagt wirst? Wohlan, das ist ein guter Dolmetscher, wenn einer aus dem Worte Tod kann eine heilsame Rute machen, die Kunst muß der Heilige Geist und die rechte Hand Gottes lehren. Hier liegts wirklich an einem guten Ausleger, der den Teufel mit diesem Vers überschreien und überwinden möge und sagen: Dennoch ist nicht Tod noch Zorn, dennoch weiß ich, daß er mich dem Tode nicht übergibt und wenns alle Teufel in der Hölle sagten auf einen Haufen, ja, wenns gleich ein Engel vom Himmel sagte. Er will mich nicht töten, ich fühle den Tod wohl, will ihn aber nicht fühlen und soll nicht Tod heißen, sondern halte mich an die gnädige rechte Hand Gottes. Solch einer leugnet auch nicht, daß Gott ihm zuschicke solchen Tod, aber er ist im Einverständnis mit Gott.«
Das ist ein großes Wort: »Im Einverständnis mit Gott.« In den schwersten Jahren von Krieg und Gefangenschaft war mir immer wieder der Vers aus dem Cherubinischen Wandersmann des Angelus Silesius hilfreich, den ich mir vorgesagt habe: »Es kann in Ewigkeit / kein Ton so lieblich sein, / als wenn des Menschen Herz / mit Gott stimmt überein«, wenn ich also Ja sagen kann. Die

schwere Frage — oft weniger bei unserm eigenen Leiden als vielmehr beim Leiden anderer, bei der entsetzlichen Kraft der bösen Widerstände und bösen Mächte, bei den Rückschlägen gegen das, was gut angefangen war —, die schwere Frage ist doch die, ob ich *Ja* sagen kann zum verborgenen Wirken Gottes, wenn es im Vordergrund, in dem, was meine Augen sehen, so gottwidrig und verheißungswidrig zugeht und ich nur die Niederlagen Gottes und nicht die Siege Gottes zu sehen bekomme. Im Einverständnis mit Gott werden wir am Ende, am Tage Jesu Christi, in der Erfüllung stehen, und sprechen jetzt schon unser *Ja* zu Gottes verborgenem Willen und zu seinen unerforschlichen Beschlüssen in der Gewißheit, daß wir am Ende sein Lob singen werden.

Das aber ändert doch schon hier alles. Bei unseren Aufgaben gibt es uns Unverzagtheit, an der Sache zu stehen und zu bleiben, an die Jesus uns gestellt hat. Bei den Erfolgen beschützt es uns vor Eitelkeit und gibt uns Dankbarkeit und Bescheidenheit. Bei den Rückschlägen gibt es uns Zähigkeit und langen Atem, nicht aufzugeben gegenüber den Feinden und Verleumdern, bewahrt uns vor Bitterkeit und hilft, für sie zu beten, daß sie aus ihren Fesseln von Bosheit und Vorurteil und Ängsten und Haß herauskommen. In den Gefahren läßt es uns aufrecht bleiben, vertreibt die Furcht und gibt uns Lachen. Im Leiden gibt es Geduld, das Hinhören immer wieder auf das zusprechende Trostwort: »Ich bin bei dir, ich helfe dir auch.« Im Sterben können wir ihm dann unser Leben hinlegen und wissen, daß es in seiner Hand nicht verloren, nie verloren ist. Ein unverlorenes Leben — das ist unser Siegeslied in der Ewigkeit.

DANK MACHT DAS LEBEN HEIL

Du kennst jede Schuld, die einer von uns begangen hat, genauer, als jeder von uns sie selbst kennt. Du siehst, daß wir, deine Gemeinde, deinem Namen oft mehr Schande als Ehre machen. Dies alles hat dich nicht abgeschreckt, zu uns zu kommen. Darum bitten wir dich: Laß dich auch weiterhin nicht abschrecken durch alles, was falsch ist in unserm Leben! Mache uns Untaugliche und Ungerechte durch deine Vergebung zu Jüngern, die du brauchen kannst! Herr erbarme dich unser!

Tut mir auf die Tore der Gerechtigkeit! Ich will in sie eingehen, danken will ich ihm. »Dies ist das Tor zu ihm. Gerechte ziehen hier ein.« Ich danke dir, daß du mich gebeugt und mich gerettet hast. Der Stein, den die Bauleute verworfen haben, ist zum Eckstein geworden. Von ihm her ist dies geschehen; ein Wunder ist das vor unseren Augen.

Ps. 118, 19—23

Ein Tor ist das Symbol für eine Zäsur, für einen Einschnitt in ein Leben. Vor dem Tor, hinter dem Tor, draußen, drinnen sieht es anders aus. Wenn es ein Gefängnis ist, dann ist draußen die Freiheit und drinnen die Nacht und die Fesseln und, wenn es in Brasilien oder Chile ist, die Folterkammer. Wenn es umgekehrt, so wie hier, ein »*Tor der Gerechtigkeit*« ist, dann ist draußen die Nacht und der Irrtum und drinnen das volle Leben, das erleuchtete Leben, die Lichter, die Freude. Es stehen Menschen vor dem Tor und klopfen an und wollen hinein. Das ist die Situation, in die das Evangelium uns bringt, wenn es hereinkommt in unser Leben.Es führt uns vor das Tor zum wirklichen, vollen, ganzen, richtigen Leben und macht uns zu anklopfenden Menschen. Denn es macht uns zu anspruchsvollen, zu unbescheidenen Menschen, die sich nicht mehr abfinden mit dem, was man hier so Leben nennt, mit diesem Dahinvegetieren aufs Grab zu und diesem sich Herumschlagen und Herumraufen ums Brot und ums Angesehenwerden und ums Vorankommen, jeder für sich selbst, und auf der Höhe der Mode bleiben und Macht haben über andere Menschen. Was ist das für ein Leben! Und was Wunder, wenn es heute überall vorkommt, daß Kinder ihrem Elternhaus, in dem man sich abgefunden hat mit diesem bißchen vegetierenden Leben, den Rücken kehren und ihren Eltern ins Gesicht sagen: Das ist kein Leben, was ihr uns bietet und vorlebt; das wirkliche Leben muß ganz anders aussehen. Vielleicht haben diese Kinder, diese unzufriedenen und dann selbst wieder irgendwohin tappenden und doch nichts Besseres auf die Beine stellenden Kinder einen Hauch vom Evangelium gehört, nämlich davon, daß das Evangelium uns unzufrieden macht mit dem, was wir so Leben nennen, und dies dadurch, daß es uns ermächtigt, Anspruch zu erheben auf wirkliches, volles, sattes, gerechtes, freudiges Leben. Und so stehen wir vor dem Tor der Gerechtigkeit und klopfen an: »Tut mir auf die schöne Pforte, / führt in Gottes Haus mich ein.« So wie damals die Pilgerprozessionen in Jerusalem vor dem Tempeltor standen, diesen Psalm sangen und anklopften mit dem Ruf: »*Tut mir auf das Tor der Gerechtigkeit, ich will durchgehen.*« Damals kam von drinnen, von dem das Tor bewachenden Leviten dann der Ruf »*Dies ist das Tor zu ihm! Gerechte gehen hier ein.*« Das ist der Ruf, der unser brennendes Klopfen stoppt, weil in diesem Ruf zwei bedenkliche Fragen enthalten sind.

Die erste Frage: Wißt ihr auch, wohin das Tor führt? Das

führt nicht einfach in so ein Schlaraffenland, nicht einfach in die Erfüllung eurer Wünsche, der törichten vielleicht und eigennützigen, nicht einfach so in ein volles Leben, wie ihr es euch gerade vorstellt. »*Dies ist das Tor zu ihm*«, zu dem lebendigen Gott, zu dem Licht des Lebens, zu dem Licht, in dem keine Finsternis ist und das keine Finsternis erträgt, zu dem Licht, das euer ganzes Leben durchleuchtet und jede finstere, jede ungesunde Stelle an den Tag bringt. Das Tor führt zu dem letzten Gericht, vor dem keiner verborgen bleibt und nichts in unserm Leben.

Die zweite Frage: Wißt ihr auch, wer allein hier hereingehen darf? »*Gerechte gehen hier ein.*« Oder, wie Martin Buber das Wort hier und sonst zu übersetzen pflegt: Bewährte gehen hier herein, bewährte Mitarbeiter Gottes, bewährte Jünger Jesu. Verräter, Versager, Verführer, Gegenarbeiter haben keinen Zutritt. Wohlgemerkt, es heißt nicht: nur Juden gehen hier herein und keine Heiden. Es heißt nicht: nur Christen oder nur Kirchenmitglieder gehen hier herein und keine Juden und Atheisten und Heiden, sondern es heißt: Bewährte gehen hier herein. Der barmherzige Samariter geht hier herein, der weder Jude noch Christ war, aber die Barmherzigkeit getan hat. Diejenigen gehen hier herein, die die geringsten Brüder Gottes besucht haben in Gefängnis und Krankheit und gekleidet und genährt haben in Hunger. Diejenigen gehen herein, die als Jünger Jesu im Bekenntnis und in der Liebe nicht versagt haben.

Wir haben unser Klopfen längst sein lassen und stehen erschrocken da und fragen, wie oft wir in unserem Leben nicht versagt haben und wie oft wir in unserem Leben versagt haben, und fragen nach der Kirche, wie oft die versagt hat und nicht versagt hat. »Die christliche

Kirche hat in der Frage Israels und der Juden gänzlich versagt«, so erklärte gerade der Erzbischof Raya, der katholische Erzbischof von Nord-Palästina, als er seinen dortigen Posten verließ, und das ist nur ein Punkt von vielen Punkten, wo wir und die Welt um uns herum das Versagen der Kirche aufzählen. Das sind nicht die Punkte, die ein Großteil der Presse und viele Berliner dem Bischof Scharf und Undine Zühlke und Cornelius Burkhardt als Versagungspunkte entgegenhalten, sondern genau umgekehrt: daß in der Kirche in der Richtung, in der diese drei gedacht und gehandelt haben, nicht entschieden genug vorangegangen worden ist. Nicht entschieden genug hat die Kirche sich zurückgehalten vor dem Bündnis mit der Macht und dem Reichtum in diesen 2000 Jahren, und nicht entschieden genug hat sie, wie Friedrich-Wilhelm Marquardt in der Versammlung in der Musik-Akademie am 6. Dezember 1974 sehr richtig gesagt hat, die Randgruppen, die Entgleisten, die Verwahrlosten und die Benachteiligten und die Ausgeschlossenen zu den Zentralgruppen ihres Denkens und Handelns gemacht. Und wir wissen doch: Wenn wir von der Kirche oder dem Versagen der Kirche sprechen, dann können wir nie nur auf andere Leute deuten, als sei die Kirche ein paar Leute und ein paar Behörden, die an der Spitze der Kirche stehen. Die Kirche sind wir alle, und im Versagen der Kirche spiegelt sich unser alltägliches Versagen, indem wir andere an den Rand drängen und uns selbst, unser eigenes Ich zum Zentrum unseres ganzen Denkens und Tuns machen.

Das Tor ist verschlossen, und die Antwort, die von drinnen kam: »Gerechte ziehen hier ein«, hat uns ausgeschlossen. »Da ist keiner, der Gutes tue, auch nicht einer« (Ps. 14, 3). Die ganze Bibel und vor allem das Neue Testament sind voll davon, daß dies dann, wenn Menschen vor dem Tor des Lebens stehen, nicht das Letzte ist, dies unser Ausgeschlossensein draußen in der Nacht. Da drinnen, von wo dieser Ruf kam, der uns verzweifelt machte: »Gerechte ziehen hier ein«, da drinnen ist ein Interesse, mit uns Ungerechten zusammen zu sein. Der lebendige Gott in seinem Reich will nicht allein mit seiner Gerechtigkeit leben. Ungerechte will er bei sich haben. Die Jünger Jesu nach Kreuzigung und Auferstehung Jesu lasen und sangen diesen Psalm und haben — im Neuen Testament wird er zitiert — hier eine prophetische Vorankündigung einer neuen Geschichte Gottes gehört, eine Antwort auf die Verwerfung, die wir vor dem Tor erfahren. Denn sie lasen hier auch das Wort »*Verwerfung*«, und sie hatten gerade mitgemacht eine schreckliche Verwerfungsgeschichte. Da war ein Mann, dem waren die Randgruppen zu Zentralgruppen geworden, der konnte nicht leben, ohne sich zuzuwenden den Ausgeschlossenen, den Zöllnern, den Prostituierten, den Entgleisten, den verelendeten Massen, die in Ungerechtigkeit und Gottlosigkeit lebten und von Gottes Geboten nichts wußten. Ihnen allen rief er zu: »Kommt her zu mir alle, die ihr mühselig und beladen seid!« — und sie alle drängten sich um ihn. Den konnten alle nicht brauchen, die an irgendeiner großen Bau-Unternehmung beschäftigt waren. Den konnten die Römer nicht brauchen beim Bau ihres gewaltigen Reiches. Den konnten die Führer des jüdischen Volkes nicht brauchen bei ihrer diffizilen und raffinierten Politik zwischen Besatzungsmacht und Volksmassen. Den konnten die Frommen nicht brauchen bei der Pflege ihrer selbstsüchtigen Frömmigkeit. Den haben sie alle verworfen; aber »*den*

Stein, den die Bauleute verworfen haben, hat Gott zum Eckstein gemacht«, zum Grund- und Schlußstein dieses Tores und zum Bau seines neuen Reiches oder, um das Bild jetzt zu wechseln, zu *dem Gerechten,* zu dem einen Gerechten, der hier einziehen darf. Die Jünger Jesu, seine erste Gemeinde nach Ostern, entdeckten sich eingeladen, sozusagen unter den Mantel Jesu zu schlüpfen und geborgen und verborgen unter seinem Mantel als Ungerechte sich durch den einen Gerechten hineinschmuggeln zu lassen ins Reich Gottes, ins Reich des Lebens. »Christi Blut und Gerechtigkeit, / das ist mein Schmuck und Ehrenkleid, / damit werd ich vor Gott bestehn, / wenn ich zum Himmel werd eingehn.« Das ganze Neue Testament ist voll von diesem Wunder. Denn das ist wahrhaftig »*ein Wunder vor unseren Augen*«.
Wir streiten uns oft, ob die Wunder der Bibel wirklich passiert sind oder nicht. Ein nutzloser Streit; denn vor dem einen Wunder, von dem die Bibel voll ist, verblaßen alle anderen Wunder. Dieses eine Wunder heißt: Wir verdientermaßen Ausgeschlossenen sind die unverdientermaßen Zugelassenen. Das ist das Wunder. Und alle biblischen Wundergeschichten — ob sie tatsächlich im einzelnen so passiert sind oder nicht, ist nebensächlich — sind Beispielgeschichten und Zeichen, die hinweisen auf diese eine große Umkehrung: wir, die verdientermaßen Ausgeschlossenen, sind die unverdientermaßen Zugelassenen. »*Das ist von ihm her geschehen*«; wir hätten's nicht geschafft. Nur er hatte die Macht und das Recht, diese Wendung vom Ausschluß zur Zulassung zu vollziehen. Wir hätten mit all unseren Anstrengungen das Tor von außen nicht öffnen können. Er hat das getan. Jesus ist die Öffnung des Tores zum Reiche Gottes für die Ausgeschlossenen, und von drinnen kommt uns

sein Ruf: »Kommt her zu mir alle, die ihr mühselig und beladen seid, mit eurer Ungerechtigkeit und eurem Versagen noch mehr als mit allem äußeren Elend, ich will euch erquicken. Klopft an, so wird euch aufgetan!«
Was bleibt uns zu tun, wenn unser bisheriges Tun das Tor nicht hat öffnen können und nie hätte öffnen können? Wenn wir bei unserm bisherigen Tun — mag es ein bißchen besser oder ein bißchen schlechter gewesen sein — auf ewig ausgeschlossen vor dem verschlossenen Tor des wirklichen Lebens hätten stehen müssen? Was bleibt uns zu tun übrig? Und was wird unser Leben ausfüllen, wenn wir eines Tages vor dem letzten Tor stehen und dann geborgen unter dem Mantel des einen Gerechten Jesu hindurchgehen dürfen?
Antwort: *»Ich will eingehen und dem Herrn danken.«* Das Danken ist es, was uns zu tun übrig bleibt. Danken wofür? Die Bemerkung des Psalms ist sehr merkwürdig. *»Ich danke dir, daß du mich beugst* (oder, wie Luther richtig übersetzt: daß du mich gedemütigt hast) *und mich errettest.«* Gedemütigt wird jemand, wenn ihm klar gemacht wird die große Diskrepanz zwischen seiner Selbsteinbildung und dem, was er wirklich zu bieten hat. Gerettet, d.h. herausgebracht aus dem falschen Leben und hineingebracht in das wahre Leben, werden wir nicht ohne eine tiefe Demütigung, nicht ohne, daß die Stunde der Wahrheit schlägt. Martin Buber übersetzt das Wort *»Tor der Gerechtigkeit«* mit »Tor der Wahrheit«, der bitteren, schmerzhaften Wahrheit. Die Illusionen, die wir über uns selbst hegen, werden zerschlagen; die Beschönigungen, mit denen wir uns selbst so pfleglich behandeln, werden abgetan. Gewöhnlich, wo einer das mit uns tut, uns unsere Illusionen über uns nimmt, da pflegen wir ihm nicht dankbar zu sein, sondern grollend

ihm den Rücken zu kehren. Die große Änderung, die Jesus, wenn wir ihm begegnen, auf uns ausübt, ist, daß wir ihm dankbar sind dafür, daß er uns die Wahrheit sagt und uns in die Wahrheit führt, auch in die bittere und schmerzhafte Wahrheit des Endes aller Illusionen. Er hält uns den Spiegel der Wahrheit vor, in dem wir uns sehen, wie wir wirklich sind, und siehe da, mit ihm zusammen laufen wir dann nicht vor uns selbst davon und verschaffen uns neue Beschönigungen, mit ihm zusammen halten wir die Wahrheit aus, das Ende der Illusion.

Das ist ein Teil unseres Dankes. Damit das jetzt schon geschieht, wird uns das, was am letzten Tor jedem von uns geschehen wird, heute schon erzählt — damit jetzt schon, wenn wir noch draußen vor dem Tor unser Leben treiben, dies geschieht: das Anklopfen am Tor ums Eingelassenwerden zum vollen Leben — die Unzufriedenheit mit dem hiesigen Leben unter Berufung aufs Evangelium — das Erschrecken über unsere Unzuständigkeit, da wir nicht die Gerechten sind, und die tiefe Demütigung in der Stunde der Wahrheit, und dann das Geborgenwerden unter dem Mantel des einen Gerechten, der uns hineinführt ins Land des Lebens. Und dann jetzt und hier schon das neue Leben des Dankens mit den unzähligen Gelegenheiten zum Danken auf allen Lebensgebieten. Das ist dann schon ein Teil des neuen Lebens von drinnen, das herausfließt in unser Leben hier vor dem Tor. Der Dank macht unser Leben heil. Denn es ist wahr, was der alte Bodelschwingh gesagt hat: »Wer danken kann, der ist gesund.«
Dazu, Herr, hilf uns, gesund zu werden schon hier und ganz dort durch das Danken, in das du uns führst durch die Botschaft von der großen Wendung zum Lebens.

Wir haben die freudige Botschaft gehört, Herr: wir sollen nicht ausgeschlossen bleiben vom Leben; auch unsere Schuld, unser Versagen soll keinen von uns ausschließen vom Leben. Wir hören die Botschaft; hilf uns doch, daß wir's glauben und aus diesem Glauben Mut bekommen, wo wir verzagen möchten, Mut anzukämpfen auch gegen unser Versagen, und dir besser zu dienen, Mut, anzukämpfen auch gegen unsere Verzweiflung: Hilf uns, anderen Menschen auch Mut zu geben!
Mach aus deiner Gemeinde eine Mut-machende Gemeinde für alle, die auch irgend etwas tun wollen für deine Menschen, Besserungen da und dort im großen Elend dieser Erde! Wir bitten dich für unsere Kirche hier in Westberlin, für die, die geschädigt sind durch Verleumdung, für unseren Bischof Kurt Scharf und Undine Zühlke und Cornelius Burkhardt, und bringe die zurecht, die sich schuldig gemacht haben durch Verleumdung, und mache uns fähig, im Verständnis des Evangeliums unterscheiden zu können, was wahrhaft christliches Handeln und was unchristliches Handeln ist! Wir bitten dich für alle Regierenden in unserer Stadt und in unserm Land, in den beiden deutschen Staaten, in Europa und in der Welt: Erinnere sie an die Verantwortung, die sie vor dir werden ablegen müssen! Erinnere sie an den Auftrag, den du ihnen gegeben hast, und hilf ihnen, Wege zum Frieden und Wege zur Rettung der Menschen vor Hunger und Verderben zu finden! Gib deinem Volk Israel Frieden mit seinen arabischen Nachbarn! Gib in Vietnam Frieden, führe in Lateinamerika Menschen zur Freiheit, in der Sowjetunion ebenso, und bringe die Weißen und die Schwarzen zusammen in Südafrika und Rhodesien, bevor auch dort großes Blutvergießen beginnt!
Laß uns überall mitwirken zu Wegen des Friedens, der

Befreiung und der Versöhnung hier in unserem Lande und draußen in der Welt! Wir bitten dich für alle Menschen auf Krankenbetten und Operationstischen, in Gefängniszellen, in Einsamkeit, für unsere Alten, aber ebenso für die Jungen, die oft so verzweifelt sind. Uns allen, Herr, gib Mut durch die Verheißung: Wir dürfen mit dir gehen aus der Finsternis ins Licht, aus der Ungerechtigkeit in die Gerechtigkeit, aus dem Leben vor dem Tor im Schatten des Todes durch das Tor in das Leben mit dir.

EINLADUNG ZUR FREUDE

Herr, unser Gott, Freude willst du verbreiten um dich bei all deinen Geschöpfen, bei den Menschen allen. Wir sind schlechte Gehilfen deiner Freude. Wir verbreiten eher Freudlosigkeit. Durch Neid und Geiz ersticken wir beieinander die Freude und schaffen Leid und Trauer. Untauglich sind wir für dein Freudeverbreiten, vergebungslos, wo Schuld uns begegnet, und freudlos, wo Trauer uns begegnet. Wir bitten dich, verzeih uns, daß wir so wenig aufnahmefähig sind für deine Freude, und mach uns zu neuen Gehilfen deiner Freude! Herr, erbarme dich unser!

Wir wissen nicht, was kommt. / Wir wissen nur, daß jeder Tag / mit allem, was er bringen mag, / aus Gottes Händen kommt.
Wir wissen nicht, was kommt. / Wir wissen, daß mit unserer Tat, / die unser Nächster nötig hat, / Gott selber zu ihm kommt.

Dies ist der Tag, den er aufgetan hat. Laßt uns fröhlich sein und seiner uns freuen! Ach du, befreie doch, ach du, laß doch gelingen! Gesegnet sei, der kommt in Seinem Namen. Wir segnen euch von Seinem Hause her. Gottherr ist Er, Er erleuchte uns! Bindet den Festreigen mit Maien bis an die Hörner des Altars! Mein Gottherr bist du. Ich will dir danken. Danket ihm; denn er ist gütig, ja, ewig währt seine Gnade.

Ps. 118, 24—29

»Die Freude gehört zum Glauben wie die Welle zum Wasser«, so habe ich vor ein paar Tagen in einem Aufsatz über das Wort Freude in der Bibel gelesen, und das ist ganz wahr: »Freude gehört zum Glauben wie die Welle zum Wasser.« Die Pilger, die mit diesem alten Wallfahrtslied damals in Jerusalem anklopften an das Tempeltor und es dann geöffnet bekamen, die hatten gehört, im Tempel sei ein fröhliches Fest. Sie wollten bei einem fröhlichen Fest dabei sein. Die Einladung, auf die hin wir hier zusammenkommen, ist Einladung zu einem fröhlichen Fest, Einladung zur Freude. Das Zentralwort, zusammengefügt mit dem Worte Gott im Alten und im Neuen Testament, ist — viele Menschen wissen's gar nicht — das Wort Freude. Es geht um Einladung zur Freude. Freilich kommt man sich damit fremd vor. Die Welt heute, diese unsere Welt, ist eine Ansammlung von Freudlosigkeit, von Hindernissen an Freude, von allmählichem Unfähigwerden der Menschen im Laufe des Heranwachsens, sich noch wirklich zu freuen, so daß einer, der ein freudiger Mensch ist, allseitige Verwunderung erregt. Diese Einladung des Evangeliums: Freut euch, freut euch! stößt auf Verständnislosigkeit. Wie oft haben mir Studenten gesagt, wie fremd ihnen das sei, das Fremdeste eigentlich am ganzen Evangelium, diese Aufforderung zur Freude. Und sie haben bekannt, wie unfähig sie geworden seien im Laufe ihres noch kurzen Lebens, sich wirklich zu freuen. Voll von Hindernissen durch äußeres Elend, das jedes Lachen erstickt, ist diese Welt und voll von falschen Zielsetzungen und von einer Gier nach Freude, die gerade das Gegenteil erreicht. Es mag einer wohl sagen, nach dieser Einladung zur Freude müssen die Verhältnisse erst gründlich geändert werden, die ein solches Hindernis am Fröhlichsein sind. Er hat recht damit. Jeder von uns muß am Überwinden einer Gesellschaftsordnung, die so viele Tränen und Blut und Hunger hervorbringt, beteiligt sein.

Aber es ist die Frage, ob es wirklich nur die äußeren Verhältnisse sind, die uns an Freude hindern. Es könnte sein, wir haben sie geändert — und immer noch sind keine freudigen Menschen da.

Die andere Frage ist, was wir denn jetzt machen sollen. Sollen wir warten, bis diese Welt endlich eine vernünftigere und andere geworden ist? Brauchen wir nicht heute schon, mitten in dieser grausamen Gegenwart, freudige Menschen? Wie werden wir's selbst? Und was soll aus einer Änderung der Verhältnisse werden, wenn sie vorgenommen wird von mißmutigen und haßerfüllten Menschen? Wie kann das, was herauskommt, dann etwas anderes sein als auch nur etwas so tief Freudloses wie das gegenwärtige Leben? Nietzsche sagt einmal im Zarathustra: »Seit es Menschen gibt, hat der Mensch sich zu wenig gefreut. Dies allein, meine Brüder, ist unsere Erbsünde.«

Ihr erinnert euch an das Gleichnis Jesu von Leuten, die von einem König zu einem rauschenden Fest eingeladen werden und nacheinander absagen, weil sie allerlei anderes zu tun haben, Ackerkauf und Viehhandel und Heiraten. Im Grunde ist dieses Gleichnis Jesu eine Frage nach der Freude in unserem Leben, und ob wir einen Zugang zur Freude haben. Jesus meint natürlich nicht, daß wir aus diesen Beschäftigungen Ackerkauf und Heirat und all dem, was uns sonst beschäftigt, Wirtschaft und Erwerb und Berufsleben und Zeitungsnachrichten und Wahlkampf usw. usw., auf einmal austreten und stattdessen ein vergnügtes Leben im Schlaraffenland anfangen könnten. Jesus weiß, daß wir mitten drin stecken und drin stecken müssen. Er würde auch gar nicht bestreiten, daß unter diesen Beschäftigungen einige erfreuliche sind. Mancher von uns hat das Glück, in einer Arbeit zu stehen, die ihn befriedigt und täglich erfreut. Aber wir wissen auch: das kann morgen zu Ende sein durch einen großen Mißerfolg, durch schweren Ärger oder durch Unglück. Und wir wissen, daß ein großer Teil der Beschäftigungen, mit denen die Menschen zu tun haben, nur freudlose Dinge sind. Jesus fragt nach dem Zugang zur Freude. Außerdem wissen wir auch, daß jeder, der sich nicht freuen kann, eine Last ist für seine ganze Umgebung. Es kann einer korrekt seine Pflicht tun und es kann einer ganz aufopfernd Nächstenliebe üben, wenn er es ohne Freude tut, ohne daß etwas Fröhliches ausstrahlt von ihm, dann fehlt das Wichtigste, und er ist nur eine Last, keine Wohltat, für seine Umgebung. Er erstickt auch um sich herum das Fröhlichsein.

So ist es also etwas sehr Auffallendes und Wichtiges, wenn dieser Satz, der m.E. unbestreitbar richtig ist, sagt: »Freude gehört zum Glauben wie die Welle zum Wasser.« Das korrigiert unsere Rede von Gott, unser Denken von Gott bei Nichtchristen ebenso wie bei Christen. Was ist die letzte Wahrheit über unser Leben? Was ist die letzte Macht, die über uns bestimmt? Die Religionen und die Philosophien versuchen, unsere Vermutungen darüber in Worte und Bilder zu fassen. Sie kommen zum stummen Schicksal, unerforschlich über uns verfügend, zum blinden Zufall, der nach Laune Glück und Unglück verteilt, zu der Menge der Götter und Mächte, die sich um uns streiten und über uns konkurrieren und alle von uns verehrt sein wollen. Oder zur tiefen Verlegenheit des Ignoramus et ignorabimus (wir wissen es nicht und wir werden es nicht wissen), eine Verlegenheit, die auch wieder Freude erstickt.

Das Auffallende des Evangeliums ist, daß es sich dem

allen entgegensetzt mit der Behauptung und dem Ausruf, die ganze Welt sei eine von tiefer Treude umgebene Schöpfung; sie sei entstanden durch das Schaffen, was nichts anderes ist als das Überströmen ewiger Freude, und die Liebe Gottes sei nichts anderes als der Wille, all seinen Geschöpfen in eine tiefe Lebensfreude hineinzuverhelfen. Es ist klar: auch das, was die Christen von Gott geredet haben und heute reden, entspricht dem vielfach noch gar nicht; es ist häufig ein freudloses Evangelium. Aber ein freudloses Evangelium ist, da euangelion Freudenbotschaft heißt, ein hölzernes Eisen, ein Widerspruch in sich selbst. So widersprüchlich wird in der christlichen Kirche oft von Gott gesprochen. Mit Feuer und Schwert hat man das Christentum ausgebreitet, Inquisition und Ketzerverbrennung haben seine Geschichte begleitet, und auch heute noch, wo das, Gott sei Dank, unter uns nicht mehr üblich ist, wird oft unter uns so von Gott gesprochen, daß niemand vermuten könnte, das Zentralwort für Gott im Alten und Neuen Testament sei das Wort Freude. Gott ein despotisches Über-Ich und Religion als Zwangsneurose — so hat der große Sigmund Freud den Gottesglauben gehört von Christen und Juden und dadurch keine Ahnung bekommen können vom eigentlichen Inhalt des euangelion, der Freudenbotschaft.

Hier in diesem Psalmvers ist er ganz enthalten. Da kommen Menschen in die Nähe Gottes, und das ist für sie identisch mit Vergnügtsein und Tanzen. »*Laßt uns freuen und fröhlich darin sein.*« Da bitten Menschen ihn, und um was bitten sie? »*O Herr hilf*«, hebräisch: Hosianna, deutsch: befreie doch! Zur Freude muß man befreit werden. Da bitten Menschen um *Segen.* Segen ist ein feierliches Wort. Es meint, daß auf ein Menschenleben ein tiefes, volles, umfassendes Ja fällt. Wo Unsegen ist, da ist Freudlosigkeit, da ist Mißlingen, und daher wird hier gebeten um *Gelingen,* damit wir die schreckliche Angst vor dem Mißlingen und dem Versagen los werden, die uns sonst immer begleitet. Dies alles heißt der *Tag des Herrn,* eine Festtagsbezeichnung, ein unaufhörliches Fest, bei dem einem nie langweilig wird. In diesen Tag des Herrn mündet unser Leben ein. Er bricht jetzt schon an, wenn ein bißchen Glauben in uns anfängt. Glauben ist nichts anderes als Hören und Ernstnehmen der Einladung zur Freude, und sie entgegensetzen allem, was die Freude in uns verhindern und ersticken will.

Es könnte unter euch einer, der ein guter Bibelkenner ist, einen großen Einwand machen gegen das, was ich bisher gesagt habe, einen gewichtigen Einwand, weil er aus der Bibel selber kommt. Er könnte sagen: Du hast nur die Hälfte gesagt: der Tag des Herrn ein fröhlicher Tag und Gottes Nähe gleich Nähe zur Freude. In der Bibel steht aber auch anderes. Im alten Israel stand ein Prophet auf, Amos, und rief in dieses tanzende Volk im Tempel hinein, das am Laubhüttenfest seinen Reigen tanzte mit Sträußen und Zweigen bewaffnet und Maienzweige an den Altar flocht: »Weh euch, die ihr den Tag des Herrn begehrt. Der Tag des Herrn ist Finsternis und nicht Licht. Tut mir weg das Geplärr eurer Lieder, ich mag nicht hören euer Psalmensingen!« (Amos 5, 20—23). Die so Angeschrienen, wir alle, stehen auf einmal erstarrt und fragen, ob es eine Illusion gewesen sei, was wir da gehört und ernst genommen haben: Einladung zur Freude. Widerspricht die Bibel sich selbst? Ist Gott doch ein verdrießlicher Schulmeister mehr als ein freudiger Fest-Gastgeber, ein grämlicher Despot, ein strenger Richter, vor dem man zittern muß?

Wenn man diese beiden ganz verschiedenen Aussagen über den Tag des Herrn als Licht und als Finsternis, als fröhliches Fest und als erschrockenes Stillstehen zusammennimmt, dann, glaube ich, lassen sie sich gemeinsam verstehen von einer Frage aus, zu der sie führen sollen: Wem kommt eigentlich eure Freude zugute? Was haben andere Leute von eurer Freude? Bei dem, was die Bibel von Freude sagt, darf man ja nicht übersehen: Im gleichen Augenblick, wo, wie hier im Psalm, die Tür aufgeht zum großen Gottesfest, im gleichen Augenblick geht noch eine andere Tür auf hin zu den anderen Menschen. Im gleichen Augenblick, wo die Tür nach oben aufgeht und eine unbesiegliche Freude in unser Leben einströmen kann, im gleichen Augenblick geht auch die Tür nach nebenan auf.

Nun kann aber das Undenkbare dennoch geschehen, daß ein Mensch, der sich sonnt im warmen Gnadenlicht, das von oben durch die offene Tür zwischen Gott und ihm hineinströmt in sein Leben, die andere Tür nach nebenan zu den anderen Menschen zumacht, vielleicht weil es ihm zugig geworden ist zwischen zwei Türen, weil er immer wieder gestört worden ist in seinem Gottesgenuß durch die Anrufe, die durch die offene Tür nach nebenan hereingekommen sind. Es ist ja auch wohl so, daß dieses Fröhlichsein unter dem warmen Gotteslicht sehr viel ungestörter, sehr viel beschaulicher und erbaulicher wird, wenn man die Tür nach nebenan zumacht. Das hat es oft gegeben in der Christenheit: mit Freuden ließ man die Tür zwischen Gott und uns offen; die Schuld kann sie nicht mehr zuschließen, die Freude strömt herein. Aber still oder auch ganz bewußt hat man die Tür nach nebenan zugemacht. »Gott und die Seele, die Seele und Gott und außerdem nichts«, so hat man mit dem Kirchenvater Augustin dann gesagt. Bei aller Frömmigkeit war da eine Mauer entstanden: hier die Freudenbesitzer, draußen die freudlose Welt; hier die ungestörten Gottesdienste (denkt an jene Weihnachtsnacht 1967 in der Kaiser-Wilhelm-Gedächtnis-Kirche!), hier der ungestörte Weihnachtsgottesdienst und dort die Napalm-Bomben auf Vietnam; hier die Stille unserer Frömmigkeit — und dann gehen wir heraus aus dem Sonntag in den Alltag, hinaus in den brutalen Klassenkampf der Welt, der Vorangekommenen gegen die Zukurzgekommenen, und dazwischen ist die Tür zugemauert. Nur eines ist ganz sicher: Wenn die Tür nach nebenan sich schließt, dann schließt sich auch über kurz oder lang die Tür nach oben, durch die die Freude Gottes einströmt. Ein Christentum, das nur im Gottesgenuß, in dem egoistischen Genuß der eigenen Seligkeit lebt und die Tür, die die Zugluft vom Nächsten und von der Umwelt hereinläßt, schließt, ein solches Christentum wird schließlich selber eng und freudlos und gesetzlich; es hat alle möglichen Bedingungen an die Freude Gottes geknüpft und kann die Vergebung unserer Schuld nicht mehr bedingungslos allen Menschen hinausrufen und nicht mehr bedingungslos sie alle einladen zur Freude Gottes, und es kann ihnen diese Freude auch nicht mehr tätig bezeugen.

Jetzt verstehen wir an dem Bild mit den zwei Türen vielleicht auch, was in dem Wort *Dank* enthalten ist, mit dem dieser herrliche Psalm beginnt und schließt. Wenn ich die Zuwendung eines anderen Menschen erfahre, wenn diese Zuwendung mich rettet aus Einsamkeit, tiefer Depression, Freudlosigkeit, dann kann man mit diesem anderen Menschen wieder lachen. Denn man kann — habt ihr das beobachtet? — nur miteinander lachen;

wenn man allein ist, kann man höchstens lachen in Erinnerung an gemeinsame Situationen; ein Robinson allein wird im Laufe der Zeit sicher auch das Lachen verlernen. Lachen ist etwas ganz Gemeinschaftliches im Menschen. Wenn ich also die Zuwendung eines anderen Menschen erfahre, und ich kann wieder mit ihm zusammen durch seine Zuwendung fröhlich sein und lachen, dann ist der Dank dafür das Natürlichste auf der Welt; er entsteht von sich selbst. Aufruf zum Danken: »*Laßt uns danken und fröhlich sein!*« ist eigentlich nicht nötig. Eine Ermahnung: »Du solltest aber dankbar sein!«, wenn uns ein Schulmeister mit aufgehobenem Finger an die Dankespflicht erinnert, verdirbt uns oft das Danken. Ein Aufruf zum Danken bedeutet recht gemeint: »Du solltest die Augen aufmachen und erkennen, was dir passiert in der Zuwendung durch diesen Menschen, dann wirst du dankbar sein und lachen.« Es ist ein Aufruf zum Erkennen. So ist dieser Aufruf: Laßt uns danken und fröhlich sein! ein Aufruf zum Erkennen der Zuwendung, die uns geschehen ist, der Zuwendung Gottes zu uns.

Der Dank geschieht immer in zwei Bewegungen, im Gefühl und in der Tat. Der Dank hat immer zwei Räume, unser inneres und unser äußeres Leben. Der Dank hat immer zwei Organe: unser Herz und unseren Kopf zum Fühlen und Denken in uns, und unseren Mund und unsere Hände und unser leibliches Leben nach außen zum Tun des Dankes. Der Dank hat immer zwei Richtungen: Darum hat der Dank immer zwei Worte: »Ich danke dir« und »Was kann ich für dich tun?« Oder: »Ich darf mich freuen« und »Ich darf helfen«. Der Dank ist dann angenommen, wenn der, dem wir danken, uns mitmachen läßt an seinem Werk. Der Dank ist dann wirklich ausge-

sprochen, wenn der, der dankt, sich interessiert für das Werk dessen, dem er dankt.
So also braucht der Dank zwei Türen, die eine nach oben und die andere nach nebenan zu den Menschen. Wenn er die eine Tür nach oben nicht hat, dann erstickt er, dann wird die Frömmigkeit freudlos; ohne Danken wird unser Christentum ein lahmes, müdes Christentum, wo wir zwar noch steif und müde die alten Freudenlieder singen, weil sie in der traditionellen Liturgie stehen, uns aber eher entrüsten, wie es geschehen ist, wenn andere draußen vor lauter Begeisterung über die neu entdeckte Freudenbotschaft das Tanzen anfangen wie in der Liturgischen Nacht beim Kirchentag in Düsseldorf 1973. Wenn der Dank nicht auch durch die andere Tür hindurchgeht, hin zu den anderen Menschen, dann erstirbt er allmählich, weil ohne Interesse am Werk dessen, dem ich danke, mein Denken nur noch eine müde Pflicht wird. Das Werk dessen, dem wir danken, ist Freude verbreiten. »*Deine Güte währet ewiglich.*« Dein Lieben währt ewiglich, und wir dürfen beteiligt sein am Freude-Verbreiten Gottes. »Danket dem Herrn; denn er ist freundlich und seine Güte währet ewiglich.«

VERGEBUNG UND SENDUNG SIND EINS

Im Todesjahr des Königs Usia sah ich meinen Herrn, sitzend auf hohem, ragendem Thron. Die Säume seines Gewandes füllten den Tempel. Seraphim umstanden ihn oben. Sechs Flügel hatte ein jeder; mit zweien deckte er sein Gesicht, mit zweien deckte er seine Füße, mit zweien flog er. Und einer rief dem anderen zu und sprach: »Heilig, Heilig, Heilig ER, der Herr der Heerscharen. Seine Herrlichkeit erfüllt die ganze Erde (oder: alles, was die Erde erfüllt, kündet seine Herrlichkeit).« Und es erbebten die Lager der Schwellen von der Stimme der Rufer, und das Haus füllt sich mit Qualm.
Da sprach ich: »Weh mir! Ich bin verloren! (oder: Ich muß schweigen!) Denn ich bin ein Mensch mit unreinen Lippen und wohne inmitten eines Volkes mit unreinen Lippen. Denn den König, IHN, den Herrn der Heerscharen, haben meine Augen gesehen.« Da flog einer von den Seraphim zu mir, eine glühende Kohle in der Hand — mit einer Greifzange hatte er sie vom Altar genommen — und berührte damit meinen Mund und sprach: »Da, dies hat deine Lippen berührt — weg ist deine Missetat, zugedeckt ist deine Sünde.« Nun hörte ich die Stimme meines Herrn, der sprach: »Wen soll ich senden? Wer wird für uns gehen?« Ich sprach: »Da bin ich, sende mich!«

Jes. 6, 1—8

»Im Todesjahr des Königs Usia sah ich meinen Herrn« — nicht irgendeinen Herrn, nicht einen der vielen Herren, die über uns zu bestimmen haben, nicht irgendeinen Gott, nicht einen der vielen Götter, die in unserer Welt ihr Wesen treiben, sondern Ihn, den »Allherrn«, wie einige übersetzen — Ihn sah ich, den Höchsten, den alles Regierenden, das Prinzip aller Prinzipien, die letzte Wahrheit, das, was man nicht sehen kann, wie man

sonst ein Ding sehen kann, das, wonach aber dennoch unser ganzes Fragen und Forschen und Erkenntnisstreben geht, den ersten Ursprung und das letzte Ziel und die über allem waltende Macht.
»Ich sah« — es war kein Hindernis, keine Verborgenheit, keine Mauer mehr zwischen uns; ich kam in den Bereich klarster Erkenntnis. Ich war auch nicht betrunken, nicht high wie von Drogen, nicht träumend, sondern bei normalem, aber bei klarstem Bewußtsein: so sah ich die letzte Wahrheit.
Ich sah freilich immer noch im Abstand, von unten, noch nicht »von Angesicht zu Angesicht«, eigentlich doch nicht mehr als gerade den Saum des Gewandes der letzten Wahrheit und der obersten Wirklichkeit — aber schon das ist ja mehr als alles, was wir sonst mit unseren schärfsten Denkanstrengungen und kühnsten Forschungsvorstößen erreichen können. Ich sah, d.h. ich stand in der klarsten, unmittelbarsten Begegnung mit Gott.
Danach streben wir; nach dem, was dem Propheten widerfuhr, geht unser Sehnen und Streben, ohne daß wir es erreichen können. Aber da ist ein Vorurteil dabei. Wir beneiden diejenigen, die uns von solchen Visionen, solchen außerordentlichen Gotteserlebnissen, solchen Begegnungen mit der letzten Wahrheit zu berichten vermögen, und möchten auch solcher Erlebnisse teilhaftig werden. Aber wissen wir, was wir damit begehren? Wissen wir denn von vornherein, was das für uns bedeuten würde: ob Leben — und nicht Tod? Dieser Mensch da, hinaufversetzt in den himmlischen Tempel, in den Bereich der letzten Wahrheit und Klarheit, der sagt nicht: »Wie wunderbar, daß ich so etwas erleben darf!« Sondern: »Entsetzlich! das Schlimmste, was mir geschehen

konnte! wäre ich nur nie hierher gekommen! *Weh mir, ich bin verloren!*«
Das heißt doch: Mensch und Wahrheit — das geht nicht zusammen, das widerspricht sich so wie Lüge und Wahrheit. Mensch und Gott — das geht nicht zusammen, das widerspricht sich so wie Tod und Leben. Sehr anschaulich wird das in dieser Vision: Die Lichtwelt der Engel, der ewige freudige Lobgesang, die Fülle der Erde, die in diesen Lobgesang einstimmt, der ganze Kosmos eine einzige Gottesfreude — und mitten drin nur *ein* Wesen, das aufschreien muß: »Entsetzlich! Das ist mein Tod! Ich bin nicht für die Wahrheit geschaffen, nicht fürs Licht, das Licht tötet mich! *Weh mir, ich vergehe, denn ich bin ein Mensch.*« So wäre denn der Mensch das verdammte Wesen in der Schöpfung, von Gott im Zorn erschaffen, darum ausgeschlossen vom wahren Leben und Licht, er unerträglich für Gott und Gott unerträglich für ihn? Aber dieser Mensch sieht sich durch die Gottesbegegnung vernichtet *nicht,* weil er Mensch ist, sondern weil er ein »*Mensch mit unreinen Lippen*« ist. Nicht sein Menschsein hindert ihn, einzustimmen in die große Gottesfreude des Lobgesanges. Dazu ist ja gerade er bestimmt, das Ebenbild Gottes auf Erden, bestimmt, der Mund der ganzen Schöpfung für diesen Lobpreis zu sein. Eine Unreinheit, eine Finsternis, eine Lügenhaftigkeit, ein Gegensatz hindert ihn daran, der nicht aus Gott, nicht aus der Schöpfung stammt, sondern ganz aus uns selbst. Ein Gegensatz zu Gott, zum wahren Leben und Licht, und damit auch ein Gegensatz zu uns selbst, zu unserem eigenen Wesen und zu unserer eigenen Bestimmung. Das ganze Menschenleben und die ganze Menschengeschichte sind Zeichen dieser tiefen Entfremdung von Gott und von uns selbst, unsere höchst

fliegenden Gedanken ebenso wie unsere tiefsten Abstürze, die Elite der Menschen ebenso wie das Lumpenproletariat, was wir im Kriege treiben, ebenso wie das, was wir im Frieden treiben.

Die Bibel ist tatsächlich der Meinung, daß es jedem von uns ebenso ginge wie diesem Jesaja: konfrontiert mit der letzten Wahrheit, mit dem göttlichen Leben, das die Schöpfung erfüllt, wird jeder von uns aus allen angenehmen Selbsttäuschungen gerissen und muß sich als den dunklen Fleck in der Schöpfung erkennen, der beseitigt werden muß, damit die Schöpfung einhellig und rein mitschwingt im großen, freudigen Lobgesang der Engel. Das ist die für uns unerträgliche Wahrheit, die wir uns verstellen mit allerlei Einbildungen, und in die wir gestellt werden, wo das Wort Gottes uns trifft.

Ein Wunder geschieht, das Wunder aller Wunder: dieser Unreine, unrein inmitten der reinen Schöpfung, dieser Unerträgliche darf leben. Die vernichtende Gottesbegegnung wird ihm verwandelt zur belebenden Begegnung. Ohne sein Zutun, ganz allein von diesem anderen her, der doch sein Tod sein müßte, wird ihm, was sein Tod sein muß, zum neuen Leben: das Wunder der Vergebung. Er, der sich selbst nicht mehr reinigen kann, wird gereinigt: »*Weg ist deine Missetat, zugedeckt ist deine Sünde.*« Der Tod ist weg, der Tod, den ich in mir trage durch meinen Gegensatz; die Unreinheit ist zugedeckt durch die mich einhüllende Liebe des Lebens zu dem, der dem Tod verfallen war. »Christi Blut und Gerechtigkeit, / das ist mein Schmuck und Ehrenkleid, / damit werd ich vor Gott bestehn, / wenn ich zum Himmel werd eingehn«, wenn ich in das für mich unerträgliche Licht der letzten Wahrheit komme. »Ist Gott für mich, so trete / gleich alles wider mich.« Ich darf leben.

Was heißt Leben? Leben heißt — das erkennen wir jetzt — Leben heißt Loben, Einstimmen dürfen in den großen Lobgesang des Lebens und der Wahrheit, den großen Lobgesang Gottes. Vorher hatte es — so kann man den hebräischen Satz, den ich mit »Ich bin verloren« wiedergab, auch übersetzen — geheißen: »*Ich muß schweigen!*« Wer unreine Lippen hat, kann in den reinen Lobgesang nicht einstimmen. Wenn aber nichts mehr da ist, was uns an diesem Einstimmen hindert, keine Klage und keine Frage, vor allem aber: kein Widerspruch, keine Schuld, keine Angst, kein böses Gewissen, kein Tod in uns, keine Todesfurcht, kein Todesurteil — wenn unser Leben nur noch ein Loben ist, dann leben wir wirklich, und so weit wir jetzt schon, trotz Klage und Frage und Schuld und Angst und Todesfurcht, unter der Vergebung Gottes leben und sie ernster und realer nehmen als alles, was gegen sie spricht, so weit leben wir schon jetzt, so weit ist unser Leben schon jetzt ein wirkliches, todbefreites Leben.

Was heißt leben? Leben heißt noch etwas anderes, was auch aufs engste mit diesem Ersten, mit dem Leben als Loben zusammenhängt. Denn die Geschichte ist ja mit dem Wunder der Vergebung noch nicht zu Ende. Die Vergebung hat unsere Todesfragen gestillt; wir können wieder loben. Nun aber stellt der vergebende Gott eine Frage, eine erstaunliche Frage. Gott, der doch niemanden braucht, auf niemanden angewiesen ist, der ewig reiche Gott, der »Allherr«, der braucht jemanden. Er braucht jemanden, der für ihn da ist, für ihn in die Welt hinaus geht, der den anderen Menschen Botschaften Gottes bringt. Gott fragt, scheinbar ganz ratlos, scheinbar Hilfe suchend und Helfer suchend für seine Sache: »*Wen soll ich senden, wer geht für uns?*«

Das Erstaunliche nach dieser erstaunlichen Frage: es meldet sich einer, es meldet sich gerade dieser, der soeben noch ein ganz Verlorener schien. Der, der sich eben noch unter dem Lichte der Wahrheit als das untauglichste Geschöpf in der ganzen Schöpfung erkannt hatte, der wagt es, sich für tauglich zu halten, sich als diensttauglich zu melden: »*Da bin ich. Sende mich!*« Und die Antwort darauf lautet nicht: »Du bist wohl verrückt? Die Vergebung hat dir wohl den Kopf verdreht? Sei froh, daß dir vergeben ist, und bilde dir nicht ein, daß du deswegen schon tauglich wärest!« Sondern die Antwort ist die *Sendung.* Dem Wunder der Vergebung folgt das Wunder der Sendung, ja, es ist eigentlich *ein* Wunder. Vergebung und Sendung sind zwei Seiten der gleichen Sache, der Zuteilung des Lebens. Man könnte sagen: die Vergebung ist die Form und die Sendung ist der Inhalt der Zuteilung des neuen Lebens. »Wo aber Vergebung der Sünden ist, da ist auch Leben und Seligkeit«, heißt es in Luthers Kleinem Katechismus.

Aber was heißt denn Leben? Leben heißt: einen Inhalt, einen sinnvollen Inhalt des Lebens haben, etwas, wofür man lebt, etwas, für das zu leben sich lohnt. Dieser Jesaja bekommt jetzt etwas, wofür zu leben sich lohnt, auch dann lohnt, wenn es ihm sein Leben kostet. Vergebung heißt: von Gott leben, und Sendung heißt: für Gott leben, und Vergebung ist die Erlaubnis und die Ermöglichung, für Gott zu leben, die Ermöglichung eines ewig sinnvollen Lebens. Du magst zunächst sinnvoll finden, für deinen Beruf, deine Familie, dein Volk oder den Fortschritt der Menschheit, vielleicht aber auch nur für dich selber und dein Vergnügen und deinen Lebensgenuß zu leben. Das alles wird einmal zu Ende sein, das alles wird immer wieder vom Zweifel der Sinnlosigkeit angenagt werden. In der Sendung Gottes zu leben, für die Sache Gottes zu leben ist ewig sinnvolles Leben, und dies bringt auch ins Leben für Beruf, Familie, Volk, für den wirklich so nötigen Fortschritt der Menschheit und auch in die Stunden deines Vergnügens und Genießens erst einen unzerstörbaren Sinn hinein.

Was ist denn das: »die Sache Gottes?« Darauf will die ganze Bibel uns Antwort geben, indem sie uns vorführt, wie zu ganz verschiedenen Zeiten, in ganz verschiedenen Situationen ganz verschiedene Menschen unter der Vergebungsbotschaft gezeigt bekamen, wie Gott nicht den Tod, sondern das Leben der Menschen will, was das wahre menschliche Leben ist, und wie sie zu diesem wahren Leben der Menschen um sich herum beitragen können. Wir lernen dadurch erkennen, welche Bestrebungen dem Leben dienen und welche dem Tode dienen, wo wir etwas Lebensfreundliches fördern können, und wo wir dem Lebensfeindlichen absagen und widerstehen müssen.

Das kann uns in sehr harte Konflikte führen, wie es sofort diesem Jesaja geschehen ist. Wenn ihr zu Hause die zweite Hälfte des Kapitels weiterlest, dann werdet ihr sehen: mit diesem neuen, ewig sinnvollen Inhalt seines Lebens wird das Leben für diesen jungen Jesaja nicht einfacher, sondern ungleich schwerer. Die Lebensbotschaft, die er zu bringen hat, ist in seinem Fall eine harte Gerichtsbotschaft. Nicht ohne Absicht beginnt er mit der Zeitangabe: *»im Todesjahr des Königs Usia«*. Jeder, der das damals las, wußte sofort: das war das letzte Jahr einer 52 Jahre langen Friedenszeit Israels, einer Zeit, nach der später sich noch Generationen gesehnt haben. So wie manche Leute sich bei uns sehnen, daß es noch einmal so lange, ruhige, schöne »gute alte Zeit«

geben könnte wie zwischen 1870 und 1914, und so wie vielleicht kommende Generationen sich einmal sehnen werden nach 30 solchen Friedensjahren, wie wir sie unverdientermaßen seit 1945 jetzt haben. In diesem Jahr, dem letzten Jahr des Königs Usia, muß Jesaja — das ist sein erster Auftrag — dem ahnungslosen Israel ankündigen, daß jetzt das Gericht hereinbrechen wird über das Volk, weil es diese lange Friedenszeit nicht benützt hat zum Dienst an der Sache Gottes, ein Segen zu sein für alle Völker, Gerechtigkeit zu errichten im eigenen Innern. Das war so, wie wenn ein Prophet im Jahre 1912 hätte aufstehen müssen und den Völkern Europas ankündigen und voraussagen müssen das Blutgericht, das jetzt über sie kommt, weil sie die Friedenszeit nicht genützt haben zum Segen der Völker der Erde, sondern mit Rüstungswahnsinn und Kolonialismus und Völkerausbeutung sich selber bereichert haben. Oder wenn er damals 1912 auch den christlichen Kirchen angesagt hätte, was über sie kommen wird und vorerst über die Kirchen Ostdeutschlands und Osteuropas gekommen ist, nicht damit wir's empfangen und ansehen mit geballten Fäusten, sondern erkennen als ein Gottesgericht über eine christliche Kirche, die den Gott, der Eisen wachsen ließ, verwechselt hat mit dem Gott des Lebens und der Vergebung, mit dem Gott Abrahams, Isaaks und Jakobs. Oder: wie wenn einer im Jahre 1976 aufstehen müßte und den Völkern der weißen Industriestaaten ankündigen müßte das ihnen bevorstehende Gottesgericht in Blut und Grauen, dem sie entgegengehen, weil sie wieder diese Friedenszeit nur genützt haben zu Rüstungswahnsinn und Ausbeutung und nicht zum Segen für die hungernden Völker und die Elendsmassen auf dieser Erde. So wird das Leben dieses Sendboten ein schwerer

Weg. So kann die Sendung in Gegensatz bringen zu dem, was die Menschen um uns her mit aller Kraft anstreben und verteidigen.
So kann die Sendung einsam machen, wie sie diesen Jesaja einsam gemacht hat. Wenn wir Christen nicht in Gegensatz kommen zu dem Besitzstreben und Rüstungswahnsinn und den Ausbeutungsverhältnissen um uns her, dann legt sich der Verdacht nahe, daß wir vielleicht nur die Vergebung genießen, aber der Sendung uns verweigern. Freude der Vergebung ist untrennbar vom Ernst der Sendung. Der Ernst der Sendung aber, so ist es versprochen, führt in die wirkliche Freude; denn durch Vergebung erlaubt und ermöglicht bekommen, in der Sendung Gottes zu leben, an der Sache Gottes, an der Sorge Gottes um seine Menschen, am Lebenswillen Gottes für seine Menschen mitdienen zu dürfen, das ist das einzig ewig sinnvolle Leben.

Du, unser Herr, du sprichst zu uns durch den Propheten, den du in Klarheit die Wahrheit hast sehen lassen. Wir bitten dich,laß sie auch uns erkennen, vergib uns unsere Untreue und hole uns hinein in deine Sendung, ins wirkliche Leben!

DIE KATASTROPHE ALS WENDEPUNKT

Ich wurde gebeten, ein Prophetenwort auszulegen für einen Band von Predigten von Juden und Christen, der nächstens herauskommen soll, und mir schien, das mir vorgelegte Wort ist das Richtige, was wir gerade heute hören können.

Kehrt um und wendet euch ab von allen euren Verfehlungen, damit sie euch nicht gänzlich in die Katastrophe bringen! Werft von euch alle eure Verfehlungen, mit denen ihr euch an mir vergangen habt, und schafft euch ein neues Herz und einen neuen Geist! Warum wollt ihr sterben, Haus Israel? Denn ich habe nicht Gefallen am Tode dessen, der dem Tode verfallen ist, spricht der Herr. So kehrt um, damit ihr lebt!

Hes. 18, 30—32

Es war vor genau 30 Jahren, am 11.Mai 1945. Wir lagen auf einer böhmischen Wiese in der Maiensonne, kauten Grashalme und sprachen über die Zukunft. Die nähere Zukunft: ob es uns gelingen würde, über die Moldau zu kommen und der Kriegsgefangenschaft zu entgehen, und die weitere Zukunft: was mit Deutschland werden würde und also mit uns allen. Während wir so plauderten, erhob sich ein Feldwebel, ein großer, kräftiger Mann, der bisher schweigend dabei gesessen hatte, und ging über die Wiese in den Wald. Gleich darauf hörten wir einen Schuß, und wie wir zu ihm liefen, fanden wir ihn schon nicht mehr lebend vor. Die Kameraden von seiner Gruppe, mit denen wir uns zufällig getroffen hatten, sagten, er habe bis zuletzt unbeirrt an den Führer geglaubt und in den Tagen nach dem Selbstmord Hitlers nur immer gesagt, für ihn gelte das Sprichtwort: »Lieber tot als Sklave.«

Für ihn war also die Katastrophe ein Endpunkt, hinter dem nichts mehr kam, was sich lohnte; darum wollte er nur noch sterben. Eine Katastrophe kann dreierlei bedeuten:

1. Sie schlägt herein und schlägt uns tot: die Katastrophe als Endpunkt.
2. Wir heben den Kopf aus dem Loch, entdecken zu unserem Erstaunen, daß wir noch leben, krabbeln wieder heraus und machen weiter da, wo wir vorher aufgehört hatten: die Katastrophe als Unterbrechung.
3. Wir hören ein Signal, ein Ultimatum: es kann so nicht weitergehen, Wendung um 180 Grad! Gänzliche Richtungsänderung! Die Katastrophe als Wendepunkt.

Katastrophen sind aber stumm. Wir müssen selbst herausbringen und uns sagen, was sie bedeuten; sie sagen's nicht von sich aus. Deshalb treten zu allen Zeiten Propheten auf, falsche, falsch deutende, und wahre. Aber wer kann sie recht unterscheiden? Ein echter Prophet ist ein Mensch, dem Erleuchtung gegeben ist, um die Ereignisse ins rechte Licht zu setzen und zu den richtigen Schlußfolgerungen aus den Ereignissen zu verhelfen. In Katastrophenzeiten haben wir Propheten, aber die wahren Propheten, bitter nötig, weil wir die richtigen Schlußfolgerungen bitter nötig haben, erleuchtete Menschen, die Erleuchtung um sich verbreiten. Hören wir also heute einen alten Propheten, der sich als wahrer Prophet erwiesen hat, und entdecken — hören wir's genau —, daß, was er damals seinem Volk in einer Zeit des Zusammenbruchs gesagt hat, heute uns genau so erleuchten kann!

Er ruft die Katastrophe als Ultimatum Gottes aus *und*

als Angebot der großen Befreiung, als Wendepunkt. Daran wird deutlich, wie falsch die Alternative ist: Befreiung oder Niederlage. Natürlich war 1945 eine Niederlage, eine schreckliche Niederlage. Wenn ein verbrecherisches Regime zusammenstürzt — 1945 in Europa, 1975 in Süd-Vietnam —, dann begräbt es bei seinem Fall unzählige Schuldige und Unschuldige unter sich. Als damals die Kirchen der Bekennenden Kirche, in denen wir Stärkung zum Widerstand gegen die Unheilsmacht haben empfangen dürfen, genauso von den Bomben zerschlagen wurden wie die Kirchen der Deutschen Christen und die Tempel des braunen Staatskultes, da haben wir lernen müssen, daß bei Gottes Gericht über die bösen Wege eines Volkes weder von Gott noch von den Menschen säuberlich sortiert wird nach gut und schlecht, und daß die Warner keineswegs fein heraus sind und verschont bleiben. Alle gehören sie dazu, alle waren wir in irgendeiner Weise beteiligt und mitschuldig, alle müssen wir die Folgen tragen. Das haben wir lernen müssen. Natürlich ist eine Niederlage schrecklich nach so vielen Kriegsjahren, nach so vielen Siegen, nach so vielen Opfern, nach so vielen Untaten; dem mußten wir ins Auge sehen. Auch das war zu lernen damals in den vielen Gesprächen hier in Dahlem, in denen wir uns darüber klar wurden, daß wir in diesem Kriege unserm Volk nicht den Sieg wünschen *durften,* sondern eben dies Schreckliche wünschen mußten, die Niederlage — um seiner eigenen Befreiung willen!

Was der Prophet sagt, ist ein Zuruf des lebendigen Gottes, der die Niederlage umschafft zu einer Befreiung, den Endpunkt zu einem Wendepunkt. Das Erste: *Ihr dürft weiterleben!* Und siehe, wir durften weiterleben. Wir Überlebenden, wie wir hier sitzen, und unter uns die

Überlebenden Israels, entgangen unserer Vernichtungswut, wir dürfen weiterleben, obwohl das, was damals vor uns lag, nicht sehr lebenswert erschien. Nach schlimmen Hungerjahren wurden wir wieder satt, mehr als satt. Die Städte und Dörfer glänzen neu. Die beiden deutschen Staaten sind politisch und wirtschaftlich stabilisiert und bedrohen sich nicht mehr gegenseitig, sondern kommen allmählich in normale Verhältnisse zueinander. Auch die Nachbarn um uns herum wollen wir nicht mehr bedrohen, und wir werden von ihnen immer weniger als Bedroher empfunden. So ist es nicht zu verwegen, heute zu hoffen, daß die Jahrhunderte der innereuropäischen Kriege zuende sind, und daß Europa ein Friedensbereich auf der unfriedlichen Erde geworden ist. Dies dank eines neuen Weges in der Politik, der allmählich, manchem zu langsam, aber endlich doch eingeschlagen worden ist, und für den wir froh sein wollen. Denn das ist das Zweite, was der Zuruf Gottes enthält: »*Kehrt um und wendet euch ab von euren Verfehlungen.*« Katastrophe als Wendepunkt bedeutet auch Abwendung, schonungslose Selbstkritik, brechen mit alten, bösen Traditionen. Erkenntnis, daß die Katastrophe nicht ein Naturunglück war, nicht ein Schicksalsschlag, nicht nur eine Folge der bedauerlichen Überlegenheit der Feinde. Die deutsche Katastrophe fand ja nicht erst 1945 statt, sie fand 1933 statt unter begeistertem Massenjubel: im Bekenntnis zum Herrenvolk, zu Macht vor Recht, zur Judenverfolgung, zum Führerstaat, zur Kriegsvorbereitung, zum Programm der Unterdrückung anderer Völker des Ostens. Und diese Katastrophe war nicht vom Himmel gefallen, sondern sie kam aus alten bösen Traditionen, an denen unsere Oberschichten und die Kirchen mehr Anteil gehabt haben als z.B. die Arbeiterschaft; Traditionen des Todes, todbringend für die anderen und schließlich todbringend für uns.

»*Warum wollt ihr sterben?*« — so fragt der Gott Israels sein Volk, und so fragte er ungehört, als er sah, wie bei uns von Kirchenkanzeln und Universitäts- und Schulkathedern diese bösen Traditionen gepredigt wurden und böse Saat gesät wurde. »*Warum wollt ihr sterben?*« — so fragt das Evangelium heute — es ist *die* Frage des Evangeliums überall, wo es laut wird, in jedem Einzelleben, bei jedem Volk. Vom 1. Weltkrieg hat der deutsche Philosoph Max Scheler gesagt, er sei ein Ultimatum Gottes an die Menschheit gewesen. Alle Völker und alle Regierungen haben dieses Ultimatum überhört, vor allem aber wir Deutschen, und die Folge war der 2. Weltkrieg. Der ist Gottes neues Ultimatum gewesen, sein letztes in dieser Größenordnung. Denn der 3. Weltkrieg wird von uns nichts mehr übrig lassen. Was in den 30 Jahren seit dem Ultimatum Gottes an neuen Wegen geschehen ist, das war teilweise zu wenig, teilweise zu halbherzig und zu inkonsequent, teilweise nur ein Versuch, mit neuen Methoden die alten Wege weiter zu gehen, um nicht wieder mit der Katastrophe bezahlen zu müssen. Wir sitzen in einer atomgerüsteten Welt an unserm sonntäglichen Mittagstisch, umgeben von den Millionen der Welt-Hungerkatastrophe. Die Völker haben sich mehrere Kriege seither geleistet und riskiert, daß der Weltbrand daraus entsteht. Wir sind beteiligt an der Zerstörung der Landschaft und der Verschleuderung der Güter der Erde, durch die wir für unsere Enkel die Welt unbewohnbar machen. Wenn ein Volk sich von unserer Ausbeutung frei machen will, dann wird es zerbombt wie in Indochina oder mit Foltern und Konzentrationslagern überzogen wie in Chile. Immer noch sind wir verliebt in die Todeswege; immer noch meinen wir, unser Leben nur gewinnen zu können auf Kosten des Lebens anderer, und das ist der Todesweg, aus dem am Ende auch für uns nur der Tod entstehen kann.

»*Warum wollt ihr sterben?*« — so fragt der Gott Israels heute sein Volk Israel, entronnen aus unseren Gaskammern, in seinem Land wieder wohnen dürfend, und bittet sie, alle Energie einzusetzen zum Frieden mit den Arabern. »*Warum wollt ihr sterben?*« — so fragt er die Araber und bittet sie, statt diesem tausendfachen Sterben und gegenseitigen Morden den Judenstaat in ihrer Mitte anzunehmen und aufzunehmen als ein Glied der Völkerfamilie im Nahen Osten. »*Warum wollt ihr sterben?*« — so fragt er uns reiche Industrienationen und rät uns dringend, unser Wohlleben nicht länger auf der Ausbeutung der übrigen Welt aufzubauen. »*Warum wollt ihr sterben?*« — so fragt er auch die Völker des sozialistischen Lagers und drängt sie, einen Sozialismus zu verwirklichen, der mit Demokratie und Freiheit verbunden ist, daß die übrige Welt neue Wege daran lernen kann.

»*Warum wollt ihr sterben?*« — so fragt er die Christen in allen diesen Ländern. Die müßten es ja besser wissen. Die haben aus dem Evangelium die Vision einer neuen Lebensweise, einer neuen Gesellschaft bekommen, in der nicht mehr die einen auf Kosten der anderen leben. Sie sind Boten der neuen Lebensweise in den Völkern. Mitgemacht aber haben die Christen und die Kirchen statt dessen vielfach die alte Lebensweise der Klassenausbeutung, der nationalen Kriege, der Unterdrückung und Verachtung anderer Rassen und Völker, und haben das noch religiös verklärt. Wir Christen zuerst stehen vor dem Ultimatum Gottes, das zugleich ein

Angebot ist: »*Schafft euch ein neues Herz und einen neuen Geist!*« Das ist nichts Unmögliches mehr. Weg mit dem Unglauben der Resignation, der sagt: »Wir sind alte Leute, wir sind beschriebene Blätter, keiner von uns kriegt ein neues Herz und einen neuen Geist; das ist eine reine Utopie.« So wahr der neue Mensch Jesus Christus gestorben ist und auferstanden für uns alle, so wahr ist das jetzt möglich, und es ist unsere Schuld, wenn es uns unmöglich scheint, von alten Todeswegen umzukehren zu neuen Wegen, Kernzellen zu bilden mit neuem Geist und neuem Herzen, mit lebendiger Radioaktivität in allen Völkern, die ausstrahlen und den Völkern helfen, Wege zu finden in ein Leben, das nicht mehr auf Kosten anderer gewonnen wird, sondern in dem neue Gesellschaftsordnungen ein solidarisches Zusammenleben fördern und die Natur nicht mehr durch unseren Raubbau zerstört wird.

»*Kehrt um, damit ihr lebt!*« Indem wir das hören und anfangen, das zu tun, sagen wir das auch den anderen und helfen ihnen damit, daß auch sie ihre Traditionen kritisch überprüfen, abstoßen, was daran todbringend ist, und vorstoßen zu einem solidarischen Leben.

In diesem Raum einer christlichen, protestantischen Kirche sind wir heute richtig als eine Menschheitsökumene zusammen: Protestanten, Katholiken, Juden, Buddhisten, Atheisten aus der Sowjetunion, alle miteinander sitzen wir brüderlich hier und hören den gleichen Zuruf des Gottes, der für alle Menschen da ist, für die Atheisten und für die Christen und für die Buddhisten, für die Juden und vielleicht — ich sehe keinen — ist auch noch einer unserer Moslems unter uns, dann sei er herzlich willkommen! Allen wird heute das gleiche gesagt. Wieder ist jetzt ein 30jähriger Krieg zu Ende gegangen, der Krieg in Indochina. Nach den Schreckensnachrichten aus Chile 1973 kamen in den Jahren 1974 und 1975 die Freudennachrichten von der Öffnung der Tore der Gefängnisse und KZs aus Griechenland, aus Portugal, aus Mozambique, aus Angola, aus den Tigerkäfigen und den Gefängnissen und KZs in Vietnam.

Als ich 1945 in die Gefangenschaft fuhr, erzählte mir ein Sowjet-Soldat in Wien auf dem Bahnhof von dem Entsetzlichen, was er gesehen hatte bei der Befreiung des Konzentrationslagers Mauthausen. Und während ich nach Rußland fuhr in die Gefangenschaft, konnte mein Herz doch nur voll Freude sein, daß die aus Mauthausen und Buchenwald und Bergen-Belsen und Dachau und Auschwitz und alle, daß sie jetzt heraus sind. Wir wissen ganz nüchtern: Jede Befreiung auf Erden ist nur teilweise, und Befreiungen sind immer wieder mit neuen Ungerechtigkeiten verbunden. Das darf uns nicht hindern, uns zu freuen, aber es muß uns zugleich antreiben, diesen Ruf des Propheten zu hören: »*Kehrt um und verschafft euch ein neues Herz und einen neuen Geist!*« Permanente Revolution des Herzens und des Geistes! Das ruft der Prophet Gottes jedem Volk, dessen Vertreter hier anwesend sind, jeder Gruppe, jeder Religion, jeder Weltanschauung, als deren Vertreter wir hier anwesend sind, zu, als das Ultimatum und das Angebot Gottes um der ganzen Menschheit willen im Jahre des Neubeginns 1945, im Jahre des Neubeginns 1975.

DER HORIZONT DES EWIGEN ERBARMENS

Und es sagte Maria: »Groß macht meine Seele den Herrn, und es jubelt mein Geist über Gott, meinen Retter. Denn er sah an die Niedrigkeit seiner Magd.
Denn siehe, von nun an werden mich seligpreisen alle Geschlechter, weil mir große Dinge tat der Mächtige, und heilig ist sein Name.«

Luk. 1, 46—49

Für die drei Predigten, die ich heute, im Dezember und im Januar hier halten darf, habe ich das sog. Magnificat ausgewählt, den Lobgesang der Maria im Lukasevangelium, also einen adventlichen Text, über den wir aber schon heute, vor Beginn der Adventszeit, nachzudenken beginnen wollen, am Ewigkeitssonntag, der unsere Gedanken auf die letzten Fragen lenkt, auf Tod und Leben, auf unser Woher und Wohin und Wozu. Meint nicht, daß unser Text dazu nicht passe! Sicher kann man von jedem Abschnitt der Bibel sagen, daß er zum Ewigkeitssonntag, zum Totensonntag, wie wir ihn früher nannten, paßt; denn jeder Abschnitt der Bibel ist gesprochen und geschrieben sub specie aeternitatis, im Angesicht der Ewigkeit — und das heißt immer auch: in klarer Erkenntnis unserer Zeitlichkeit, der Begrenztheit unseres Lebens durch den Tod.
Das gilt für diesen Lobgesang der Maria erst recht, und zwar, obwohl in ihm von Tod und Sterben nicht die Rede ist, sondern nur von Leben und Erfüllung gejubelt wird. Aber von einem geretteten Leben, und also nicht vom Leben als einem sicheren, unverlierbaren Besitz, sondern von einem durch den Tod bedrohten Leben, das ju-

beln kann nur, wenn ihm ein »Heiland« erscheint, ein Retter, wenn Gott ihm zum Retter wird.

Gott der Retter des Lebens — das ist doch ein Thema für den Toten- und Ewigkeitssonntag, ein ganz nötiges, weil wir das Leben, das dem Verlorengehen preisgegeben ist, in uns selber tragen, wir, die wir dem Sterben entgegengehen, und weil wir es überall um uns sehen, bei den Alten, die ihrem letzten Lebenstage sich oft mit so großen Beschwerden entgegenmühen, und heute so oft auch bei den Jungen, denen ihr Leben so verloren vorkommt, daß sie es wegwerfen, weil sie es nicht für möglich halten, daß dieses ihr Leben ein gerettetes Leben werden könnte — und schließlich erst recht, wenn wir in diese mit den schauerlichsten Todeswaffen gegeneinander gerüstete und sich gegenseitig belauernde Völkerwelt hinausschauen.

Was viele Menschen an Vorstellungen mit dem Worte »Gott« verbinden, scheint da gar nichts zu helfen, im Gegenteil. Fragen wir die großen Denker, dann weisen sie uns aus der Zeit weg in die Ewigkeit: Gott ist die Bezeichnung für den letzten, unerforschbaren und unsagbaren Grund aller endlichen Wesen, und Gott ist der große Horizont, der uns umgibt und der alles in sich einordnet, aber eben auf eine für uns unbegreifliche Weise — und gerade da beginnt alles Gottdenken trostlos zu werden. Denn da ist die unausmeßbare Ewigkeit — und hier unser winziges Dasein, im Nu vergangen; da ist der ewige Grund — und hier unser Krebskrankwerden, der Selbstmord eines geliebten Kindes, das Schreien eines Gefolterten — und wir wissen nicht, wie das eingeordnet ist, und wie das Sinn haben könnte in diesem großen Horizont. Unser Verdacht wird immer größer: es könnte gar keinen Sinn haben, der große Gotteshorizont könnte

in großer, ewiger Gleichgültigkeit uns umgeben, so gleichgültig, wie uns die Natur umgibt und schließlich in der Verwesung uns wieder in sich aufnimmt, als wären wir nie gewesen.
Die Ewigkeit, das Universum, Gott — oder wie du es auch nennen magst —, das ist so groß, und ich bin so winzig, so gleichgültig, so verloren gegenüber dieser Größe. Auch hier, in diesem Psalm, der im Lukasevangelium der Maria in den Mund gelegt wird, steht sich das gegenüber: der große Gott und der winzige Mensch. Hier aber ist das nicht Anlaß zur Verlorenheitsklage, sondern Anlaß zum Jubel. Wie kommt das, und wie können auch wir dazu kommen?
Das Schlüsselwort ist der Satz: »*Er hat die Niedrigkeit seiner Magd angesehen.*« Die das sagt, hat etwas vernommen, was den Gegensatz zwischen jener schrecklichen, gleichgültigen Größe und unserer Winzigkeit aufhebt, was ihn überbrückt. Ein Wort aus dieser bisher so stummen, gleichgültigen Ewigkeit hat sie vernommen, das alles ändert. Die Ewigkeit sieht mich an. Sie kann mich ansehen. Ihr Auge ist auf mich winziges, flüchtiges, verlorenes Lebewesen gerichtet. Es umgibt mich also nicht der kalte, ewige, stumme und blinde Abgrund des Nichts, in den ich binnen Kurzem versinken werde. Aus der Ewigkeit richtet sich ein persönliches Interesse auf mich; für die Ewigkeit bin ich wichtig und nicht unwichtig; die Ewigkeit kümmert sich um mich; die Ewigkeit liebt mich wie sich selbst; die Ewigkeit ist in Wirklichkeit der lebendige Gott.
Sicher ist das etwas ganz Unausdenkbares, mit unausdenkbaren Konsequenzen für unser Dasein. Sicher ist das etwas Unglaubliches; man kann vielleicht einmal davon träumen, aber kann man das auch glauben, d.h.

sich ganz fest darauf verlassen? Mit Gewißheit hat es deshalb auch niemand zu sagen gewagt, keine Religion und keine Philosophie. Inmitten aller Gottsucher und Gottdenker der Menschheit steht die kleine Schar der biblischen Menschen, der Propheten und der Apostel, und die Gottesgemeinde Israel und die christliche Kirche und darunter auch diese junge jüdische Frau Mirjam, und in der Mitte dieser biblischen Menschen Jesus von Nazareth, und sie alle sagen es mit Gewißheit hinein in unsere Verlorenheit, gegen den Augenschein unserer Verlorenheit: die dich umgebende Ewigkeit ist der lebendige Gott. Der kann sehen, der kann sprechen, der kann hören, der kann lieben, der kann kämpfen, der kann siegen, der kann retten — und der sieht dich an.

Ansehen ist im biblischen Sprachgebrauch mehr als sehen. Vor fast 30 Jahren lief bei uns der aufsehenerregende Film »Der dritte Mann«. In ihm gab es folgende Szene: Von der Höhe des Praterturmes in Wien schauen zwei Männer, die ein großes Verbrechen planen, hinunter auf die unten wimmelnde Menschenmenge, und der eine sagt zum andern: »Was macht es, wenn eine Anzahl von denen draufgeht? Lösch hundert, tausend aus von denen da unten, es fällt gar nicht auf, es gibt genug, sie wimmeln immer weiter; der einzelne ist unwichtig in dieser großer Masse.« Das ist die Philosophie der Großen dieser Erde, mit ihr haben sie immer wieder auf die Masse der Kleinen dieser Erde hinunter geschaut und sie in ihre Kriege geschickt und halten heute Massenvernichtungsmittel für sie bereit. Der große Napoleon drückte es aus, als er, hingewiesen auf die Tausende, die in einer seiner Schlachten gefallen waren, verächtlich antwortete: «Pah, in einer Nacht zeugt Paris ebensoviel Neue!« Vom lebendigen Gott aber heißt es im Buche

Hiob (36, 5): »Siehe, Gott ist so mächtig und verachtet doch niemanden.«

Ansehen im biblischen Sinne ist so zu verstehen, wie eine Mutter ihr Kind ansieht, wie zwei Liebende sich ansehen: sie sehen im anderen ihr Glück, ihren Reichtum; sie geben ihr Leben dem anderen; sie wollen ohne diesen anderen nicht mehr sein. Die winzigen Menschen, die ihm, dem ewig reichen Gott, gar nichts geben können, die sieht er an, die erwählt er sich zu seinem Reichtum, ohne die will er nicht mehr leben, für die setzt er sein Leben ein, und zwar für jeden einzelnen von uns. Für ihn gibt es keine Masse, für ihn geht keiner in der Masse unter, für ihn ist nicht nur die Masse wichtig, damit er sie zu irgend etwas verwenden kann; für ihn ist auch nicht nur das Ganze der Menschheit wichtig, für ihn ist jeder einzelne Teil der Menschheit, auch der winzigste, wichtig; für ihn ist jeder von uns sein geliebtes Du.

Und mehr noch: Unter den winzigen, den Menschen allen, sind ihm die Winzigsten, die Unbedeutenden offenbar besonders lieb. Der lebendige Gott hat einen Zug zu den kleinen Leuten, so wie wir einen Zug zu den feinen Leuten haben. Seine Bewegungsrichtung ist der unsrigen gerade entgegengesetzt. Martin Luther beschreibt diesen Gegensatz in einer seiner schönsten Schriften, in seiner Auslegung des Magnificat (1523): »Das erfahren wir täglich, wie jedermann nur über sich zur Ehre, zur Gewalt, zur Meisterschaft, zu gutem Leben und allem, was groß und hoch ist, sich bemühet. Und wo solche Leute sind, denen hängt jedermann an, da läuft man zu, da dienet man gern, da will jedermann sein und der Höhe teilhaftig werden, so daß nicht umsonst in der Schrift so wenig Könige und Fürsten fromm beschrieben sind. Wiederum in die Tiefe will niemand sehen, wo Armut,

Schmach, Not, Jammer und Angst ist, da wendet jedermann die Augen ab. Und wo solche Leute sind, da läuft jedermann weg, da fliehet, da läßt man sie, da denkt niemand daran, ihnen zu helfen, beizustehen und zu machen, daß sie auch etwas sind; müssen also in der Tiefe und niedrigem verachtetem Maß bleiben. Es ist hier kein Schöpfer unter den Menschen, der aus dem Nichts wolle etwas machen, wie doch St. Paulus Röm. 12 (V. 16) lehret und spricht: Liebe Brüder, achtet nicht die hohen Dinge, sondern haltet euch zu den niedrigen.«

Das hat sich seit Luthers Zeiten nicht geändert. Auch bei uns ist dieser Drang nach oben, dieser Wunsch, oben zu stehen, und dieses Auf-dem-Bauche-Liegen vor denen da oben mächtig und wird schon — mit und ohne numerus clausus — den Kindern beigebracht, und ungezählte Neurosen zeigen, wie krank Menschen deshalb durch Gefühle von Minderwertigkeit und Versagen werden können. Würden wir nicht in der Gegenrichtung zu Gottes Willen leben, sondern in der gleichen Richtung mit Gottes Willen — und das heißt aber: mit Gottes Verhalten uns bewegen, dann wären wir frei, auch für die kleinen Leute Partei zu ergreifen, wie es in diesem Psalm von Gottes Verhalten gesagt wird. Und das heißt nichts anderes als: anderen das gleiche tun, wovon wir selber leben.

Denn dies ist ein Zentralsatz des Evangeliums: Wir leben davon, daß andere sich unser erbarmen, andere Menschen und der lebendige Gott. Es wird uns zwar eingeredet in unserer Leistungsgesellschaft, wir lebten von dem, was wir uns mit unseren Leistungen verdienen, und es ist den Menschen von jeher in der Klassengesellschaft eingeredet worden, je weiter oben einer durch Geburt oder Glück oder Leistungen stehe, desto mehr könne er vom Leben beanspruchen und desto mehr habe er vom Leben. Aber das Leben, das man damit bekommt, ist auch danach: Besitz, Geld, Ehre, die uns schmeichelt, das alles gewiß, aber das ist nur schaler Lebensersatz. Wir beginnen aufzuleben, wirklich zu leben, wo sich andere unser erbarmen und für uns da sind, nicht weil wir's ihnen vergelten könnten, sondern schlicht, weil sie uns nicht allein lassen wollen, weil sie uns teilnehmen lassen wollen an ihrem Leben. So lebt das Kind vom Erbarmen der Eltern. So leben die Jüngeren vom Erbarmen der Älteren, die ihre Erfahrungen und Erkenntnisse nicht für sich behalten wollen, sondern den Jüngeren mitteilen. So leben die Älteren vom Erbarmen der Jüngeren, die ihnen das Altmodisch- und Schwach- und Starrwerden nicht anrechnen, sie deswegen nicht verachten, sondern sie achten als diejenigen, die ihnen vorangegangen sind auf dem Weg des Lebens und auf dem Weg zum Sterben, den auch sie werden gehen müssen. Alles menschliche Zusammenleben ist dann ein lebengebendes Zusammenleben, wenn es im gegenseitigen Sich-Erbarmen geschieht. Eben so entsprechen wir dem Leben Gottes mit uns, wiederholen wir, was Gott tut, und danken ihm durch diese Wiederholung: »Siehe, Gott ist so groß und verachtet doch niemanden.«

Martin Niemöller hat bekanntlich einmal gesagt, die Menschen seien heute weniger als zu Luthers Zeiten bewegt von der Frage: »Wie kriege ich einen gnädigen Gott?« und mehr bewegt von der Frage: »Wie kriege ich einen gnädigen Nächsten?« Das ist sehr wahr. Wir können nun aber auch erkennen, wie keine dieser beiden Fragen die andere ersetzen kann. Sie gehören beide so unlösbar zusammen wie das Gebot der Gottesliebe und das Gebot der Nächstenliebe. Nach dem gnädigen Gott fragen und sich der Gnade Gottes freuen, ohne den Mitmenschen ein gnädiger Nächster zu werden, das ist purer Egoismus — siehe das Gleichnis Jesu vom Schalksknecht! Damit ist alles unpolitische Christentum verurteilt, das sich aufs Religiöse beschränken will und sich nicht daran beteiligt, gnädige Nächstenschaft in Gesellschaftsstrukturen zu übersetzen, die den Menschen zum Leben helfen, statt ihnen das Leben vorzuenthalten. Ebenso aber umgekehrt: Mit unserem gegenseitigen Erbarmen, mit gnädiger Nächstenschaft können wir einander viel geben, viel helfen, immer aber nur sehr begrenzt und stückweise, nicht nur, weil leider doch jeder von uns noch mehr für sich selber sorgt als für den anderen, sondern auch deswegen, weil wir nicht aufheben können, daß die anderen ebenso wie wir winzige Menschen sind, preisgegeben der Verlassenheit, dem Todesabgrund des Nichts, der letzten Sinnlosigkeit im Horizont der gleichgültigen Ewigkeit. Wenn dieser Horizont steinern und stumm, ohne Erbarmen, uns umgibt und verschlingt, dann wird es auch mit unserem Erbarmen gegenüber unseren Mitmenschen nicht weiter sein; wir haben dann genug damit zu tun, uns selber zu behaupten und für uns selbst zu sorgen. Das Erbarmen mit mir selbst läßt mir dann nicht Zeit und Kraft zum Erbarmen mit meinen Mitmenschen. Wenn aber der Horizont der Ewigkeit zum Horizont des ewigen Erbarmens wird, wenn die menschensuchende Liebe des lebendigen Gottes sich um mich winzigen, flüchtigen Menschen kümmert, dann macht mich die Botschaft vom gnädigen Gott frei, ein gnädiger Nächster zu werden. Auch die Aussicht auf Alter und Sterben macht mich dann nicht mehr angstvoll und egoistisch. Er hat meine

Niedrigkeit angesehen mit liebevoller Zuwendung, und ebenso sieht er jeden neben mir an, und wenn ich jeden neben mir ebenso ansehe, dann bin ich in Übereinstimmung mit der Ewigkeit, dann lobt mein Leben die ewige Liebe und lebt damit in dem, was ewig sinnvoll ist.

Der Psalm ist vom Evangelisten der Maria in den Mund gelegt. Er stammt natürlich nicht von Maria selbst; keiner stand damals mit dem Stenogrammblock neben ihr. Er ist ein Mittel des Erzählers, gleich zu Anfang seines Evangeliums deutlich zu machen, worum es in seinem ganzen Bericht geht. Scheinbar spricht Maria hier nur von sich selbst; scheinbar spricht sie von einem Ruhm, den sie selbst erlangt. Hören wir aber genauer hin, dann weist sie auf ein Geschehen hin, für das sie selbst nur Werkzeug ist. »*Alle Geschlechter werden mich glücklich preisen*«, nicht deshalb, weil alle Geschlechter, also wir alle sie beneiden wegen einer Gnade, die nur ihr zuteil geworden wäre, sondern wir preisen *sie* glücklich, weil *wir* durch sie glücklich geworden sind, nicht durch ihr Verdienst, durch ihre Unschuld, durch ihre unbefleckte Empfängnis, durch ihre Heiligkeit, und was man sonst gefabelt hat in falscher Marienverehrung, sondern durch das, wofür sie Werkzeug geworden ist. Ihr Jubel kommt daher, daß sie hat Werkzeug werden dürfen für ein Ansehen Gottes, das *aller* Menschen Niedrigkeit gilt, für das Teilnehmen Gottes am Leben von uns Niedrigen, durch Winzigkeit, Tod und Schuld niedrigen Menschen, für das Wunder der Selbsthingabe Gottes in unser Leben hinein, für das Wunder der Menschwerdung des großen, ewigen Gottes in unserem Menschenbruder Jesus von Nazareth. Sie macht uns unseren Jubel vor, der uns durchdringen wird bis ins Leiden und Sterben hinein, je tiefer wir uns alle erkennen als Menschen, die alle miteinander, jeder einzelne und jeder neben uns, in unserer Niedrigkeit angesehen sind von Gott durch unseren Bruder Jesus Christus, und dieses Ansehen ist die Rettung unseres Lebens.

GOTT IST DER REVOLUTIONÄR

Und sein Erbarmen gilt auf Generationen und Generationen denen, die ihn fürchten. Er handelte kräftig mit seinem Arm: er zerstreute die mit stolzen Köpfen und Herzen; er stürzte Dynastien von Thronen und erhöhte Niedrige; er füllte die Hungrigen mit Gütern, und Reiche vertrieb er leer.

Luk. 1, 50—53

Das Magnificat, der Lobgesang der Maria gehört mit der Lilie des Verkündigungsengels und mit der Blockflötenmusik der Hirten und dem Gloria der Engel zum Gemütszusammenhang von Advent und Weihnachten — und so schön der auch ist und gar nicht zu verachten in einem Volke, das so wenig zu Fest und Feier fähig ist wie das unsrige heute —, dieser Zusammenhang hat auch die Gefahr, daß solche Bestandteile gedankenlos verwendet werden, nur als Stimmungsrequisiten. Hört ihr diesen Hymnus der Maria aber nachdenklich, als wäre es das erste Mal, dann fällt euch auf,wie wenig er hineinpaßt in diesen Gemütszusammenhang, weil in ihm von dem, wovon sonst — auch in der rechten christlichen Verkündigung — an Advent und Weihnachten gesprochen wird, scheinbar überhaupt nicht die Rede ist.
Nehmen wir an, einer von uns sollte den Hymnus der Maria dichten, wie würde der wohl lauten? Wenn etwa Augustin oder auch Gerhard Tersteegen den Auftrag bekommen hätten, sie hätten sich ganz mit Gott und der Seele, mit der Seele und Gott beschäftigt. Martin Luther hätte gejubelt über den »seligen Tausch«: der Gottessohn nimmt auf sich die Schuld des Sünders und gibt dem Sünder seine Gerechtigkeit. Ähnlich hätte Karl

Barth gedichtet: Gott geht in den tiefsten Abgrund des Menschseins und hebt damit unser Menschsein empor zu seiner göttlichen Höhe. Ganz anders seltsamerweise der Evangelist Lukas: er lenkt unser Denken weder auf unsere inneren Glaubenserlebnisse noch auf die große Gottestat in Jesus Christus, sondern hinaus auf die reale Geschichte der Menschen und Völker, auf Weltgeschichte und Politik, auf Machtverhältnisse und soziale Fragen, auf Hunger und Revolution — also gerade auf das, wovon wir gerade an Weihnachten endlich einmal nichts hören wollen, wie sich Weihnachten 1967 gezeigt hat, als Rudi Dutschke die Andächtigen in der Kaiser Wilhelm-Gedächtnis-Kirche an den Krieg in Vietnam erinnern wollte und deshalb entrüstet hinausgeworfen worden ist.

Daß Lukas hier einen schon vorliegenden Psalm, der aus irgendeiner frommen jüdischen Gruppe stammt, verwendet, und daß dieser Psalm auf den Psalm der Hanna am Anfang des 1. Samuel-Buches zurückgeht, der die gleiche Blickrichtung hat, ist noch keine befriedigende Erklärung. Der Evangelist, der sich bei jedem Schritt seiner Erzählung, wie die heutige Forschung aufmerksam beobachtet, sehr viel gedacht hat, muß doch auch hier mit voller Absicht gehandelt haben. Es sollte offenbar von vornherein klar gestellt werden: die Worte und Taten Jesu und schließlich und vor allem sein Sterben und Auferstehen haben nicht nur mit der Beziehung der Einzelseele zu Gott zu tun und auch nicht nur mit Gottesheil für »die« Menschheit, worunter man ja immer noch etwas Abstraktes verstehen könnte, sondern Jesu Kommen hat Bedeutung für die wirkliche Geschichte der wirklichen Kämpfe der Menschen, der Völkerkämpfe und auch der Klassenkämpfe, wie denn die Kämpfe der

Menschen hier, als läsen wir das »Kommunistische Manifest«, ausschließlich als Klassenkämpfe beschrieben werden.

Zunächst kann man diese Beschreibung ganz wertfrei, ganz neutral lesen und wird in ihr genau das finden, was alten Berlinern mehr als jungen bewußt wird, wenn sie ins Schloß Charlottenburg oder ins Schloß Bellevue gehen oder einen Ausflug nach Sanssouci machen. Ein Berliner von heute 76 Jahren hat als zwölfjähriges Kind an der Hand seiner Eltern die Herren Offiziere im Tiergarten reiten sehen, die Paraden vom Brandenburger Tor die Straße Unter den Linden hinunter, und bei Hoffesten die Galauniformen bewundert und bei einem Ausflug nach Potsdam von ferne ein Glied der kaiserlichen oder der kronprinzlichen Familie mit den Blicken zu erhaschen versucht. So ganz festgefügt schien diese Pracht, und nur wenige konnten sich vorstellen, in wenigen Jahren werde hier der Sattlergeselle Ebert das Staatsoberhaupt sein und werde das riesige russische Reich vom Kreml aus mit seinen unermeßlichen Kunstschätzen nicht mehr vom Zar, sondern von einem Komitee von Proletariern und revolutionären Intellektuellen regiert werden. Es ist zu verstehen, daß konservative Menchen, für die die dynastische Ordnung eine Ordnung von Gottes Gnaden war, in diesen Umwälzungen nur einen Aufstand gegen Gott sahen und meinten, wer für Gott ist, müsse gegen die Revolution sein, also Konterrevolutionär!

Aber sie haben dabei eben das Magnificat, das sie doch jährlich mindestens in der Adventszeit hörten, gedankenlos gehört. Denn hier steht doch ausdrücklich: *»Er stößt Dynastien vom Thron und erhöht die Niedrigen.«* Er hat Ebert ins Berliner Schloß und Lenin in den Kreml

geführt. Er macht es, daß in solchen Revolutionen ausgehungerte Proleten sich in den Vorratsräumen der Schlösser die Bäuche vollschlagen und reiche Leute in die bitterste Not geraten — alles in diesem Jahrhundert der Revolutionen immer wieder und wahrscheinlich noch nicht zum letzten Mal erlebt.
So werden wir hier zunächst dazu angehalten, nicht gleich die Revoutionen als gegen Gottes Willen gerichtet zu deklarieren, sondern Gottes Willen auch in den Revolutionen und durch die Revolutionen am Werke zu sehen. Es könnte also der Konterrevolutionär selber der Empörer gegen Gottes Willen sein, für den er den Revolutionär hält. Gott wirkt in der Geschichte nicht nur als der Stabilisator von Ordnungen, wie es die Konservativen sehen, sondern auch als der Umstürzer von Ordnungen. Wer von solchen Umstürzen geschlagen und erschlagen wird, der soll sich dann an das harte, uns so anstößige Wort des Propheten Amos (3, 6) erinnern: »Ist auch ein Unglück in der Stadt, das der Herr nicht tue?«, und es kann ihm in seinem wie in jedem Unglück helfen, mit dem geschlagenen Hiob (1, 21) zu sprechen: »Der Herr hats gegeben, der Herr hats genommen, der Name des Herrn sei gelobt!«
Heißt das, daß wir nun einfach mitmachen sollen bei solchen Umstürzen, oder gar, daß wir uns immer auf die Seite derer schlagen sollen, denen es gerade gelingt, eine bestehende Machtordnung zu stürzen? Sind *die* immer im Recht, in Gottes Recht, heißen sie nun Lenin oder Hitler oder Pinochet? Sollen wir die Weisen für unser Handeln einfach aus der Geschichte entnehmen und aus ihren Erfolgen? Soll der Christ grundsätzlich auf der Seite des Umsturzes stehen statt, wie die Kirchen doch meistens gelehrt haben, grundsätzlich auf der Seite der

bestehenden Ordnung? Die Antwort auf solche bedrängenden Fragen werden wir finden, wenn wir fragen, was die Worte dieses Psalms wohl mit dem Kommen Jesu Christi zu tun haben, von dem sie zwar nicht ausdrücklich sprechen, auf das sie aber doch ohne Zweifel bezogen sind.

Das Kommen Jesu Christi ist das Offenbarwerden des Willens Gottes; um Jesus Christus herum wird es hell zwischen Gott und uns, zwischen uns und Gott. Sonst liegt alles noch im Dunkel, und im Dunkel liegt auch der verborgene Wille des »verborgenen Gottes«, wie Luther sich ausdrückte, d.h. die Frage, was dieses Auf und Ab, dieses Erhöhen und Stürzen in der Geschichte mit allen Schrecklichkeiten, die damit verbunden sind, denn mit dem Willen Gottes, mit Gottes Güte und Weisheit zu tun haben möge. Durch das Kommen Jesu Christi wird es jetzt schon, noch mitten im Dunkel, hell dadurch, daß wir nun erstens jetzt schon glauben und hoffen dürfen, Gottes guter und gnädiger Wille steht hinter allem, auch hinter dem Unglück, und damit Trost und Kraft auch in den Tagen des Unglücks empfangen und die Aussicht, daß wir dann, wenn wir ihn von Angesicht zu Angesicht erkennen, ihn für alles loben werden: Du hast alles wohl gemacht. Und zweitens dadurch, daß wir nun sehen dürfen, was Gott von uns gewollt und getan haben will, daß wir die Richtung erkennen können, in der er uns als seine durch sein Erbarmen gewonnene Mitarbeiter in Bewegung setzen will.

Diese Richtung von Gottes Willen aber ist in unsern Psalmversen ganz deutlich zu erkennen.Es steht da ja nicht nur,wie wir bisher gelesen haben: Gott wirbelt immer wieder alles durcheinander, und das Wechselspiel der Geschichte, das wir zu allen Zeiten beobachten, ist sein Werk. Es heißt hier nicht nur wie im Gesangbuch: »Gott ist der rechte Wundermann, / der bald erhöhen, bald stürzen kann«, sondern von Gottes Wirken wird hier mit einem besonderen Akzent gesproche. Die ganze Klassengesellschaft, durch die Jahrtausende sich durch alle Umstürze hindurch bisher weiter wälzend, wird uns hier vorgeführt. Da sind Mächtige auf ihren Machtthronen, und da ist die große Masse unten, und die Mächtigen verfügen über die Güter dieser Erde, die Masse da unten aber vegetiert in der nackten Lebensnot, und die Mächtigen geben diese Unordnung als Gottes Ordnung aus und benützen die Religion dazu, ihre Macht zu legitimieren, um die da unten im Zaume zu halten. So ist es immer wieder gegangen, und dazu hat man auch das Christentum benutzt.

Der aber, der in Jesus Christus mitten in dieser Klassen-Weltgeschichte auf den Plan tritt, will nicht der für die Macht und den Reichtum der Mächtigen benutzbare Gott sein. Diese sogenannte Ordnung ist nicht die Ordnung, die er für die Menschen will. Sein Herz schlägt für die, die den Mächtigen preisgegeben sind, denen man das Leben vorenthält, die leer oder nur gering ausgehen beim Verteilen der Güter der Erde. Und das bedeutet nicht nur: er tröstet sie in ihrer Armut; er gibt ihnen, wenn ihnen die irdischen Güter entgehen, den Ausgleich durch geistliche, himmlische Güter und gibt ihnen den Ausblick auf sein Reich in der Zukunft oder im Himmel, in dem es Arm und Reich nicht mehr geben wird. So haben es die Kirchen den Armen immer gesagt, und das war nicht ganz falsch, das gilt für all diejenige Armut auf Erden, an der wir nichts ändern können. Aber hier steht mehr! Ob wir es wollen oder nicht — verklagt bitte nicht mich, als ob ich jetzt meine politischen An-

sichten von der Kanzel predigen wollte, verklagt die Bibel, aus der meine politischen Ansichten stammen! —, hier bleibt unzweifelhaft der Blick auf die irdische Macht und die irdischen Güter gerichtet, und es wird angekündigt: Gott will etwas tun hier auf Erden hinsichtlich der irdischen Macht und der irdischen Güter. Er will diese Ordnung genannte Unordnung stürzen und dafür sorgen, daß die Niedrigen in die Höhe kommen und die Hungernden voll werden — ja,man kann das griechische Wort, das hier steht, tatsächlich übersetzen: »sich den Bauch vollschlagen« können mit Gütern. Auch das — und nicht nur die Vergebung der Sünden und die Rechtfertigung des Sünders — gehört zu Gottes Gerechtigkeit: Gott für die da unten!
Wir wollen jetzt nicht danach fragen, wie Er, unser Gott, diesen seinen in Jesus Christus offenbar gewordenen Willen in der Geschichte durchsetzt, sondern nur, inwiefern uns damit eine Richtung für unser Tun gewiesen ist. Denn was wir im Hellwerden von Gottes Willen durch Jesus Christus als Jesu Jünger selber tun, ist ja auch ein Mittel für Gott, seinen Willen in der Geschichte durchzusetzen. Und von uns ist in diesen Versen ja die Rede. Wenn wir Jesu Jünger geworden sind, dann dürfen wir den ersten Vers unseres Abschnitts auf uns beziehen: *»Sein Erbarmen gilt ... denen, die ihn fürchten.«* »Fürchten« meint hier nicht: Angst haben, wohl aber: respektieren, zum Meister ihres Lebens haben, von ihm sich die Richtung ihres Lebens und Tuns geben lassen. Für die ist die Verheißung seines Erbarmens von größter Wichtigkeit.
Der Verteilungskampf um die Güter dieser Erde ist ein erbarmungsloser Kampf. Erbarmungslos ergeht in den Revolutionen das Gericht über die bisher Mächtigen

und Reichen. Aber eben deshalb, weil ihre bisherige Ordnung mit ihrer Ungerechtigkeit nicht weniger erbarmungslos gewesen war — was wir oft vergessen, wenn wir auf die Schrecken der Revolution starren und nicht das Elend und vielfache Sterben sehen, das vorher durch die Macht der Mächtigen und Reichen verschuldet worden ist. Diejenigen, die »Ihn fürchten«, sind Menschen, die sein Erbarmen kennen, von seinem Erbarmen leben und nicht mehr von dem, was sie in diesem Verteilungskampf an sich reißen können, und darum sind sie nicht mehr Parteigänger einer Interessengruppe, die etwas haben oder behalten will, sondern wie der erbarmende Gott selber Parteigänger der bei diesem erbarmungslosen Kampf zu kurz und unter die Räder Kommenden. Um sie geht es ihnen vor der Revolution und ebenso nach der Revolution zuerst. Dann aber auch darum, daß dieser ganze Verteilungskampf aufhöre oder wenigstens so weit wie möglich gemildert werde. Denn sie sehen, wie in diesem Kampf alle entmenschlicht werden, die Reichen und die Mächtigen oben ebenso wie die Getretenen und Hungernden unten. So beteiligen sich die, die den Herrn fürchten, an der Politik nicht als Kämpfer für die eigenen Interessen, für den eigenen Vorteil an Gütern, sondern in der Richtung des nun offenbaren Gotteswillens für die Niedrigen und die Hungernden, mit dem Ziel, dem Verteilungskampf seine Erbarmungslosigkeit durch bessere Gesetze des Produzierens und Verteilens zu nehmen und ihn durch eine bessere Ordnung so weit wie möglich zu überwinden. Das ist durch *»Generationen und Generationen«* die wahre Kette von Gottes Menschen hier auf Erden, und Gottes *Erbarmen,* Gottes Mitfühlen und Helfen und Fürsorgen haben sie wahrhaftig besonders nötig, weil sie dadurch in tiefe Konflikte geführt werden, in Konflikte mit sich selbst, d.h. mit ihrem eigenen Interesse an den irdischen Gütern, und in Konflikt mit allen, deren Gier nach Macht und Gütern sie dabei in die Quere kommen. Aber eben so stehen sie in der Nachfolge Jesu Christ, der diesen Weg in dieser Richtung vorausgegangen ist, dem es dabei ebenso gegangen ist, und der als der Auferstandene seinen Nachfolgern das adventliche Wort sagt: »Ich will Euch nicht verlassen sein lassen auf diesem Wege, ich komme zu euch« (Joh. 14, 18). Ja, komm, Herr Jesu!

NEUES LEBEN IN DER ALTEN WELT

Er hat sich seines Dieners Israel angenommen, eingedenk seines Erbarmens, wie er gesagt (versprochen) hat unseren Vätern, Abraham und seiner Nachkommenschaft in allen Weltzeiten.

Luk. 1, 54—55

Vor einigen Jahren, 1969, nahm ich hier in Berlin teil an einer Fernsehdiskussion zwischen Vertretern der großen Weltreligionen und Weltanschauungen über Zukunftsprobleme unserer Zeit. Zu der Runde gehörte auch Roger Garaudy, bis dahin Chefideologe der Kommunistischen Partei Frankreichs und gerade ein paar Tage zuvor wegen allzu selbständigen Denkens aus seiner Partei ausgeschlossen. Mein jüdischer Kollege Prof. Werblowsky aus Jerusalem und ich hatten vom Bunde Gottes mit den Menschen gesprochen, und ich hatte das Bekenntnis des christlichen Glaubens zusammengefaßt in den Satz: »Der Mensch und die Welt sind nicht allein«, und hinzugefügt: »Gott ist Name für den, der mir sich selbst versprochen hat.« Garaudy setzte dagegen den Satz: »Für mich ist ein Atheist ein Mensch, der dem Menschen die volle Verantwortlichkeit für seine Geschichte zuerkennt. Das heißt: Uns Atheisten ist nichts verheißen, wir haben kein Versprechen, keinen Bund, und niemand erwartet uns« (vgl. Marietta Peitz [Hg.], Wenn wir weiterleben wollen. Weltbekenntnisse antworten auf Probleme der Zeit, München 1972, 203—215).

Das also ist es, was heute in unserem Land, wo Christen und Atheisten gemischt miteinander leben und zusammen arbeiten, auch bei guten Bestrebungen für diese bedrängte, bedrohte und sich selbst zerstörende Menschheit — das ist es, was uns oft einander fremd macht: Die Christen sagen: »Wir haben ein großes Versprechen, und in unserer Menschengeschichte sind wir nicht allein, sondern es wirkt einer mit, der uns versprochen hat, in dieser Geschichte sein Ziel durchzusetzen.« Und die Atheisten sagen: »Davon wissen wir nichts, davon sehen und hören wir nichts; wir sind ganz auf uns selbst gestellt; wir Menschen machen unsere Geschichte allein, und niemand hilft uns, das Ziel zu erreichen.« Nun steht es freilich mit uns Christen nicht so, daß wir das Versprechen in der Tasche haben und es herausholen und den Atheisten zum Beweis unserer Überlegenheit um die Ohren schlagen können. Oft hören wir es und zweifeln doch selber daran wie an einer Mär aus uralten Tagen. Oft schlagen auch wir uns ganz atheistisch durchs Leben, als seien auch wir ganz allein auf uns selber gestellt. Und andererseits treffen wir immer wieder auf Menschen, die sich Atheisten nennen und die sich zugleich ganz aufopfernd und selbstlos betätigen in der Richtung, in die wir, wie wir bei der letzten Magnificat-Predigt hörten, durch den in Jesus Christus offenbar gewordnen Gotteswillen gewiesen werden. So relativiert sich der Unterschied von Christen und Atheisten; auf keinen Fall ist er ein Unterschied zwischen uns als den besseren und den Atheisten als den schlechteren Menschen. Wohl aber bleibt ein Unterschied, und das ist der Unterschied daraus folgender Aufgaben: Wir hören das Versprechen, und wir sollen es denen weitersagen, die sich alleingelassen und ganz allein auf sich selbst gestellt sehen in einer sinnleeren, unendlichen Welt.

Von diesem Versprechen Gottes handelt das Magnificat. Heute wollen wir uns zusammenfassend klarma-

chen, 1. was der Inhalt des Versprechens ist, 2. wer es zu hören bekommt, 3. wie es in Jesus erfüllt wird.
Den Inhalt des göttlichen Versprechens haben wir in den vorhergehenden Versen gefunden und das letzte Mal entfaltet. Zu Weihnachten bekam ich von Pfarrer Rudolf Weckerling, der manchen von uns durch sein Wirken hier in Berlin wohl bekannt ist, eine dichterische Neugestaltung dieser Verse, die uns aufs Beste den Inhalt des Gottesschwurs noch einmal vor Augen führt; die Verse lassen sich nach der Melodie des Weihnachtsliedes »Fröhlich soll mein Herze springen« singen.

Mit Maria preist den Herren,
Euern Gott, der die Not Seiner Welt gesehen!
Seht, seht: Er liebt die Geringen.
Keine Macht, keine Pracht wird uns Rettung bringen.

Großes wirkt Er an den Kleinen
Seinen Rat, Seine Tat läßt er dort erscheinen,
Wo die Elenden und Armen
Unbeklagt, ganz verzagt hoffen auf Erbarmen.

Israels Gott wird regieren!
Gernegroß, Möchtegern wird alles verlieren.
Unser Herr verjagt die Meute
Und setzt ein ohne Schein lauter kleine Leute.

Hungrige wird Er satt machen.
Doch wer reich, der wird gleich los all seine Sachen.
Freiheit allen Unterdrückten!
Hebt das Haupt! Das erlaubt Gott den tief Gebückten.

Junge führt er mit den Alten
An der Hand in das Land, das sie selbst gestalten:
Füreinander einzutreten
Jederzeit ohne Neid danken, teilen, beten.

Mit Maria preist den Herren,
Zum Advent ungetrennt lebt zu Seinen Ehren.
Kleine Leute, macht Geschichte!
Er ist nah, Er ist da: Geht in Seinem Lichte!

Wer bekommt dieses Versprechen zu hören, an wen ist es adressiert? Marias Lied verengt am Schluß den Blick: von der großen Menschheitsgeschichte geht es auf einen kleinen Ausschnitt, auf eine kleine Menschengruppe, auf Israel. Über all seiner Arbeit an dem großen Menschheitsziel, an der Reich-Gottes-Menschheit vergißt Gott nicht dieses kleine Volk, das in der Bibel sein Augapfel genannt wird, ja in allem, was Gott für die ganze Menschheit tut, kommt zur Erfüllung, was er diesem kleinen Volke, »*seinem Diener Israel*«, versprochen hat. Es hat also 1. dieses kleine Volk eine Menschheitsbedeutung wie kein anderes, und es kann also 2. vom Evangelium, von Gottes Kommen zu uns Menschen, von Gottes Solidarischwerden mit uns Menschen in Jesus Christus nicht gesprochen werden, ohne daß von Israel gesprochen würde, und dies keineswegs nur deshalb, weil die Menschheit in Völker eingeteilt ist, und weil also, wenn Gott Mensch werden will, er in irgendeinem Volk dieser Welt zur Welt kommen muß, als ob es nur per Zufall das jüdische Volk gewesen wäre und nicht das griechische oder das chinesische oder, wie wir es vielleicht gerne möchten, das deutsche. Nein, aus tieferem Grunde, aus innerster Notwendigkeit ist Jesus Jude und nicht Grieche, Chinese oder Germane, aus der Notwendigkeit des göttlichen Versprechens, aus dem Zusammenhang von Verheißung und Erfüllung. Gleich zu Beginn seiner Erzählung schärft der Evangelist Lukas der Christenheit ein: Ihr könnt Jesus nicht haben ohne

Israel — und hätte die Heidenchristenheit dies nicht gedankenlos überlesen, dann hätte sie im Laufe der folgenden Jahrhunderte nicht so schreckliche Schuld gegenüber den Juden, gegenüber der Nachkommenschaft Abrahams auf sich geladen.
Israel ist das Volk, das in seinem Stammvater *Abraham* dieses Versprechen Gottes für die ganze Menschheit hat hören dürfen. Israel ist dadurch ein Hoffnungsvolk geworden wie kein anderes auf Erden, immer mehr, immer intensiver nach vorne schauend und nach vorne hoffend auf eine Erfüllungszeit, eine Befreiungszeit, eine Reich-Gottes-Zeit, eine messianische Zeit. Israel ist der *Diener,* d.h. das zum Dienst an dem Gottesversprechen erwählte Volk. Israel ist die Gemeinde Jesu Christi, lange vor seinem Kommen durch Gottes Bund erschaffen zu seiner Gemeinde, zu seiner Bruderschaft, Zeuge von Gottes Versprechen in der ganzen so aussichtslos sich um sich selbst drehenden und sich hinquälenden Menschheit, ein Raum des Glaubens und der Hoffnung und der Befreiung mitten im Dunkel und Chaos der Menschheitsgeschichte. Wer zur Gemeinde Gottes auf Erden gehören will, der muß zu Israel, zu »*Abrahams Samen*« gehören. Das war die große Entdeckung der ersten Christengemeinde nach Ostern und durch Ostern: sie bestand aus Juden, und sie entdeckte, daß nun auch die Heiden dazugehören dürfen, in die Gottesgemeinde Abrahams aufgenommen werden und mit Zeugen sein dürfen des großen Gottesversprechens für die ganze Menschheit.
Wir können natürlich fragen: Warum wird das Versprechen nicht gleich der ganzen Menschheit bekannt und hörbar gemacht? Warum gibt es weiterhin Leute, die mit Garaudy traurig sagen: »Uns ist nichts versprochen, wir

hören kein Versprechen?« Warum ist nur ein kleiner Teil der Menschheit zum Hören und Bezeugen auserwählt, wo das doch die ganze Menschheit angeht? Aber auch hier gilt der Satz: Unsere Warum-Fragen werden uns hier auf Erden meist nicht beantwortet, sondern sie werden verwandelt in Wozu-Fragen, und *die* werden uns beantwortet. Wozu bekommen es diese Wenigen zu hören? *Stellvertretend,* sagt die ganze Bibel, stellvertretend bekommen sie es zu hören, damit sie es in ihr Leben aufnehmen und ein fröhliches, getröstetes, hoffnungsvolles Leben unter der Verheißung leben, ein neues Leben also, und dies nicht allein für sich, damit sie fein heraus seien, während die anderen weiter im Dunkeln umherirren, nein, für die anderen bekommen sie es zu hören, damit sie das Licht zu den anderen hinaustragen. Gott will den Menschen das Licht durch Menschen bringen lassen, darum greift er sich Menschen heraus, faßt sie zu einer Gemeinde zusammen durch gemeinsames Hören seiner Verheißung und ernennt sie damit zu Licht und Salz und Sauerteig für die ganze Menschheit.
Durch diese große Berufung zur Stellvertretung gehören Juden und christusgläubige Nichtjuden, gehören Israel und die Kirche zusammen als Träger, Zeugen und Boten des Verheißungslichtes, als Diener Gottes an die ganze Menschheit, und sofort zu Beginn der Christus-Botschaft ist der Kirche durch diese Verse des Magnificat gesagt: sie darf sich nicht von Israel isolieren oder gar gegen Israel stehen; nur mit Israel zusammen gehört sie zu Jesus, weil Jesus untrennbar und zuerst zu Israel gehört. Denn Jesu Kommen bedeutet: er, der Gott Israels, »*nimmt sich seines Dieners Israel an, um seines Erbarmens zu gedenken*«.
Aber gerade an dieser Stelle entsteht bis zum heutigen

Tage die Schwierigkeit zwischen Juden und Christen, die uns deutlich wird, wenn wir zum Schluß unserer Betrachtung des Magnificat fragen: Wie wird denn das große Gottesversprechen erfüllt, und inwiefern ist Jesu Kommen die Erfüllung des großen Gottesversprechens?
Martin Buber erzählt in seinen Chassidischen Geschichten, es habe einmal ein törichter Mann am Sabbat das große Schofar-Horn ergriffen und so hineingeblasen, wie man hineinblasen wird, wenn der Messias kommt. Während alle Leute alarmiert auf die Straße eilen, um den Messias zu empfangen, schaut ein weiser Rabbi zum Fenster hinaus und sagt: »Dies ist keine Erlösung!«, und bleibt in seiner Stube. So hörten die Juden damals nach Ostern in ihrer Mitte Juden jubeln: »Er ist auferstanden, er ist wahrhaftig auferstanden!«, hörten sie jubeln, die messianische Zeit sei angebrochen, sahen zum Fenster hinaus auf die unverändert im Dunkeln liegende Welt und stellten fest: »Dies ist keine Erlösung!« So ist der Unterschied und Widerspruch innerhalb derer, die doch miteinander zur Gottesgemeinde der Abrahamsverheißung gehören, bis zum heutigen Tage geblieben.
Seid ehrlich! Ist uns die Haltung der Juden nicht verständlicher als der Jubel der Christen, des Neuen Testamentes? Wir haben vorhin gesungen, daß wir das Licht empfangen haben, »welches so viel Angst und Weh / aus der Welt hinweggetrieben, / daß nichts Dunkles übrigblieben« (EKG 51, 3). Stimmt das? Genug Dunkles ist übriggeblieben seit den Erdentagen Jesu. Die Welt ist voll davon, jeder erfährt es in seinem persönlichen Leben; in den 2000 Jahren seither hat die Menschheit sich nicht weniger gequält als in den Jahrtausenden davor, und vielen scheint es heute, eher hätte die Apoka-

lypse des Johannes recht, die schildert, wie die Menschheit nicht in weniger, sondern in immer schrecklichere Leiden hineingerät.
Aber eben diese Apokalypse des Johannes, ein heute wirklich sehr aktuelles Buch und ausgerechnet das letzte Buch des Neuen Testamentes und der ganzen Bibel, ist ja nun kein jüdisches, sondern ein christliches Buch. Der Verfasser sagt nicht: Jesus mag ein großer Prophet gewesen sein, aber die Erfüllung des Abrahamsversprechens war er nicht, sondern er sagt — anders als die Juden: Jesus ist die Erfüllung der großen Gottesverheißung —, und er sagt mit den Juden: das Leiden und das Sündigen der Menschheit geht weiter und die Erlösung liegt noch vor uns, und ebenso sagt es das ganze Neue Testament. Wie geht das zusammen: die Erfüllung ist schon geschehen, und die Erlösung ist noch nicht geschehen? Was ist durch Jesu Kommen anders geworden, und was ist nicht anders geworden?
Ich denke, man kann die Antwort des Neuen Testamentes auf diese bedrängenden Fragen zusammenfassen in dem Satz: Die Erlösung ist noch nicht da, aber der Erlöser ist schon da. Noch nicht sind die Sünde und der Tod beseitigt, und das heißt: Noch immer töten sich die Menschen um der irdischen Güter willen, noch immer haben sie »stolze Köpfe und Herzen« (V. 51), noch immer sitzen Mächtige auf ihren Machtthronen und treten nach unten, noch immer gibt es satte Reiche und hungrige Arme, noch immer quälen uns Krankheit, Alter, Trauer und Einsamkeit aller Art. *Aber:* Er ist schon »bei uns auf dem Plan mit seinem Geist und Gaben«. Er hat sich schon in Jesus unlösbar mit uns verbunden. Am Kreuz ist der Siegeskampf schon gekämpft und sichergestellt worden, daß nicht die Zerstörung, die Bosheit, der Teufel und der

Tod das letzte Wort behalten werden, sondern das Leben, das Licht, der Schwur Gottes. Er gibt nicht nur ein Versprechen für eine ferne Zukunft, Er erfüllt das Versprechen schon jetzt mitten in der unveränderten Welt durch jetzige Befreiungen, durch jetzige Gottesgemeinschaft, so daß wir jetzt schon nicht nur auf neues Leben hoffen, sondern immer wieder neues Leben erfahren, jetzt schon nicht nur die Zukunft des neuen Lebens beim Ende der alten Welt, sondern die Gegenwart des neuen Lebens inmitten der alten Welt bezeugen können — und von daher wieder ins verstärkte Hoffen nach vorne gehen. So strecken wir uns innerhalb der einen Gottesgemeinde, die Israel und die Kirche umfaßt, zusammen mit unseren jüdischen Brüdern aus nach dem endgültigen Kommen des Reiches Gottes und müssen doch unseren jüdischen Brüdern sagen: Wir dürfen jetzt schon mehr sagen und bezeugen, als die alten Väter vor Christus sagen und bezeugen konnten. Das Reich Gottes ist nicht nur künftig, sondern auch schon gegenwärtig wirksam; auf die Vergebung der Sünden hoffen wir nicht nur beim Jüngsten Gericht, sondern sie ist auf Golgatha schon geschehen, und aus ihr leben wir jetzt schon. Schon wird der Geist Gottes durchs Evangelium ausgegossen in unsere Herzen und befreit uns zu Taten der Liebe im Einzelleben und in der Politik. Schon ist der Tod entmächtigt, und wir dürfen an Gräbern Auferstehungslieder singen. Schon dürfen und sollen wir auf Erden wenigstens anfangsweise neue Verhältnisse herstellen, in denen Mächtige entthront werden, in denen Menschenknechtschaft beseitigt wird und Hungrige satt werden — dies alles als Bezeugung dafür, daß das kommende Reich jetzt schon auf Erden zu wirken angefangen hat. Denn der Erlöser ist schon gekommen und hat durch seinen Kampf auf Golgatha und seinen Ostersieg Tatsachen geschaffen, die von Tod und Teufel und auch von unserer Blindheit und von unserem Unglauben nicht mehr rückgängig gemacht werden können. Der siegreiche Erlöser ist unterwegs zur endgültigen, vollkommenen Erlösung — und wir dürfen dabei sein, dürfen das im Glauben sehen und in der Tat ihm zur Seite stehen und Werkzeuge seines gegenwärtigen Wirkens sein. Fassen wir das in unser Herz, dieses »der Erlöser ist schon da!«, dann werden wir erkennen: die Zeugen des Neuen Testamentes und unsere Gesangbuchlieder haben den Mund nicht zu voll genommen. Auch wir können, wenn wir dem gerecht werden wollen, was in Jesus geschehen ist, nicht weniger, nicht bescheidener, nicht zurückhaltender sprechen. Und je mehr wir das ins Herz fassen, desto mehr werden wir neue Kraft bekommen gegen alles, was dem Versprechen Gottes widerspricht, was der Erfüllung und dem Erlöser widerspricht und sich in den Weg stellt, und werden zu Zeugen und Trägern des Lichtes werden inmitten der immer noch so dunklen Welt.

GOTT, SEI UNS CHRISTEN GNÄDIG!

Und er sagte zu einigen, die über sich die Meinung hatten, sie seien gerechte Menschen, und die die anderen für nichts achteten, folgendes Gleichnis: Zwei Menschen gingen hinauf zum Tempel, um zu beten, der eine ein Pharisäer und der andere ein Zöllner. Der Pharisäer stand und betete bei sich selbst (d.h. im Flüsterton, wie er auch heute noch in den Synagogen beim Gebet üblich ist): »Gott, ich danke dir, daß ich nicht bin wie die anderen Menschen, Räuber, Ungerechte, Ehebrecher, oder auch wie dieser Zöllner. Ich faste zwei Mal in der Woche, und ich gebe den Zehnten von allem, was ich besitze.« Der Zöllner aber stand weit entfernt und wollte nicht seine Augen zum Himmel erheben, sondern schlug sich die Brust und sagte: »Gott, sei mir Sünder gnädig.« Ich sage euch, dieser ging hinab gerechtfertigt in sein Haus vor jenem.

Luk. 18, 9—14a

1.

Eine der ältesten Handschriften, denen wir den Text des Neuen Testamentes verdanken, der sog. Codex D, läßt im Einleitungsvers unseres Textes das Wort »Gleichnis« weg. Das ist sicher keine Schludrigkeit des Abschreibers, sondern eine bewußte Weglassung, mit der der Abschreiber ausdrückt, er halte diese Geschichte nicht für ein Gleichnis, sondern für eine reale Geschichte, ob nun von Jesus selber beobachtet oder nicht, jedenfalls durchaus wörtlich zu nehmen. Das ist schon ein erster Hinweis darauf, daß wir beim Hören dieser uns allen bekannten Geschichte uns vor einem Mißverständnis hüten sollten, das man allenthalben in Kommentaren und Predigten antreffen kann. Es ist die Meinung, dies sei ein Gleichnis, das uns zwei verschiedene Typen von Betern vorstellt, damit wir uns vor dem abschreckenden Beispiel hüten und wie das nachahmenswerte Vorbild uns verhalten. Diese Auffassung liegt um so näher, als uns das so verstandene Gleichnis einleuchtend ist: ein demütiger Mensch, bescheiden und selbstkritisch, ist uns sympathischer als ein hochmütiger, der mit seiner Gerechtigkeit protzt, und wir können mit Recht vermuten, Gott werde er auch sympathischer sein. Aber wenn dies der Sinn der Geschichte wäre, dann hätten die wirklichen Pharisäer die Belehrung Jesu nicht nötig gehabt. In den von ihnen uns überlieferten Äußerungen finden sich ebenfalls solche, die die bußfertige Demut vor Gott preisen und die Selbstgefälligkeit tadeln, und diese wirklichen Pharisäer waren ja keineswegs eingebildete und selbstgerechte oder gar nur frömmelnde Leute, wie es leider das Wort Pharisäer auch bei uns Heutigen meist meint — ein Wortgebrauch, der auch durch das Mißverständnis dieser Geschichte entstanden ist. Wichtiger aber noch: Wäre die Geschichte so zu verstehen, so ginge der Zöllner »*gerechtfertigt*« vor dem Pharisäer hinab in sein Haus deswegen, weil er als der demütige der frömmere von beiden gewesen ist, und seine Demut, seine schonungslose Selbsterkenntnis und deren offenes Bekenntnis wäre dann seine Leistung, die Erfüllung einer Bedingung, die für das Gerechtfertigtwerden nötig ist, und wir hätten es also wieder mit einem Gesetz zu tun: So sollst du sein und so sollst du beten, und wenn du nicht so bist, dann wirst du nicht gerechtfertigt. Und so wahr und nützlich eine Ermahnung zu bußfertiger Demut für uns alle auch ist, auch wenn wir sie nicht gesetzlich als Bedingung für unsere Rechtfertigung verstehen, so sehr meine ich doch zu sehen, daß diese Geschichte

nicht ein Gesetz, sondern ein herrliches Evangelium enthält, das Jesus den Pharisäern, mit denen er hier spricht, nahebringen möchte.
Darauf weist uns schon eine winzige Bemerkung: der Zöllner schlägt sich an seine Brust. Er wagt sich — so erzählt Jesus — nicht heran an den Tempel oder gar herein, er bleibt weit entfernt stehen, vielleicht sogar im »Vorhof der Heiden«, er fühlt sich wegen seiner Schuld und seiner Unwürdigkeit ausgeschlossen aus der Gottesgemeinde und aus der Gottesgemeinschaft, und zwar verdientermaßen, und er wagt auch nicht, wie man es beim Beten zu tun pflegte, die Augen oder gar auch die Hände zu Gott zu erheben, sondern er benützt seine Hände, um seine Brust zu schlagen. Das ist aber nicht eine Gebetsgebärde, sondern eine Gebärde der Verzweiflung. An die Brust schlugen sich Menschen, die verzweifelt heulten über der Leiche und dem Grab eines geliebten Angehörigen, in verzweifelter Trauer. An die Brust schlugen sich zum Tode Verurteilte, die um Gnade flehten. Die Worte des Zöllners sind also im Unterschied zu denen des Pharisäers kein Gebet, sondern ein Verzweiflungsausbruch, und ein Verzweiflungsausbruch ist ja nichts, was man als vorbildlich hinstellen könnte. Denn ein Vorbild kann man nachahmen wollen, einen Verzweiflungsausbruch aber nicht. In der Verzweiflung steckt man, ohne daß man es will; sie ist eine von uns nicht gewünschte, aber sehr reale Situation, aus der wir herausgeholt werden müssen oder in der wir untergehen. In der Verzweiflung schreien wir nach Hilfe; verzweifelt schreit der zum Tod Verurteilte zum Richter, er möge sich seiner erbarmen.

2.

Jesus spricht mit den Pharisäern, die sich für gerecht oder, wie wir es schlicht ausdrücken können, für anständige Menschen hielten, und er bestreitet ihnen gar nicht, daß sie das seien. Man kann sogar bezweifeln, ob seine Schilderung des betenden Pharisäers so kritisch ist, wie wir sie gewöhnlich auffassen. Kritisch sieht Jesus etwas anderes, nämlich daß sie außer der Überzeugung, sie seien anständige Menschen, und außer dem sehr wichtigen Dank an Gott dafür, daß er ihnen geholfen hat, es zu sein, Verachtung für andere Menschen empfinden, denen solche Anständigkeit und Gerechtigkeit nicht gelingt. Bei solcher Verachtung ertappen wir alle doch auch uns selbst immer wieder und besonders dann, wenn wir konkret und ärgerlich und lästig mit der Unanständigkeit anderer Menschen konfrontiert werden. Er läßt die Pharisäer auf diesen Zöllner blicken und zeigt ihnen, wie es ihm ergeht, wenn für ihn die Stunde der Wahrheit schlägt, d.h. wenn es ihm nicht mehr gelingt, sich trotzig und leichtsinnig über seinen Zustand zu täuschen, sondern wenn ihm aufgeht, wie sehr er sich durch sein Verhalten ausgeschlossen hat von einem wahren, guten Leben, wie ausweglos er in Zeit und Ewigkeit dem gerechten Gericht Gottes verfallen ist. Er ist, obwohl Jude, ein landesverräterischer Funktionär des römischen Steuersystems geworden, mit dem sein Volk bis zum letzten Blutstropfen ausgeplündert wurde; er ist das vielleicht aus Notlage geworden wie etwa bis vor kurzem die armen Bauernsöhne Nicaraguas, die bei Somozas Nationalgarde sich anwerben ließen, um Versorgung und Privilegien zu bekommen, und dadurch zu Feinden ihres Volkes wurden. Er ist hoffnungslos hineinverstrickt; vielleicht hat er eine Familie, die er durch sein Mitmachen bei der Ausplünderung vor der Not hat retten können, und wenn er aussteigt, dann werden sich seine Auftraggeber an ihm rächen, und sein Volk wird ihn doch nicht wieder annehmen, weil er zu sehr mit Schande und Unrecht bedeckt ist. Er weiß nicht mehr ein und aus, und weiß sich mit Recht verachtet von allen, die sich zu seinem volksverräterischen Tun nicht haben verführen lassen. Ihm ist auf einmal die Wirklichkeit Gottes aufgegangen, aber aufgegangen als eine schreckliche, tötende Wirklichkeit, und darum steht er nun so weit ab, zerschlägt seine Brust und jammert um Gnade.

Ihn läßt Jesus die Pharisäer sehen, und zugleich läßt er sie Gott neu sehen; als den Gott der unermeßlichen Liebe, die auch dieses sein verlorenes Geschöpf umfängt und es nicht verwerfen will, sondern retten aus seinem Verderben. Diese unermeßliche Liebe wird zu des Sünders »Rechtfertigung«, d.h. zur helfenden Hinwendung Gottes zu dem, von dem alle sich verächtlich abwenden. Gott sieht ihn an als sein Kind, das er nicht preisgeben will, und rechnet ihm seine Schuld nicht an und nicht vor, sondern will ihm heraushelfen aus seinem verpfuschten Leben zu einem neuen Leben. Jesus erzählt nichts weiter von dem Zöllner; er berichtet nicht, wie diese Zuwendung, diese Rechtfertigung Gottes sich an ihm ausgewirkt hat, wie er ihrer bewußt geworden ist, und wie er mit ihr hat weiterleben können.Das ist für seine Absicht nicht nötig; denn es geht ihm ganz darum, den Pharisäern, den Menschenverächtern, deutlich zu machen, wie jetzt durch die unermeßliche Liebe Gottes eine neue Hoffnung über dem zerstörten Leben dieses Menschen leuchtet, und wie sehr sie dadurch selber ei-

ne neue Sicht Gottes, dem sie doch mit solchem Ernst dienen wollen, bekommen können.
Jesus will uns aber nie eine neue Sicht Gottes zeigen nur, damit wir nur neu über Gott denken. Er will ein neues Denken über Gott bei uns schaffen, damit sich unser Verhalten ändert. Wenn wir uns von ihm die Wirklichkeit von Gottes Menschen- und Sünder-suchender Liebe zeigen lassen, dann wird sich unser Verhalten in doppelter Hinsicht ändern: 1. Diesen Pharisäern und uns allen, soweit wir uns trotz unserer Unvollkommenheiten — im ganzen genommen — für anständige Menschen halten, die Gottes Gebote nicht verachten, die aber deshalb leicht geneigt sind,andere, den Geboten Gottes zuwider lebende Menschen zu verachten, wird, je länger wir mit den Pharisäern auf diesen Zöllner sehen und ihn unter der von Jesus über ihm aufgerichteten Hoffnung zurück in sein Haus gehen sehen, der große Unterschied fragwürdig werden, in dem wir uns bisher vor solchen verachtenswerten Leuten auszuzeichnen meinten. In die Gewißheit unserer Gerechtigkeit hinein wird sich die Frage drängen, ob wir, wenn für uns auch die Stunde der Wahrheit schlägt und Gottes Wirklichkeit so bedrohend über uns steht wie jetzt über diesem Zöllner, dem göttlichen Gericht nicht ebenso verfallen sind wie die von uns bisher verachteten Menschen. Wir werden in eine Selbstprüfung geraten, wie wir sie bisher nicht gekannt oder sorgsam vermieden haben. Wir werden neben unseren Vorzüglichkeiten große, bisher von uns übersehene Bedenklichkeiten entdecken und hinter unseren Vorzüglichkeiten vielleicht einen Abgrund von Egoismus, Lieblosigkeit und Berechnung, so daß unser Stolz ganz zusammenbricht und wir uns unversehens neben dem Zöllner stehen sehen, wie er ohne Ausweg, mit

nichts, worauf wir uns vor einer so strengen Befragung noch berufen, womit wir noch bestehen können, und wir werden in solchem Zusammenbruch unseres Selbstbewußtseins nur noch kläglich schreien können: »Gott, sei mir Sünder gnädig!«

3.

So Seite an Seite mit dem Zöllner geratend, werden wir aber auch fragen, ob wir nicht selbst an der Verächtlichkeit dieses Verachtenswerten schuld sind. Was haben wir dazu beigetragen, daß ein Mensch ein geldgieriger Landesverräter und Volksausbeuter und Halsabschneider wird wie dieser Zöllner, und daß *»andere Leute«* zu *»Räubern, Ungerechten und Ehebrechern«* werden? Was haben wir vielleicht dadurch dazu beigetragen, daß wir nichts gegen Verhältnisse taten, in denen andere meinten, nur durch Mitmachen bei der Ausplünderung ihrer Mitmenschen überleben zu können? Haben wir vielleicht unser Bessersein nur geschützt vor der Ansteckung durch sie, indem wir uns sorgsam vor der Berührung mit ihnen ferngehalten haben? Wenn ja, dann ist unsere Gerechtigkeit doch nichts als ein großer Egoismus, dann verdanken wir unser Gerechtsein nur der Rücksichtslosigkeit, mit der wir die anderen ihrer Schlechtigkeit überlassen, und mit der wir für uns selbst im abgeschirmten Kreis der Frommen unsere Frömmigkeit und Tugendhaftigkeit kultiviert haben. Dann haben wir nicht Gottes alle umfassende Liebe nachgeahmt, sondern eine ganz enge, auf die Guten begrenzte und im Grunde ganz selbstsüchtige Liebe gelebt, und wir sollten ja nicht meinen, damit von Gott als Gerechte, als Leute, die ihm recht sind, anerkannt zu werden.

Oder umgekehrt: Was tragen wir bei zum Leben dieser anderen mit dem, was wir vor diesen Leuten voraus haben, und wofür wir Gott mit Recht, wie dieser Pharisäer, danken, damit also, daß wir nicht sind wie die, die wir als Ungerechte verachten, mit unserem Glauben und Frommsein, mit unserem Leben nach Gottes Geboten, mit unserem Beten und In-die-Kirche-Gehen? Was tragen wir bei dazu, daß diese *»anderen Leute«* aus ihrem üblen Leben und Zustand und dann auch aus ihrer Verzweiflung herauskommen? Wenn wir unsere Vorzüge, wie der Pharisäer es richtig tut, als eine Gabe Gottes ansehen und Gott dafür danken — haben wir diese Gaben dann auch im Sinne des Gebers verwendet, also in den Dienst der Liebe Gottes zu diesen Verlorenen und Verachteten gestellt? Sind wir mit diesen Gaben helfend zu den Verlorenen gegangen, wie Jesus es tut, statt uns zu unserem Selbstschutz, und um unserem Hochmut zu frönen, uns von ihnen wie von Aussätzigen zu distanzieren? »Was nicht im Dienst steht, steht im Raub«, sagt Luther. Es könnte also sein, daß wir, die wir uns nicht für Räuber halten, als Räuber entlarvt werden, räuberisch Gottes Taten für uns festhaltend und nur in unseren eigenen Dienst stellend. Gott nimmt keinen Dank für irgendeine Gabe an, ohne uns nicht sofort zu fragen: Was hast du damit gemacht? Inwiefern hast du meiner Liebe, die auch die anderen, die Verachtenswerten suchen, gedient? Was haben *»die anderenLeute«* davon gehabt, daß neben ihnen Menschen lebten, denen wie dir soviel Glauben, Frömmigkeit und Tüchtigkeit von Gott geschenkt worden sind?

Christoph Blumhardt, der unvergeßliche Gotteszeuge im Schwabenlande des vorigen Jahrhunderts, hat am gleichen 11. Sonntag nach Trinitatis im August 1891 eine Predigt über diesen Text gehalten, in der er von diesen Fragen bewegt gewesen ist, in der er aber nicht nur, wie ich es bisher getan habe, und wie man es gewöhnlich tut, sich mit dem Verhalten von Einzelmenschen beschäftigte. Als der aufs Ganze gerichtete Reich-Gottes-Mann, der er war, wurden für ihn der Pharisäer und der Zöllner zum Bilde der Christenheit in ihrer Geschichte bis heute. Er sah die Kirche und die Christen in der Gestalt des Pharisäers: hochmütig sich erhebend über die »*anderen Leute*«, die Heiden und die Juden, die Atheisten und die Kommunisten, und sich spiegelnd im Glanze ihrer höheren Religion, ihrer höheren Kultur, ihrer höheren Moral. Er sah aber andererseits, wie es dieser Kirche und uns Christen ergehen wird, wenn Gott nicht nur über die anderen, sondern auch über uns Gericht hält, wenn er uns unsere Lebensweise und unser Versagen vorrechnet, wenn er unsere Lebensweise einbezieht in das Unglück, das Christen, oft im Namen des Christentums und Gottes, über andere Menschen gebracht haben: die Indianerausrottung und die Negerversklavung, die Ketzer- und Hexenverbrennungen, die Kolonialgreuel, die Kreuzzüge von einst und die Kriegsrüstung von heute zur Verteidigung der christlichen Kultur gegen ihre Feinde, und die einfache Tatsache, daß wir, die sog. christlichen Völker in Europa und Nordamerika, den größten Teil der Güter der Erde für unsere wohlständliche Lebensweise in Besitz nehmen und die anderen deswegen in Hunger und Elend und Tyrannei verkommen. Wenn die Stunde der Wahrheit schlägt, dann werden wir von der Stelle des Pharisäers an die Stelle des Zöllners rücken, dann werden gerade wir Christen verzweifelt uns an die Brust schlagen: »Gott, sei uns, uns Christen, gnädig!«

So endlich, sagt Jesus, so endlich seid ihr Gott recht: Nicht solange ihr wie der Pharisäer für Gottes Gaben danktet, aber die anderen im Stiche ließet oder gar sie verachtetet, nichts für sie tatet und dabei euch selbst noch über eure Vorzüglichkeit täuschtet, sondern jetzt, wo ihr die Wahrheit erkennt, die Wahrheit eures Versagens, die Wahrheit, daß ihr zuerst, vor allen anderen, bei Gott verspielt habt, und dann verzweifelt, weil ihr nicht mehr selber herausfindet, schreit: »Gott, sei uns Christen gnädig!«

Dann sind wir Gott recht. Dann hat er uns so weit, daß wir uns nicht mehr in Überheblichkeit und Selbstgerechtigkeit über den anderen stehend sehen und die *»anderen Leute«* entweder verachten und verwerfen oder sie beherrschen und nach unserem Maß formen wollen. Dann werden wir tauglich zum Dienst an seiner menschensuchenden Liebe, dann werden wir seine Gaben, für die wir danken, dafür einsetzen und neue Möglichkeiten entdecken, besser als bisher, mit den und für die *»anderen Leute«* zu leben. Dazu helfe uns, was Jesus uns sagt durch diese Geschichte!

VERNUNFT ENDLICH ANDERSHERUM

Des andern Tages wollte Jesus wieder nach Galiläa ziehen und findet Philippus und spricht zu ihm: Folge mir nach! Philippus aber war von Bethsaida, aus der Stadt des Andreas und Petrus. Philippus findet Nathanael und spricht zu ihm: Wir haben den gefunden, von welchem Mose im Gesetz und die Propheten geschrieben haben, Jesus, Josephs Sohn, von Nazareth. Und Nathanael sprach zu ihm: Was kann von Nazareth Gutes kommen? Philippus spricht zu ihm: Komm und sieh es! Jesus sah Nathanael kommen und spricht von ihm: Siehe, ein rechter Israelit, in welchem kein Falsch ist. Nathanael spricht zu ihm: Woher kennst du mich? Jesus antwortete und sprach zu ihm: Ehe denn dich Philippus rief, da du unter dem Feigenbaum warst, sah ich dich. Nathanael antwortete ihm: Rabbi, du bist Gottes Sohn, du bist der König von Israel! Jesus antwortete und sprach zu ihm: Du glaubst, weil ich dir gesagt habe, daß ich dich gesehen habe unter dem Feigenbaum; du wirst noch Größeres als das sehen. Und spricht zu ihm: Wahrlich, wahrlich, ich sage euch: Ihr werdet den Himmel offen sehen und die Engel Gottes hinauf und herab fahren auf des Menschen Sohn.

Joh. 1, 43—51

Im Jahre 1936 hielt ich in einem thüringischen Ort ein paar Evangelisationstage der Bekennenden Kirche. Auf die Einladungsplakate hatten wir den Vers 46 unseres Textes geschrieben: »*Nathanael sprach zu Philippus: Was kann von Nazareth Gutes kommen? Philippus spricht zu ihm: Komm und sieh es!*«
In der Diskussion protestierte ein Lehrer der Volksschule an diesem Orte heftig gegen diesen Vers und gegen das, was ich dazu gesagt hatte: »Wir lehnen es ab, wir Deutschen heute, dorthin zu gehen und zu sehen, ins Ju-

denland zu einem König Israels. Wir haben die Juden als unser Unglück erkannt, und wir haben die Bedeutung der Rasse erkannt. Wir suchen das Heil nicht mehr bei den Juden, sondern in unserer eigenen Art, in unserem eigenen Volkstum und bei dem Führer, der in unserer Mitte erstanden ist, und deshalb werden wir die Kirche bis zum Letzten bekämpfen und sie beseitigen, weil sie uns verführt, unser Heil bei etwas Fremdem zu suchen und nicht in unserer eigenen Art und Kraft.« Ich sehe den jungen, eifernden Mann noch lebendig vor mir stehen. Vielleicht ist er auch gefallen, und vielleicht wird heute, am Volkstrauertag, von seinen Hinterbliebenen auch an ihn gedacht. In welcher Weise aber? Alle Trauer, alles Entsetzen über das Morden der Menschen in den Kriegen unseres Jahrhunderts ist nur dann nicht unfruchtbar und bekommt nur dann eine Lebenswirkung, wenn Trauer und Erschrecken in einem Sinn der Umkehr geschehen: weg von genau dem falschen Weg, auf den jener Lehrer sich hat verführen lassen und auf den er seine Schulkinder hat verführen wollen, und den wir alle heute bitter bereuen, weg von dem Weg der Todeswaffen, mit denen wir andere umbringen wollen, um uns selber das zu erhalten, was wir Leben nennen, und was doch nur hinausgeschobener Tod ist, hin zu einem neuen Weg, auf dem wir lernen, mit den anderen Menschen in Frieden zu leben, lieber Unrecht zu leiden als Unrecht zu tun — ein Weg, auf dem wir aus dem Atheismus, aus der Gottlosigkeit unserer Todesrüstung, an der auch wir Christen heute beteiligt sind, herauskommen zum wahren Gottesglauben, den wir mit unseren Atomwaffen täglich verleugnen, nämlich zum Vertrauen auf den lebendigen Gott. Er kann allein unser Leben erhalten und lebenswert machen. Ohne seinen Willen fällt kein Haar von unserem Haupt. Von seiner Liebe leben wir, und in seiner Liebe sterben wir hinein in sein ewiges Leben. Durch den Rasseglauben und den Führerglauben wurden wir zu Todesmenschen, durch diesen Glauben an den lebendigen Gott werden wir zu Friedensmenschen. Indem wir unser Leben ihm anvertrauen, werden wir frei von den todbringenden Ängsten, die uns zu Feinden unserer Mitmenschen machen, frei zum friedlichen Leben mit den anderen Menschen, frei, ihnen Gutes zu gönnen, und frei, mit aller Entschlossenheit anzugehen gegen die Schreckensmethoden, mit denen Ost und West sich heute gegenseitig bedrohen.

Woher wissen wir das, daß über uns nicht ein leeres Nichts ist und ein stummes Schicksal regiert, sondern daß über uns und um uns der lebendige Gott ist, dem wir unser Leben ganz anvertrauen dürfen? Ein Licht ist in die Finsternis unserer Todeskämpfe hereingekommen. »Das Licht scheint in der Finsternis« (Joh. 1, 5), es geht aus von einem Menschen mitten unter uns, von dem, den die Menschen in unserer Geschichte »*finden*« — wie Leute, die in stockfinsterer Nacht dahinstolpern und nicht wissen, ob sie sich im letzten Augenblick nicht Hals und Bein brechen; einer sieht plötzlich dann ein Licht aufleuchten, einer nach dem anderen sieht es und ruft den angstvollen Leidensgenossen zu, und denen, die es nicht glauben, nicht sehen oder dem Lichte nicht trauen, kann er nur das eine sagen, was hier Philippus dem Nathanael auf seine Zweifelsfrage antwortet: »*Komm und sieh es!*«

»*Was kann aus Nazareth Gutes kommen?*«, hatte Nathanael gefragt. Er wohnt in Kana, eine Stunde von dem Dorf Nazareth entfernt, und vielleicht verachtet er die Leute aus Nazareth, wie oft die Bewohner eines Dorfes

geringschätzig übers Nachbardorf reden. Vor allem aber hat er schon in der Schule aus seiner Bibel gelernt, daß das Heil aus Jerusalem, aus Zion kommen soll, aber sicher nicht aus dem galiläischen Nest Nazareth. Seine Frage wiederholt sich die Jahrhunderte hindurch bis heute. Ständig laufen die Boten des Evangeliums zu allen Völkern und rufen das Licht aus: »Ihr alle in der Finsternis, wir haben das Licht gefunden, das Licht, mit dem man leben kann, das ersehnte Licht, das die Propheten verheißen haben!« »Wo? Wo? Wir sehen nichts, um uns ist Finsternis ohne Licht.« Die Antwort ist der Name eines Menschen aus einem galiläischen Dorf: »*Jesus, Josefs Sohn, aus Nazareth.*«
Kein Wunder, wenn das die Leute nicht vom Stuhl reißt, schon damals nicht, und auch heute nicht, wo noch der Abstand der Zeit hinzukommt. Es ist ja doch wirklich merkwürdig genug: Seit diesem Gespräch der paar Dorfleute in Galiläa tut das Neue Testament, tun alle christlichen Zeugen nichts anderes als mit ausgestreckten Armen und mit den größten Behauptungen dorthin zu deuten, auf diesen einen Menschen, Josefs Sohn, der nach kurzer Zeit in der Hauptstadt des Heils, in Jerusalem, zu Tode gefoltert wird.Hat er die Welt verändert? Ist die Welt besser geworden in diesen zweitausend Jahren? Hat er das Reich Gottes gebracht? Falls er ein Licht war — ist es dann nicht ein längst verloschenes, jedenfalls ein nicht wirksam gewordenes Licht gewesen? In der Frage des Nathanael liegt Ironie, Spott, Besserwissen, und heute bekommt sie dazu noch einen müden, hoffnungslosen Klang: »Was kann uns aus Nazareth Gutes kommen?« »Den Jesus hat man mir auch schon gepredigt, mit dem habe ich es auch schon mal versucht, aber es ist nichts dabei herausgekommen; hier, bei mir und

um mich herum müßte sich sichtbar alles ändern, wenn ich mich für ihn interessieren sollte.« Die Frage des Nathanael ist unser aller Frage. Sehr oft freilich keine echte Frage, die auf Antwort wartet, sondern eine Ablehnung in Frageform, ein Besserwissen: Ausgeschlossen, das ist zu absurd, aller Augenschein, die ganze Weltgeschichte spricht dagegen! Außerdem kommt unser Stolz hinzu, wie bei jenem thüringischen Lehrer: Ein Jude aus jenem galiläischen Nest, nein, dann doch lieber vertrauen auf unsere eigene Kraft! Und schon ist dieser Lehrer auch unser Sprecher. Denn wenn wir auch die Nazi-Weltanschauung, die er sich hat aufreden lassen, heute als verderblichen Unsinn erkannt haben, so ist doch auch unserer Weisheit letzter Schluß, daß Glauben an Jesus Christus eine schöne, erbauliche Sache für den Sonntagvormittag ist, daß wir dann aber am Werktag, in der Realität dieser Welt, besser tun, uns auf unsere eigene Kraft zu verlassen, gegen Realitäten immer nur Realitäten setzen, uns also besser verlassen auf die eigene Waffenrüstung als auf die Glaubensrüstung. Gegen die sowjetischen Raketen hilft kein Glaube und kein Jesus, da helfen nur NATO-Raketen, das weiß doch jeder vernünftige Mensch.

Aber: Was ist das eigentlich für eine Vernunft, diese Vernunft der Gottlosigkeit am Werktag, die mit allem rechnet, was sich greifen läßt, mit Export-Statistiken und Raketen-Statistiken, aber ja nicht mit dem lebendigen Gott, den die sogenannten christlichen Völker und die sogenannten christlichen Parteien nur mit dem Munde, aber nicht mit der Praxis bekennen? Kaiser Wilhelm II. und der deutsche Generalstab haben 1914 vernünftig gerechnet und sich verrechnet; Adolf Hitler hat mit seiner Aufrüstung, wie die meisten Deutschen damals glaubten, vernünftig gerechnet und sich verrechnet; die Amerikaner haben die Intervention in Vietnam vernünftig berechnet und sich verrechnet. Jetzt rechnet die NATO mit den Mittelstreckenraketen vernünftig: jetzt aufrüsten, »nachrüsten« und dann erst abrüsten. Besteht nicht hohe Wahrscheinlichkeit, daß man sich wieder einmal schrecklich verrechnet und das Gegenteil von dem, was man erstrebt hat, erreicht: Vernichtung, großes Morden, Tod statt Leben?

Vernunft endlich andersherum! Das muß heute unsere Parole sein. Wenn sich ständig das, was man für vernünftig hielt, als höchst unvernünftig herausstellt, könnte dann nicht das, was unvernünftig erschien, gerade das Vernünftige sein? »*Komm und sieh es!*«, sagt Philippus, dem die Augen aufgegangen sind, zu Nathanael und zu jedem von uns. Komm und sieh dir diesen Jesus noch einmal genau an! Komm und probiere es einmal ernsthaft mit ihm, mit dem Weg, den er dich führen will, mit dem Glauben und mit der Nachfolge! Es könnte doch sein, daß sich das als das Vernünftige herausstellt, was du nicht wie das Schein-Vernünftige bereuen wirst. Es könnte doch sein, daß die, die ihn dir empfehlen, dich nicht so betrügen, wie deine Schein-Vernunft und deine Lehrer und Führer dich betrogen haben.

Dem Nathanael gehen, wie er sich darauf einläßt, mit Jesus zu sprechen und Jesus zuzuhören, die Augen auf: »*Rabbi, du bist Gottes Sohn, du bist der König Israels.*« Was erkennt er? Er sieht diesen Sohn Josefs nicht mehr als einen ohnmächtigen Menschen, wie wir alle sind, sondern als die Gegenwart des lebendigen Gottes mitten unter uns, und er sieht Gott nicht mehr als eine bloße Idee oder als ein höchstes Wesen fern im Himmel, sondern als eine Realität auf dieser Erde, mit der man rechnen kann. Er sieht Jesus als »*König*«, d.h. als einen, der Macht hat, wenn auch noch so verborgen, eine Macht, die jeder anderen Macht gewachsen ist. Er sieht ihn als einen, dem man sich anvertrauen kann im Leben und im Sterben. Er sieht ihn als einen, bei dem man stehen muß, wie ein Untertan bei seinem König steht, als einen, bei dem man mitmachen muß, bei dem mitzumachen sich lohnt. Dabei bleibt Nathanael von nun an, wie der Johannes-Evangelist erwähnt (Joh. 21, 2), er bleibt sein Jünger auch durch die schreckliche Leidensgeschichte dieses Königs hindurch, und er bekommt von ihm, dem Auferstandenen, bestätigt, daß es gut ist, auf diesen König zu vertrauen und sich durch nichts mehr von der Nachfolge abschrecken zu lassen.

Denn er erkennt: dieser Jesus ist ein Lebensprogramm, das Programm eines neuen Lebens, eines neuen Weges, einer neuen Praxis. Die Jünger Jesu brechen mit der alten Praxis und ihrer Schein-Vernunft: das Leben ist Kampf ums Dasein; man muß stärker sein und die anderen fressen, sonst wird man selbst gefressen. Das ist die Praxis des Todes. Mit dieser gottlosen Praxis richten sich die Völker zugrunde, mit ihr haben wir die Menschheit an den heutigen Abgrund gebracht, und sie wird, wenn nicht ein Geist der Umkehr Platz greift, in den nächsten Jahren neue, tödliche Triumphe feiern. Heinrich Albertz hat kürzlich in seinem »Wort zum Sonntag« zum Ärgernis von sich christlich nennenden Politikern gesagt: »Ich bin, je älter ich werde, desto mehr überzeugt, daß Jesu Bergpredigt sehr viel nüchterner und praktischer und wahrhaftiger über diese Welt und uns Menschen Bescheid weiß als alle politischen und militärischen Programme.« Das ist wahr. Diese Erkenntnis und die Praxis dieser Erkenntnis muß dann auch in Politik übersetzt werden. Wir müssen die Vernunft der Bergpredigt gegen die Schein-Vernunft setzen, aber nicht nur mit bloßen Forderungen an die Regierung, sondern einerseits damit, daß wir selbst uns mit aller Entschiedenheit auf den Weg der Nachfolge begeben — und andererseits damit, daß wir uns in die politische Diskussion einmischen, die vernünftige Argumente für die Aufrüstung aufs mißtrauischste prüfen und sie zu widerlegen suchen sowohl durch vernünftige Argumente wie auch durch die Ausbreitung eines Geistes des Friedens, der auch der anderen Seite, im heutigen Fall der Sowjet-Seite, es möglich macht und sie dazu einlädt, »Vertrauen schaffende Maßnahmen«, wie man heute in der Rüstungsdebatte sagt, mitzumachen oder von sich aus einzuleiten. Entscheidend dabei ist, daß wir zunächst für uns den ernsten Entschluß gefaßt haben: Ich, ein Jünger Jesu, brauche diese Waffen nicht; ich will von diesen Massenvernichtungswerkzeugen nicht geschützt werden. »Ich steh in meines Herren Hand / und will drin stehen bleiben.« »Es kann mir nichts geschehen / als was er hat ersehen / und was mir selig ist.« Mit diesem Beschluß, der unsere innersten Gedanken umkehren und auf Frieden richten soll, bekommt Glauben Lebensrealität. Solche Jüngergemeinden können dann einen Geist der wahren Vernunft, der Friedens-Vernunft in ihren Völkern verbreiten. »Ich will ohne Rüstung leben« — mit diesem persönlichen Entschluß für mein persönliches Leben beginnt es, da man ja immer, bei aller Weltveränderung und Weltverbesserung, bei sich selbst anfangen muß. »Frieden schaffen ohne Waffen« — das ist dann der politische Weg, auf den ich meine Umgebung, mein Volk hinbewegen möchte, für den ich mit allen Gleichgesinnten agitiere und die anderen zu überzeugen versuche. So geht Jesu Weg von dem persönlichen Weg zum Geist der Umkehr für alle Völker. Wer am Volkstrauertag fragt, ob es denn nicht bessere Wege gibt als die bisherigen, den weisen wir auf Jesus, Josefs Sohn, und wenn er seine Zweifel hat, ob von dort uns Hilfe kommen könnte, dann ist das Beste, was wir ihm sagen können, besser als alle ›Beweisversuche: »Komm und sieh es und probiere es praktisch mit diesem Jesus!«

DER WEG VON OBEN NACH UNTEN

Wenn dein Herz nur bei uns ist,
Fehlt's an keinem Segen,
Und wir gehn mit dir, Herr Christ,
Aller Freud' entgegen.

Ein Freund hat mich gebeten, für eine von ihm geleitete Zeitschrift eine weihnachtliche Auslegung des Schlusses von Johannes 3 zu geben. Ich bitte jetzt, daß es euch recht ist, wenn wir uns heute aus solchem äußeren Anlaß mit diesem Text beschäftigen. Es zeigt sich an diesem Beispiel eine bedenkliche Einteilung des Jahreslaufs ins Kirchenjahr. Wir teilen damit den Inhalt des Evangeliums auf nach Zeiten. An Weihnachten denkt man an die Menschwerdung Gottes, an Karfreitag trauert man unter dem Kreuz, an Ostern jubelt man über die Auferstehung, und an Pfingsten erinnert man sich endlich an den Heiligen Geist. Dabei gehört aber alles untrennbar zusammen, und jedes Mal, an jedem Sonntag müßte man eigentlich an das Ganze denken; immer spricht das Evangelium von dem allen zusammen, von Ostern, von Weihnachten und Pfingsten. So also hören wir nun einen für eine weihnachtliche Auslegung bestimmten Text:

Der von oben kommt, der ist über alle. Wer von der Erde her ist, der ist von der Erde her, und er spricht von der Erde her. Wer vom Himmel kommt, der ist über alle. Was er gesehen und gehört hat, das bezeugt er, und sein Zeugnis nimmt niemand an. Wer sein Zeugnis annimmt, der besiegelt: Gott ist wahr! Denn wen Gott gesandt hat, der spricht die Worte Gottes; denn er gibt den Geist nicht nach Maß. Der Vater liebt den Sohn, und alles hat er in seine Hand gegeben. Wer dem Sohn vertraut, hat ewiges Leben. Wer dem Sohn ungehorsam ist, wird Leben nicht sehen, sondern der Zorn Gottes bleibt auf ihm.

Joh. 3, 31—36

Das ist Weihnachten in schwierige Worte gekleidet, nichts von Bethlehem, Krippe, Hirten, sehr abstrakte Worte. Die Stichworte des ganzen Johannes-Evangeliums sind hier wie in einem Resumé versammelt. Ganz abgewandt erscheint der Johannes-Evangelist, wie auch sonst oft, von unserm praktischen Leben, von Politik und Gesellschaft, ganz versunken in das Geheimnis Jesu, so daß für ihn unsere Welt ganz versunken zu sein scheint. Wenn man aber seine Sätze genau bedenkt, wie wir es jetzt miteinander tun wollen, dann merkt man, daß auch er nichts tut, als daß er eine Geschichte erzählt, eine hiesige, irdische Geschichte, in der unsere ganze Wirklichkeit enthalten ist.

Das können wir immerhin gleich merken, wenn wir hören, daß er von der Erde spricht, von unserer Erde: »*Wer von der Erde her ist, der ist von der Erde her und spricht von der Erde her.*« Das ist der modernste Satz in der Bibel, das Endergebnis einer langen Geistesgeschichte: der Mensch ein Spätprodukt von Jahr-Millionen der Erdentwicklung, ein hochentwickeltes, vielleicht auch sehr pervertiertes Tier, ein irdisches, sinnliches, leibliches, vergängliches Wesen, das hier seinen Daseinskampf führt und eines Tages mit dieser Erde auch zugrunde gehen wird, von Höherem träumend, aber nie über das Irdische sich erhebend. Materialismus ist die letzte Wahrheit über den Menschen, und Idealismus, d.h. die Meinung, der Mensch sei von oben her, vom Geiste her, und

nicht von unten her, von der Materie her, ist eine Selbsttäuschung, die man überwinden muß. Das ist die moderne Weltanschauung. Die hat die ganze Wissenschaft für sich.
In diesem Text hier ist freilich auch von einem »oben« geredet. Wenn man oberflächlich liest, scheint das nicht weiter zu helfen. »*Wer von oben her kommt, der ist über alles.*« Das ist selbstverständlich und einleuchtend. Wer oben ist, kann treten die, die unten sind. Wer aufrecht steht, ist besser dran, als wer am Boden liegt. Wer in der Luft fliegen kann, der kann Bomben auf Häuser herunterwerfen. Wer die erste Mondstation errichtet, der beherrscht den ganzen Globus. Wer oben ist, der ist über alle. Dazu haben die Menschen sich noch ein höheres Oben ausgedacht, ein göttliches Oben von Göttern, die ganz droben stehen und mächtiger sind als die Menschen. Diese Götter haben dann oft genug auch dazu gedient, diejenigen zu legitimieren, die oben in der menschlichen Gesellschaft standen, damit die Untenstehenden, die Untertanen, sie anerkennen und jeder Aufstand gegen die oben von vornherein sowohl aussichtslos wie verwerflich ist. Insofern ist der Materialismus eine Bewegung der Befreiung, weil in ihm die unten denen oben sagen: »Ihr seid auch nur von der Erde her; daß ihr oben steht, das hat nur irdische, nicht göttliche Gründe, und ihr mögt euch noch so sehr mit göttlicher Autorität decken, wir werden euch schon von eurer Höhe herunterholen.« Was von der Erde ist, ist von der Erde her und ist also gleich, und da hat keiner einen göttlichen Anspruch, höher als der andere.
Beim oberflächlichen Lesen scheint es, als würde auch unser Text getroffen von dem Protest gegen die religiöse Verklärung des »Oben« im Interesse der Oberen in

der Gesellschaft, damit sie die Unteren treten können. Nun heißt es aber hier nicht: »Wer oben ist, der ist über allen«, sondern es heißt: »Wer von oben *kommt,* der ist über allen.« Von einem Kommen ist hier die Rede. Von wessen Kommen, von wem spricht der Evangelist? Das wissen wir, er spricht von Jesus. Wie sah das Kommen Jesu aus? So, daß er, wie der Apostel Paulus Phil. 2 sagt, nicht oben geblieben ist, sein Obensein nicht festgehalten hat, sondern heruntergegangen ist in die menschliche Existenz, in die Sklaven-Existenz, dorthin, wo er bespien und getreten und umgebracht worden ist. Wer also das Oben finden will, von dem die ganze Bibel spricht, der muß merkwürdigerweise hier auf Erden ganz nach unten gehen. Das Paradoxe ist, daß das, was von der Erde ist, das Denken von der Erde her, gerade ein Streben nach oben ist: jeder will oben stehen — wogegen, was hier das wahre, das göttliche Oben genannt wird, ein Streben nach unten ist und aufzufinden ist nur am untersten Punkt der Erde, am Galgen, bei den Getretensten und Ausgestoßensten der Gesellschaft, bei dem, der keinen Platz in ihr mehr hat, im Grab, in das wir alle müssen. Da drunten ist nicht der Herrschafts-Gott der Religionen zu finden, sondern der dienende Gott des Evangeliums; der dienende, sich hinopfernde Bruder Jesus, der und kein anderer ist der lebendige Gott des Evangeliums.

Das hat eine Änderung, ja, eine doppelte Änderung unserer irdischen Lebenssituation für uns Irdische, die wir von der Erde her sind, zur Folge. Einmal: zunächst scheinen sich hier zwei geschlossene Kreise gegenüberzustehen, hoffnungslos getrennt voneinander. Da ist der Bannkreis des Irdischen. Keiner vermag ihn zu transzendieren. Die Bibel glaubt nicht, um es philosophisch für einige unter uns zu sagen, an idealistische Transzendenz. Der Mensch kann sich als Erdenwurm, Staub vom Staube, nicht über die Erde erheben, nicht hinaufsteigen ins Göttliche. Was von der Erde her ist, das ist von der Erde her.

Und da ist der andere Kreis, der Kreis des göttlichen Lebens. Ist die Erde die Welt, in der der Mensch den Menschen abwürgt und frißt und wir alle in Schuld geraten, die Welt der ganz begrenzten, kleinen Liebe und der großen Lieblosigkeit, so ist das göttliche Leben das Leben der großen, ewigen Liebe und Seligkeit. Hoffnungslos getrennt sieht das Johannes-Evangelium beide Kreise voneinander. »Was vom Fleisch geboren wird, das ist Fleisch; was vom Geist geboren wird, das ist Geist«, heißt es im gleichen Kapitel (3, 6), und an anderer Stelle: »Ihr seid von unten her, ich bin von oben her« (8, 23). Das Jesusereignis, erleuchteten Augen aufgetan, den Augen der ersten Gemeinde und derer, die uns aus ihnen als ihre Sprecher das Neue Testament geschrieben haben, das Jesus-Ereignis ist die Aufhebung der Trennung zwischen diesen beiden Kreisen. Das Kommen Jesu ist die Verbindung, ist das Ereignis der sich herunterbegebenden Liebe, ist Gegenwärtigwerden neuen Lebens, ungeahnten Lebens, ewigen Lebens in dem irdischen. »*Der Vater liebt den Sohn*« heißt es hier, »*und alles hat er in seine Hände gegeben.*« Das ganze göttliche Leben hier unten und der Mensch, der arme Erdenwurm, das irdische Leben hier unten und der Mensch, der arme Erdenwurm, das Irdische *nicht mehr allein,* nicht mehr der Vergänglichkeit und der Schuld und dem Aufgefressenwerden des Einen durch den Andern ausgeliefert, neue Möglichkeiten mitten auf der alten Erde.

Allerdings so, daß jetzt hier auf der Erde der Gegensatz

zwischen diesen beiden Kreisen, dem irdischen und dem göttlichen, sich noch einmal wiederholt. Ganz hart nebeneinander stehen zwei Gegensätze in unserem Text. Auf der einen Seite heißt es: »*Wer von der Erde her ist, der redet Irdisches*«, und dann steht dagegen der Satz: »*Wen Gott sendet, der redet die Worte Gottes.*« Auf der einen Seite heißt es: »*und sein Zeugnis nimmt niemand an*«, und dann sofort die nächsten Worte: »*wer sein Zeugnis annimmt, der besiegelt: Gott ist wahr.*« Was sind das für Gegensätze? Zunächst ist es der eine Gegensatz: das neue Wort und die Menschen alle, wir von der Erde her, Jesus und wir alle, er von oben her — wir von der Erde her. Jesus, die neue Möglichkeit und Wirklichkeit Gottes, ist eine Unmöglichkeit auf Erden, und wem von euch wird nicht oft gerade dann, wenn ihn Worte des Evangeliums durch die Mauer der Gewohnheit hindurch einmal wirklich berühren, zugleich ihre Unmöglichkeit deutlich? Wie unmöglich, das werden wir nachher gleich noch merken. Fremd steht Jesus mit seinem anderen Wesen, mit seiner Tendenz nach unten, mit seiner Liebe und mit seinem Ruf, ihm in der Liebe nachzufolgen, dem Irdischen, dem, was »von der Erde her« ist, gegenüber.
Freilich, äußerlich sieht hier alles gleichmäßig irdisch aus. Es gibt hier nur irdische Sprecher. Auch dieser Jesus ist einer. Man sieht ihm nicht von außen an, daß er »von oben« kommt. Es geschieht keine direkte Himmelsstimme von oben herab. Alle sind sie nur Menschen, auch dieser Jesus von Nazareth, auch seine Jünger, auch die ihn totschlagen, alles nur Menschen, Menschenworte. Aber zwischen den Menschenworten entsteht jetzt ein heftiger Gegensatz. Die einen singen das alte Lied weiter, religiös oder philosophisch, dumm oder

gescheit, gottlos oder fromm, theistisch oder atheistisch, das alte Lied der Erde. Die andern haben etwas Neues gehört und gesehen, stimmen ein neues Lied an, eine neue Botschaft vom neuen Leben, von neuer Liebe, vom neuen Menschen, vom neuen Gott. Das Neue aber hat auf Erden keine Aussicht.

Gegen diese Aussichtslosigkeit steht hier ein hoffnungsvolles Wort: *»Er gibt den Geist nicht nach Maß«*, d.h. nicht kärglich bemessen, nicht so, daß nur Jesus davon etwas abkriegt, aber alle anderen leer ausgehen. Der Geist — das ist die durchschlagende Dynamik Jesu: Jesus als Dynamit. Das ist die Kraft des Evangeliums. Es ist verheißen, daß man ihm nicht widerstehen kann, daß es sich wie ein Stachel festsetzt, daß es uns in ein Schlachtfeld zwischen dem Irdischen und dem, was von oben kommt, verwandelt, von uns etwas will, was wir nicht wollen, und uns trotzdem dazu bringt, es zu tun — uns etwas gibt, wonach wir noch nie uns genügend gesehnt haben. Es macht möglich, was zuvor unmöglich war; es gibt ungeahnte Erfüllung, es kann Todesangst überwinden, es kann den Mund frei machen, Ohren offen, Augen sehend. Das kann geschehen, und nur weil das immer wieder geschehen ist, gibt es trotz des Mißbrauchs des Evangeliums in der Kirche heute noch christliche Kirche, christliche Gemeinde.

Ist das Evangelium zu uns gedrungen, dann ereignet sich das, was hier nebeneinander steht: *»Sein Zeugnis nimmt niemand an; wer aber sein Zeugnis annimmt...«*, genau wie am Anfang des Johannes-Evangeliums: »Die Seinen nahmen ihn nicht auf, wieviele ihn aber aufnahmen...« (Joh. 1, 11f). Auf einmal gibt es Überläufer aus dem Lager des Irdischen herüber in das Lager des Göttlichen, des zu uns herabgekommenen Göttlichen, und sie »*besiegeln*« es. Das ist ein herrliches Wort. Wie Martin Luther King seinen streikenden Müllarbeitern voranging und wußte, daß ihm jeden Augenblick das geschehen kann, was dann geschehen ist, da besiegelt er das: »*Gott ist wahrhaftig.*« Wie Dietrich Bonhoeffer sich der Verschwörung anschloß und wußte, daß es ihm seinen Kopf kosten kann, wie es dann auch geschehen ist, da besiegelte er dies: »Gott ist wahrhaftig.« Wie Camillo Torres in die Berge ging zu den Guerillas, um das Volk zum Selbstbewußtsein zu bringen, und wußte, daß es sein Tod sein würde, da besiegelte er das. Wenn Tausende von jungen Menschen heute in Amerika lieber in die Gefängnisse gehen statt das Morden in Vietnam mitzumachen, dann besiegeln sie das. Was besiegeln sie? Was heißt, daß Gott wahrhaftig ist? Es heißt, daß dieser Weg Gottes der wahre ist. Welcher Weg Gottes? Der Weg herunter von den Privilegien ins Opfer der dienenden Liebe.

Das Kernproblem heute, von den Jungen stärker erkannt als von unsern kirchlichen Traditionen, ist zugleich das Kernproblem des Neuen Testaments: Was tun wir mit unseren Privilegien? Und was tut Gott mit seinen Privilegien? Jeder von uns ist irgendeinem Menschen, wahrscheinlich vielen Menschen gegenüber ein privilegierter Mensch. Ich kann drei klare Gedanken hintereinander denken und bin sehr privilegiert gegenüber den geistig Behinderten, die das nicht können; ich kann sehen und bin privilegiert gegenüber den Blinden; ich habe nette Eigenschaften, die Leute mögen mich, und so bin ich privilegiert gegenüber dem, der nur seine schlechten Eigenschaften nach außen hängt und den keiner mag; ich habe ein gesundes Selbstbwußtsein und bin privilegiert gegenüber dem, den seine Minderwertigkeitskomplexe

plagen und ständig zu falschem Verhalten anstacheln. Was tue ich mit meinen Privilegien? Das gilt genauso für die ganze Gesellschaft: Waffenstarrende besitzende Klassen, waffenstarrende besitzende Völker heute — und wir Christen gehören zum reichen, satten Drittel der Menschheit. Mit Religion und Militär und Gesetzen werden die Privilegien verteidigt. Das ganze System der Gesellschaft ist auf Privilegien aufgebaut und ist dazu da, die Privilegien der Gesellschaft zu erhalten.Was tun wir mit unsern Privilegien, auf die doch keiner von uns so leicht zu verzichten bereit ist? Wer befreit uns von dem Gebundensein an unsere Privilegien? Wer befreit uns zur Nachfolge, zur Nachahmung Gottes? Denn er ist der, der seine Privilegien nicht festhielt, der nicht auf dem Herrenthron blieb, sondern sich verschwendete und weggab an die Sünder, an die Privilegienmenschen, um sie zu befreien vom Versklavtsein an ihre Privilegien.
Jetzt bekommt der letzte Vers, liebe Freunde, eine Spitze auf uns hin: »*Wer dem Sohn vertraut, hat ewiges Leben. Wer dem Sohn nicht gehorcht, wird Leben nicht sehen; über ihm bleibt der Zorn Gottes.*« Hier wird deutlich: der Zorn Gottes ist nicht das grausame Strafgericht eines wütenden Despoten oder irgendein Jüngstes Gericht noch in weiter Ferne; er ist das gegenwärtige Gericht über unser Gebundensein an unsere Privilegien, kommend von dem Gott, der uns vorgemacht hat, was man mit Privilegien zu tun hat. Über dieser Welt liegt Zorn Gottes, über dieser reichen weißen Menschheit liegt Zorn Gottes, über diesem Amerika, das eine Minderheit von Menschen in Slums verbannt, liegt, wie wir heute sehen, Zorn Gottes. Wir können das heute deutlich erkennen: Wenn wir tun mit den Privilegien, was irdisches Denken von uns verlangt, dann wird nichts ande-

res die Ernte sein: Haben, Haben, Haben, immer mehr Haben und immer mehr Sinnlosigkeit des Lebens, immer mehr Überdruß, immer mehr Nervenkliniken und psychiatrische Fälle, immer mehr Feindschaft und Einsamkeit. Das Evangelium meint, es würde unser Leben heilen, wenn wir in Nachahmung Gottes unsere Privilegien zur Verfügung stellen, individuell wie kollektiv, den Unterprivilegierten neben uns. Wir würden auf diese Weise das Leben sehen, das uns gerade entgeht, wenn wir irdisch denken, wenn wir, anstatt nach unten zu gehen, nach oben streben und so meinen, das Leben zu gewinnen. »*Wer dem Sohn nicht gehorcht, der wird nicht Leben sehen; wer dem Sohne traut, der wird ewiges Leben haben.*« Glauben heißt: in der Nachfolge auf dem Wege des Sohnes, der seine Privilegien aufgab, darauf bauen, daß Gott wahr ist, daß dies der wahre Weg zum Leben ist, was er uns auch kostet. Der so von oben kommt herunter in die Tiefe, der hat die wahre Herrschaft, der ist über alles, der zeigt uns, was lohnt und was wirklich Leben heißt, der spricht und ist die letzte Wahrheit.

Das sagst du uns, Herr Jesus, damit wir es mit dir wagen, und wir bitten dich: Hilf uns zum Glauben und zur gehorsamen Nachfolge auf deinem Weg und zeige und rate uns, was das bedeutet jeden Tag!

ZWAR — ABER

Um diese Zeit legte der König Herodes die Hände an etliche von der Gemeinde, sie zu peinigen. Er tötete aber Jakobus, des Johannes Bruder, mit dem Schwert.
Und da Herodes sah, daß es den Juden gefiel, fuhr er fort und nahm auch Petrus gefangen. Es waren aber eben die Tage der ungesäuerten Brote.Da er ihn nun griff,legte er ihn ins Gefängnis und überantwortete ihn vier Rotten, je von vier Kriegsknechten, ihn zu bewachen, und gedachte, ihn nach dem Fest vor das Volk zu stellen. Und Petrus ward im Gefängnis gehalten; aber die Gemeinde betete ohne Aufhören für ihn zu Gott. Und da ihn Herodes wollte vorführen lassen, in derselben Nacht schlief Petrus zwischen zwei Kriegsknechten, gebunden mit zwei Ketten, und die Hüter vor der Tür hüteten das Gefängnis. Und siehe, der Engel des Herrn kam daher, und ein Licht schien in dem Gemach; und er schlug Petrus an die Seite und weckte ihn und sprach: Stehe behende auf! Und die Ketten fielen ihm von seinen Händen. Und der Engel sprach zu ihm: Gürte dich und tu deine Schuhe an! Und er tat es. Und er sprach zu ihm: Wirf deinen Mantel um dich und folge mir nach! Und er ging hinaus und folgte ihm und wußte nicht, daß es Wahrheit war, was durch den Engel geschah, sondern er meinte, er sähe ein Gesicht. Sie gingen aber durch die erste und zweite Wache und kamen zu der eisernen Tür, welche zur Stadt führt: die tat sich ihnen von selber auf. Und sie traten hinaus und gingen hin eine Gasse weit; und alsbald schied der Engel von ihm. Und da Petrus zu sich selber kam, sprach er: Nun weiß ich wahrhaftig, daß der Herr seinen Engel gesandt hat und mich errettet aus der Hand des Herodes und von allem, was das jüdische Volk erwartete.
Und als er sich besann, kam er vor das Haus Marias, der Mutter des Johannes, der mit dem Zunamen Markus hieß, wo viele beieinander waren und beteten. Als er aber an die Tür des Tores

klopfte, trat hervor eine Magd, zu horchen, mit Namen Rhode. Und als sie des Petrus Stimme erkannte, tat sie das Tor nicht auf vor Freuden, sondern lief hinein und verkündete es ihnen. Petrus stünde vor dem Tor. Sie aber sprachen zu ihr: Du bist von Sinnen. Sie aber bestand darauf, es wäre so. Sie sprachen: Es ist sein Engel. Petrus aber klopfte weiter an. Da sie nun auftaten, sahen sie ihn und entsetzten sich. Er aber winkte ihnen mit der Hand, zu schweigen, und erzählte ihnen, wie ihn der Herr hatte aus dem Gefängnis geführt, und sprach: Verkündet dies dem Jakobus und den Brüdern! Und ging hinaus und zog an einen andern Ort.

Apg. 12, 1—17

Im altertümlichen Luther-Deutsch, wie ich es soeben gelesen habe, hört sich diese Geschichte sehr erbaulich an, ein bißchen nach einem alten, schönen Märchen klingend. Ganz anders aber klingt es in der Sprache unserer Zeit, in unser Zeitungsdeutsch übersetzt. Darum verlese ich es jetzt wie einen heutigen Zeitungsartikel: »Bild am Sabbath« (natürlich gibt es in einer ordentlichen jüdischen Stadt keine Sabbathzeitungen, weil man dort noch weiß, daß man das Geschenk des Feiertages nicht so zuschanden machen soll wie bei uns, aber davon wollen wir einen Augenblick absehen) —, also »Bild am Sabbath« mit großen Schlagzeilen:

»Mysteriöse Gefangenenbefreiung in Jerusalem!
Terrorist entkommen!
Staatsanwaltschaft untersucht Gefängnisskandal.

In der vergangenen Nacht wurde auf noch ungeklärte Weise der im Jerusalemer Gefängnis wegen Verdachts der Zugehörigkeit zu einer kriminellen Vereinigung einsitzende Galiläer Simon Jonassohn, der in seinen Kreisen den Decknamen Petros (= Fels) trägt, vermutlich von Angehörigen seiner Bande befreit. Obwohl besondere Sicherheitsvorkehrungen getroffen waren, ist es offenbar seinen Komplizen gelungen, sich Nachschlüssel zu beschaffen und die Wachmannschaften einzuschläfern. Bei dem Entkommenen handelt es sich um einen Angehörigen des harten Kerns der sog. Galiläerbande, deren Anführer Jesus von Nazareth vor vierzehn Jahren durch das Zusammenwirken unserer Behörden mit der Besatzungsmacht gefaßt und hingerichtet werden konnte. Der jetzt entkommene Simon hat bei jener Gelegenheit versucht, die Verhaftung des Jesus mit Gewalt zu verhindern und einem Polizeibeamten eine schwere Kopfverletzung beigebracht und ihm ein Ohr abgeschlagen. Die Bande, die sich zwar auf staatsfeindliche Agitation beschränkte, aber Querverbindungen zu den zelotischen Guerillas im judäischen Gebirge besaß, von denen zwei mit jenem Jesus hingerichtet worden waren, wurde durch die Ausschaltung ihres Anführers zunächst zerschlagen. Ihre Reste gingen in den Untergrund, sammelten sich wieder und traten in letzter Zeit immer dreister in der Öffentlichkeit auf. Sie bildeten eine Kommune auf kommunistischer Basis und warben Sympathisanten mit der Behauptung, ihr Anführer Jesus lebe noch oder wieder. Er werde bald die ganze Welt verändern und ein kommunistisches Reich an die Stelle aller jetzigen Ordnungen setzen. Unsere Behörden, die in dieser Agitation mit Recht eine Gefahr für unsere Gesellschaftsordnung und für die friedlichen Beziehungen zwischen der Besatzungsmacht und unserem Staate sehen, haben die Tätigkeit der Bande seit längerem observiert und jetzt zugeschlagen. Einer der Rädelsführer, ein gewisser Jakob, wurde hingerichtet; andere, darunter auch Simon, wurden verhaftet und einem peinlichen Verhör unterzogen. Es ist zu fürchten, daß die jetzige

Gefangenenbefreiung der Bande neuen Auftrieb geben wird. Ihre Provokationen können zu Reaktionen der Besatzungsmacht führen, deren Folgen die ganze Bevölkerung zu tragen hätte. Deshalb kann man nur hoffen, daß dem Treiben dieser messianischen Utopisten, die jeden Sinn für Realität verloren haben und zu einer öffentlichen Gefahr geworden sind, möglichst rasch ein Ende bereitet wird. Die Staatsanwaltschaft hat sofort die Untersuchung dieses Gefängnisskandals aufgenommen und wird die schuldigen Beamten, die schon festgenommen worden sind, sicher umgehend zur Verantwortung ziehen. Die Fahndung nach dem Entkommenen, der untergetaucht ist, läuft auf vollen Touren.«

Soweit »Bild am Sabbath«. Wohlgemerkt: Mit einer solchen Übertragung in eine heutige Zeitungsmeldung werden nicht die heutigen Terroristen mit Jesus und der ersten Jüngergemeinde gleichgesetzt, wohl aber wird dadurch deutlich, daß Jesus — zwischen zwei Guerilleros gekreuzigt unter der Beschuldigung, selber einer zu sein — und diese seine erste Gemeinde von den damaligen jüdischen und römischen Behörden mit einer terroristischen, kriminellen Vereinigung gleichgesetzt worden sind. Und wenn dies auch eine Verleumdung war, so war diese doch deshalb möglich, weil es Indizien gab, auf die man sich dafür berufen konnte: Dieser Jesus war ja doch mit einem messianischen Anspruch aufgetreten und hatte die nahe bevorstehende göttliche Weltrevolution angekündigt. In einem Psalm zu seinen Ehren, den man seiner Mutter in den Mund gelegt hatte,hieß es, er werde die Mächtigen von ihren Thronen stürzen und die Erniedrigten erheben (Luk. 1, 51). Er selbst hatte den König Herodes, seine Obrigkeit, einen Fuchs genannt, und in seinem Verhör durch den Statthalter Pilatus, wenn auch auf eine etwas zweideutige Weise, gestanden, daß er einen Königsthron beanspruche; einige Leute wollten aus seinem Munde gehört haben, er werde den Tempel, das Heiligtum der Juden, das nicht einmal die Römer angetastet hatten, zerstören und in drei Tagen wieder aufbauen. Zwei seiner engsten Begleiter waren zelotische Guerilleros (Simon, der Zelot, und Judas Ischariot: Luk. 6, 15f). Ein Teil seiner Begleiter war bewaffnet (Luk. 22, 38), und dieser Petrus hatte ja tatsächlich, mit dem Schwerte zuschlagend, die Verhaftung Jesu durch die Polizei mit Gewalt verhindern wollen. Und das mit der Kommune auf kommunistischer Basis war auch nicht gelogen (Apg. 2,44f; 4,32—37). Zwar gab es auch andere Worte dieses Jesus, für die Gewaltlosigkeit und für das Steuerzahlen, aber das verschwiegen die Verleumder, und nicht zu leugnen war, daß auch diese Gruppe mit ihrem Messianismus in das Umfeld der damaligen Unruhestifter gehörte und durch die erwähnten Tatsachen in einem bedenklichen Zwielicht stand. So dürfte zu verstehen sein, wenn die in der brisanten Lage des Landes für Ruhe und Ordnung verantwortlichen Behörden nicht sorgfältig differenzierten zwischen gewaltfreien und gewalttätigen Unruhestiftern, sondern alle miteinander in den gleichen Topf warfen und gegen alle miteinander mit der gleichen Schärfe meinten vorgehen zu müssen. Daß es mit der christlichen Gemeinde so angefangen hatte, daß sie von Anfang an als eine für den Staat und die Gesellschaftsordnung sehr gefährliche Gruppe angesehen worden ist — was sagt uns das bis zum heutigen Tage für das Verhältnis zwischen einer rechten christlichen Gemeinde und ihrer Umwelt? Es kann zwar in manchen Zeiten so sein, wie Lukas es in der Apostelgeschichte früher berichtet hat (2, 47): die Gemeinde ist wegen ihrer Frömmigkeit, wegen ihrer vorbildlichen Armenpflege, wegen ihrer sozialen Wohltätigkeit wohlgelitten bei der übrigen Bevölkerung. Es kann aber auch sein, daß diese Sympathien umschlagen in heftige Feindschaft, und daß die Mächtigen in der Gesellschaft samt den offiziellen Vertretern des Staates mit allen Propagandamitteln gegen die Gemeinde zu Felde ziehen, mit Verleumdungen und Halbwahrheiten, und dies deswegen, weil das brüderliche Leben der Gemeinde, die Aufhebung aller Standes-, Klassen-, Geschlechts- und Rassenschranken die ganze übrige Gesellschaftsordnung, die auf diesen Schranken aufgebaut ist, in Frage stellt. Die Gemeinde nimmt damit vorweg, was sie von der Wiederkunft ihres sehnsüchtig erwarteten Herrn erhofft: das Reich Gottes wird er durchsetzen auf Erden, und in diesem Reich wird es nicht mehr Reich und Arm, nicht mehr Herr und Knecht geben, nicht mehr Vorrechte aufgrund der Hautfarbe oder des Besitzes oder der Bildung oder des männlichen Geschlechts oder besonderer Leistungen, sondern nur noch brüderlichen Dienst aller für alle. Mit dieser Erwartung eines solchen Gottesreiches sind aber die ganzen Privilegiensysteme, in denen wir leben, samt der alle Mittel einsetzenden Verteidigung dieser Privilegien der Reichen gegen die Armen, der Starken gegen die Schwachen, der Weißen gegen die Farbigen, als gottwidrig entlarvt. Gott will das nicht mehr haben, und darum darf seine Gemeinde das nicht mehr im Namen Gottes rechtfertigen, wie es die Religionen und Kirchen oft getan haben. Die Reich-Gottes-Hoffnung der Adventsgemeinde deckt die Ungerechtigkeiten in unseren Gesellschaftssystemen unerbittlich auf. Als adventliche Gemeinde wartet sie auf das neue Reich der Gerechtigkeit und Brüderlichkeit Gottes und der Menschen. Als adventliche Gemeinde wartet sie aber nicht untätig, sondern beginnt jetzt schon, anfangsweise und nach ihrem begrenzten Vermögen, in ihrem Zusammenleben und in ihrem Hinauswirken in die Gesellschaft zu tun, was sie kann, für die Verwirklichung der Menschenrechte, also für ein Zusammenleben der Menschen nach dem Willen Gottes: Das heißt adventlich warten, und dabei ist dann mit schweren Spannungen, ja Konflikten zwischen einer rechten christlichen Gemeinde und der bestehenden Gesellschaft zu rechnen.

Nun noch ein anderer Aspekt der Bedeutung dieser Geschichte für uns, angeknüpft an eine Erinnerung: Am Sonntag, den 5. Juli 1937, fünf Tage nach Martin Niemöllers Verhaftung, begannen wir drüben in der Annenkirche mit unseren Fürbittgottesdiensten, zu denen sich die Bekennende Gemeinde dann acht Jahre lang täglich versammelte. Ich predigte in diesem ersten Fürbittgottesdienst über einen Vers aus unserer Geschichte: *»Und Petrus ward zwar im Gefängnis gehalten; aber die Gemeinde betete ohne Aufhören für ihn zu Gott.«*

Dieses *Zwar — —Aber* — das ist die Kennzeichnung des Lebens der Adventsgemeinde und aller Jünger Jesu in dieser Welt. Zähle alle Gottwidrigkeiten dieser Welt zusammen: Verhaftung und Folter und Tod derer, die gegen Ungerechtigkeit und Tyrannei kämpfen, alles, was die Akten von Amnesty International füllt, dazu den Welthunger heute, das häufige Scheitern der besten Bestrebungen zur Veränderung und Verbesserung der Verhältnisse und der häufige Sieg böser Geister, dazu in unserem persönlichen Leben die Tage übergroßer Sorgen, die Ängste im Krankenhaus und die Trauer an den Särgen der Lieben — zähle dies alles zusammen als die

Last der Welt — und dann sage: Zwar — Aber! *Zwar* ist das alles so, wie es ist, und es ist schlimm, daß es so ist — *aber* das ist nicht das Ganze; *aber* diese Welt ist mit ihren Schrecklichkeiten nicht allein; *aber* diese Welt kann, wie sehr sie es auch will, ihrem Herrn, der sie liebt, nicht entlaufen; *aber* der, der seine Jünger in diese Wolfswelt hineinsendet zum Dienst an der Wolfswelt, ist bei ihnen alle Tage bis zur Vollendung; *aber* der hört uns, wenn uns keiner mehr hört, auch durch die dicksten Gefängnismauern hindurch. Darum setzen wir nun diesem »So ist die Welt« ein Zwar voran und ein Aber entgegen. Zwar ist die Welt, wie sie ist, aber »Er ist bei uns wohl auf dem Plan / mit seinem Geist und Gaben«; aber er hört uns, wenn wir zu ihm schreien.

Das Gebet, das wir mit diesem Aber gegen das Zwar setzen, ist selbst schon eine Weise seiner Hilfe und Stärkung. Zwar mußte die Gemeinde damals in den Untergrund gehen und konnte sich nur bei verschlossenen Türen versammeln, und Petrus, kaum befreit, mußte untertauchen, um sich der Fahndung zu entziehen. Zwar hat kein Engel Martin Niemöller, der heute hier unter uns ist, aus dem Konzentrationslager herausgeholfen, in dem er acht Jahre seines Lebens gefangengehalten wurde. Aber daß wir dem allen das Aber des Gebets entgegensetzen durften und konnten, er drinnen und wir draußen, das hat uns unermeßlich geholfen in jenen finsteren Jahren der Tyrannei und des Krieges und hat uns widerstandsfähig gemacht gegen die Verführungen des Regimes und gegen die Versuchung der Hoffnungslosigkeit und der Verzweiflung.

Als diese Geschichte von der wunderbaren Befreiung des Petrus damals erzählt, aufgeschrieben und in den Gemeinden herumgegeben wurde, hatte die Verfolgung sich schon ausgebreitet. Da und dort gab es Verhaftungen und Folter und Hinrichtungen, und Petrus selbst mußte in Rom den Märtyrertod am Kreuze sterben, und kein Engel vom Himmel war gekommen und hatte noch einmal die Kerkertüren geöffnet. Wieso war ihnen dennoch diese Geschichte eine Tröstung und Stärkung? Die Bibel nennt die einzelnen sichtbaren Hilfstaten Gottes »*Zeichen*«. Als ein Zeichen haben sie diese Geschichte weitererzählt, nicht als eine Garantie, es werde jedem verhafteten Zeugen Jesu Christi ebenso wunderbar ergeben, nur als ein Zeichen — Zeichen wofür?

Die Geschichte ist erstens ein Zeichen für die unzähligen Hilfsmöglichkeiten dessen, zu dem wir rufen, mehr als unsere Phantasie sich ausdenken kann, und erst recht mehr, als unserer Angst zu denken möglich ist. Die Geschichte hier mutet uns wie eine schöne Legende an, und mit einem Engel vom Himmel rechnet keiner von uns. Aber »Gottes Engel haben keine Flügel« lautet der Titel eines schönen Buches von Claus Westermann, dem Heidelberger Alttestamentler, über die Engel in der Bibel. Und dieser Titel will sagen: Die Boten Gottes (denn »Engel« heißt eigentlich Bote!) müssen nicht den Lichtglanz der Engel am Weihnachtsbaum an sich tragen. Durch unauffällige, sehr irdische Boten kann Gott Hilfe, Stärkung und Rettung schicken, und wenn wir aufmerksam sind und es so ansehen, dann müssen wir zugeben, daß Gott uns schon manchen Engel in unser Leben geschickt hat, um uns zu helfen, äußerlich und innerlich.

Zweitens: Die Geschichte ist ein Zeichen, aber nicht eine Garantie für die Rettung. Viele wurden aus höchster Gefahr gerettet auf erstaunliche, sehr wunderbare Weise; viele wurden nicht gerettet, sondern zu Tode gebracht trotz allen Betens. »Unser Gott *kann* uns wohl retten aus dem glühenden Ofen«, sagte Daniel (3, 17); er kann, aber er muß nicht, und eines Tages muß auch Petrus, müssen alle vom Tode Erretteten sterben. Dann will es uns manchmal scheinen,als müßten wir umgekehrt sagen: Zwar beten wir ohne Aufhören, aber die, für die wir beten, bleiben dennoch in ihren äußeren und inneren Gefängnissen der Not. Genau dafür gilt das Zeichen der Befreiung des Petrus. Es sagt dem Petrus, der damaligen Gemeinde und uns allen: Er, der zu uns spricht, der uns liebt, der uns sendet in die Welt zu unseren Mitmenschen, der uns immer wieder einzelne, sichtbare Erweisungen seiner Hilfe gibt, der hält zu uns auf alle Fälle. Kein Haar kann von unserem Haupte fallen ohne seinen Willen, und wenn er es zuläßt, daß nicht nur die Haare, sondern der ganze Kopf fällt, und daß einer nicht gerettet wird, sondern umkommt in der Verfolgung, dann ist dennoch nichts zerrissen zwischen ihm und uns: »Niemand wird euch aus meiner Hand reißen« (Joh. 10, 29). Mit dieser Verheißung lädt er uns ein zum Vertrauen für den gefährlichen Weg seiner Nachfolge, und in diesem Vertrauen setzen wir gegeneinander: *Zwar* steht es, wie es steht, *aber* wir hören nicht auf, zu ihm zu rufen, ihm zu vertrauen, auf ihn zu warten.

DIE GROSSE STÖRUNG

Es erhob sich aber um diese Zeit eine nicht geringe Unruhe über die neue Lehre.Denn einer mit Namen Demetrius, ein Goldschmied, der machte silberne Tempel der Diana und wandte denen vom Handwerk nicht geringen Gewinn zu. Dieselben und die Beiarbeiter dieses Handwerks versammelte er und sprach: Liebe Männer, ihr wisset, daß wir großen Gewinn von diesem Gewerbe haben; und ihr sehet und höret, daß nicht allein zu Ephesus, sondern auch fast in der ganzen Landschaft Asien dieser Paulus viel Volks abfällig macht, überredet und spricht: Was von Händen gemacht ist, das sind keine Götter. Aber es droht nicht nur unser Gewerbe dahin zu geraten, daß es nichts mehr gilt, sondern auch der Tempel der großen Göttin Diana wird für nichts geachtet werden, und sogar ihre göttliche Majestät wird untergehen, welcher doch die ganze Landschaft Asien und der Weltkreis Anbetung erzeigt. Als sie das hörten, wurden sie voll Zorn, schrien und sprachen: Groß ist die Diana der Epheser! Und die ganze Stadt ward voll Getümmel; sie stürmten aber einmütig zum Theater und ergriffen Gajus und Aristarchus aus Mazedonien, des Paulus Gefährten. Da aber Paulus wollte unter das Volk gehen, ließen's ihm die Jünger nicht zu. Auch etliche der Obersten in der Landschaft Asien, die ihm freundlich gesinnt waren, sandten zu ihm und ermahnten ihn, daß er sich nicht zum Theater begäbe. Etliche schrien so, etliche anders, und die Versammlung war in Verwirrung, und die meisten wußten nicht, warum sie zusammengekommen waren. Etliche vom Volk zogen den Alexander nach vorn, den die Juden vorschickten. Alexander aber winkte mit der Hand und wollte vor dem Volke reden. Da sie aber innewurden, daß er ein Jude war, erhob sich eine Stimme von allen, und schrien bei zwei Stunden: Groß ist die Diana der Epheser! Da aber der Kanzler das Volk beruhigt hatte, sprach er: Ihr Männer von Ephesus, wo ist ein Mensch, der nicht wisse, daß die Stadt

Ephesus sei eine Hüterin der großen Göttin Diana und ihres Bildes, das vom Himmel gefallen ist? Weil nun das unwidersprechlich ist, so sollt ihr ja stille sein und nichts Unbedachtes tun. Ihr habt diese Menschen hergeführt, die weder Tempelräuber noch Lästerer unserer Göttin sind. Hat aber Demetrius und die mit ihm sind vom Handwerk an jemanden einen Anspruch, so gibt es Gerichte und sind Landvögte da; lasset sie sich untereinander verklagen. Wollt ihr aber noch etwas darüber hinaus, so mag man es ausrichten in einer ordentlichen Volksversammlung. Denn wir stehen in der Gefahr, daß wir um des heutigen Tages willen des Aufruhrs verklagt werden möchten, und ist doch keine Sache vorhanden, womit wir solchen Aufruhr entschuldigen könnten. Und da er solches gesagt, ließ er die Versammlung gehen.

Apg. 19, 23—20, 1

Das ist wieder eine tolle Geschichte! Wie lebendig und farbig wird sie von Lukas erzählt, und wie aktuell ist sie! Demetrius hat es entdeckt: Das Evangelium verdirbt das Geschäft, und das Evangelium gefährdet die Arbeitsplätze. Seine Geschäftsbücher, sein Umsatzrückgang zeigen es ihm: Seit diese Paulus-Agitation um sich greift und immer mehr bisher treue Götterverehrer sich dieser jüdischen Sekte der Christusverehrer zuwenden, mindert sich die Kundschaft für die hübschen kleinen Silbertempelchen, die viele Handwerker in Heimarbeit herstellen, und die er als Devotionaliengroßhändler unter den Tausenden von Pilgern absetzt, die zu dem weltberühmten Artemis (= Diana)-Tempel in Ephesus wallfahrten. Jeder hat zu Hause ein solches kleines Tempelmodell auf der Truhe stehen. Demetrius mobilisiert die ganze Stadt: »Es geht nicht nur um mein Geschäft; wir sitzen alle in einem Boot! Was ist Ephesus noch, wenn diese Art Atheismus, diese Götterverachtung sich ausbreitet und unser großes Heiligtum nichts mehr gilt! Dürfen diese Leute denn ungestraft unser Heiligstes beschimpfen und sagen: ›Was von Händen gemacht ist, das ist nichts‹? Und nicht nur die Arbeitsplätze, unsere ganze Gesellschaftsordnung ist in Gefahr, die doch auf dem Fundament der Religion aufgebaut ist. Und wer garantiert uns, daß die Götter vielleicht doch nicht gar so ohnmächtig sind, wie dieser hergelaufene kleine Jude und Teppichmacher behauptet? Vielleicht ist doch etwas dran an der Religion, und diese Götter werden zornig sich rächen an der Stadt Ephesus wegen der sich ausbreitenden Mißachtung!«

Wir könnten einem Mann mit solchen Sorgen von unserem heutigen Standpunkt aus sagen: »Lieber Demetrius, die Zeit des Heidentums ist nun eben unwiederbringlich vorbei. Du mußt dich zur Rettung deiner Profite und zur Rettung der Arbeitsplätze auf eine Produktion umstellen, die nicht dem Willen des wahren, lebendigen Gottes, die nicht dem Evangelium, dem sich die Völker nun zuwenden, zuwider ist.« »Welche?« wird er fragen, und wir, wenn wir ihm einen Rat geben sollen, werden auf einmal verwickelt in die schwierigen Fragen der Ökonomie und der Politik. Vielleicht schlägt er uns vor, er werde sich nun der Rüstungsproduktion zuwenden,etwa einen Zulieferungsbetrieb für die Rüstungsindustrie aufmachen, heutzutage ein ziemlich sicherer Job, z.B. bei der sehr modernen Produktion von Neutronenbomben, oder er wolle auf Kernkraftwerke umsteigen. Dann wird er hören, wie auch diese Dinge unter Christen sehr umstritten sind. Um sicher zu gehen, macht er schließlich statt seiner Devotionalien- ein Südfrüchte-Import-Geschäft auf. Aber auch da kommen Leute zu ihm und sagen: »Nicht nur, *was* produziert wird, sondern auch, *wie* produziert wird, kann gegen das Evangelium sein, und wer Bananen der United Fruit Company kauft oder kalifornische Trauben und Eis-Salat oder südafrikanische Outspan-Orangen, macht sich mitschuldig an der unmenschlichen Ausbeutung der dortigen Plantagenarbeiter!«

Man kommt in ziemliches Gedränge, wenn man das Evangelium hereinreden läßt in Fragen der Wirtschaft. Man muß sich informieren; man weiß oft genug nicht, wer Recht hat, oft genug auch nicht, woran man sich beruflich oder als Käufer überhaupt noch mit unbeschädigtem Gewissen beteiligen kann. Man gerät, wie unsere Geschichte zeigt, mit einem für die Lebenspraxis ernstgenommenen Evangelium unversehens in Konflikte mit mächtigen Interessen. Die Vertreter dieser Interessen machen es dann meistens so wie Demetrius: sie argumentieren nicht nur mit ihrem eigenen Gewinn, mehr noch sehr sozial mit den Arbeitsplätzen der anderen, der Armen, und vor allem mit der Religion. Als Kaiser Wilhelm II. vor siebzig Jahren aufrief gegen die »gelbe Gefahr«: »Völker Europas, wahrt eure heiligsten Güter!«, da war auch alles durcheinandergemischt: das Evangelium, das große Kolonialgeschäft und die politische Macht des Deutschen Reiches, so wie hier bei Demetrius: »Bewohner von Ephesus, wahrt eure heiligsten Güter, damit auch eure Arbeitsplätze und meinen Gewinn!«

Fazit für uns heute durch dieses Beispiel aus den Anfängen der christlichen Kirche:

1. Zusammenstöße mit Interessen, auch mit mächtigen Interessen, dürfen nicht vermieden werden. Die Apostelgeschichte erzählt eine ganze Kette von solchen Zusammenstößen. Nicht etwa großer Friede breitet sich aus,

allgemeine freudige Zustimmung ertönt, wenn das Evangelium laut wird; Streit vielmehr entsteht auf allen Seiten. Jeder, den diese Botschaft ergreift, gerät in ein tief beunruhigtes Leben; er kann nicht mehr mitmachen, was er bisher mitgemacht hat; er kommt mit sich selbst, mit seinem bisherigen Denken und Wollen in Konflikt und ebenso in allerlei Konflikte mit seiner Umgebung. »Ich bin nicht gekommen«, sagt Jesus, der Friedensbringer und Friedefürst, »Frieden zu bringen, sondern das Schwert. Denn ich bin gekommen, den Menschen zu erregen wider seinen Vater und die Tochter wider ihre Mutter, und die Schwiegertochter wider ihre Schwiegermutter, und des Menschen Feinde werden seine eigenen Hausgenossen sein« (Matth. 10, 34—36). Das Evangelium gibt uns zwar wichtige Anleitung und Hilfe, *wie* wir Konflikte auf eine neue, nicht mehr mörderische Weise austragen; darum ist es wirklich eine Friedensbotschaft. Es läßt uns aber nicht im unklaren darüber, daß es uns nicht in ein harmonisch-friedliches, sondern in ein konfliktreiches Leben hineinführt, »auswendig Streit, inwendig Furcht«, wie Paulus einmal von sich bekennt (2. Kor. 7, 5). Wo die Kirche mit ihrer Umwelt nur in konfliktloser Harmonie lebt, muß man mißtrauisch sein. Es könnte sein, daß das ein Friede ist, der durch Verkürzung und Verfälschung des Evangeliums erkauft worden ist.

2. Das Evangelium will uns sehr mißtrauisch machen, wenn diese drei Größen, das Heilige, die Arbeitsplätze und der Gewinn zusammengefilzt werden. Es macht uns mißtrauisch gegen die Vermischung, bei der die Berufung auf die heiligsten Güter nur der Erhaltung sehr materieller Interessen dient.

3. Es will uns freimachen, kritisch gegen Inhumanität in

unserer Gesellschaft zu werden und für eine humanere Gesellschaft zu arbeiten, in der die gottgegebenen Kräfte der Menschen nicht auf den Müllhaufen der Arbeitslosigkeit geworfen werden und nicht für Arbeitsplätze verwendet werden, an denen die Arbeit dem Tode dient und der Vergiftung unserer Erde statt dem Leben.
Der Angriff des Evangeliums stört aber nicht nur die Geschäfte des Großunternehmers Demetrius, er stört auch die Ruhe der Frommen. Das zeigt sich an einer anderen Figur unserer Geschichte, an dem Juden *Alexander.* Dessen Auftreten ist so zu erklären: Die jüdischen Gemeinden waren in einer prekären Lage. Es gab damals schon Antisemitismus. In Ephesus hatten sie alles Interesse daran, sich still zu verhalten. Denn dort lebten viele Menschen von dem Heiligtumstourismus zum Diana-Tempel. Dessen Priesterschaft war, wie ein heutiger Kommentator (Ernst Haenchen) sagt, »zugleich eine Großbank mit sehr weitreichenden Beziehungen und übte die Macht des Großkapitals aus«. So war es für die jüdische Gemeinde wichtig, daß man ihren jüdischen Glauben an den Gott Israels und ihren Nicht-Glauben an die »große Majestät« der Göttin Artemis nicht als einen Angriff auf Religion und Geschäft und Gesellschaftsordnung ihrer Umwelt auffasse.
Nun kommt dieser Jude Paulus und stört dadurch, daß er den Glauben an den einen Gott Israels auch in die Heidenwelt hineinträgt, diese Toleranzvereinbarung: Wir Juden haben unseren Gott, ihr Heiden habt eure Götter; wir tun euch nichts, ihr tut uns nichts, und jeder soll nach seiner Fasson selig werden. Die Epheser halten diese neue Christengemeinde aus Juden und Nichtjuden für eine jüdische Sekte. Sie werden jetzt meinen: Nun gehen die Juden zum Angriff auf unsere Religion

und Gesellschaftsordnung vor, und das müssen wir ihnen heimzahlen! Schon ziehen einige in der Menge den Juden Alexander — wahrscheinlich ein führender Mann in der dortigen Synagoge, den sie erkannt haben — nach vorne, um ihn zu beschuldigen, und der schickt sich an, eine Verteidigungsrede zu halten, natürlich nicht eine Verteidigungsrede für Paulus und die Christengemeinde, sondern eine Verteidigungsrede über die Ungefährlichkeit der Juden. Die rasende Volksmenge aber will ihn gar nicht hören, für sie ist Jude gleich Jude, sie schreien ihn nieder mit ihrem Massensprechchor: »*Groß ist die Diana der Epheser!*«

Was ist für uns daran lehrreich? Damals haben die Juden um ihrer Sicherheit willen diese neue Gruppe von Jesusanhängern abgelehnt und gegen sie gearbeitet, und später haben Jahrhunderte lang die Christen die Juden höchst unchristlich bedrückt und verfolgt. Das ist ein Kapitel für sich, freilich ein sehr schlimmes für uns Christen. Damals aber gehörten Juden und Christen zusammen mindestens in der Sache, um die es bei dem großen Getümmel in Ephesus geht: beide halten nichts von diesen Göttern und alles von dem Gott Israels. Beider Bekenntnis ist es, was Demetrius hier — mit Worten der biblischen Propheten! — als die gotteslästerliche Lehre des Paulus denunziert: »*Was von Menschenhänden gemacht wird, sind keine Götter!*« (V. 26). Beide mteinander müssen also diesen Göttersturz verantworten, sich zu ihm bekennen und leidensbereit dazu stehen. Nun aber, um ihrer Ruhe willen, solidarisiert sich die jüdische Gemeinde nicht mit dieser Christus-Gruppe, nicht mit Paulus, sondern distanziert sich von ihnen — und damit von ihrem eigenen Bekenntnis.

Alexander mit seiner jüdischen Gemeinde repräsentiert

hier das, was wir in der Kirche immer wieder erlebt haben, auch im Kirchenkampf und auch heute überall auf Erden, wo das Evangelium offensiv vorgetragen wird gegen die Knechtung von Menschen unter vergöttlichte Mächte und gegen die Vermischung von Religion und Profit. Sie repräsentieren den Teil der Gottesgemeinde, der seine Ruhe haben will, der sich in seinen tolerierten Winkel zurückgezogen hat und die Konflikte vermeiden will, in die das Evangelium uns bringt. Das Evangelium aber ist Angriff auf unsere Knechtungen und auf alle knechtenden Mächte, und ein Evangelium, das nicht mehr angreift, ist nicht mehr Freuden- und Freiheitsbotschaft für alle Menschen, also auch für die anderen um uns her, sondern ist verwandelt in eine Religion des Egoismus: Glauben im Winkel, der sich nur um die eigene Seligkeit kümmert.

Nun noch zur dritten Gestalt in dieser Geschichte, zu dem, der den ganzen Wirbel verursacht hat, zu *Paulus.* Er tritt gar nicht auf; er sitzt verborgen in einem Haus, umgeben von seinen Leuten, von den neugewonnenen Glaubensgenossen, die ihn beschwören, er habe sich schon genug exponiert und solle sich nicht dem Haß der aufgepeitschten Masse aussetzen. Dann wird die Masse von anderer Seite, von den Vertretern der Staatsbehörde, aufgefordert, den ordentlichen Rechtsweg zu beschreiten und nicht durch Tumulte das Einschreiten der Polizei zu provozieren, und nachdem daraufhin Beruhigung eingetreten ist, verläßt Paulus die Stadt, um anderwärts sein Missionswerk fortzusetzen.

Das will uns nicht imponieren; denn das sieht nicht sehr heroisch aus. Und doch, gerade darin scheint es für uns lehrreich zu sein, nicht um Paulus unter allen Umständen zu verteidigen, wohl aber, um auch ihm gerecht zu werden und dadurch von ihm zu lernen. Von Jesus wie von Paulus hören wir, daß sie sich zuweilen verbergen und der Gefahr entziehen. Das heißt doch erstens: Wir sollen *in* der Gefahr, *in* der Verfolgung unseren Mann und unsere Frau stehen und dafür um Kraft und Bekennermut bitten. Das ist das Gebot Gottes. Nicht aber ist es das Gebot Gottes, Abenteurer zu sein, die Gefahr um der Gefahr willen aufzusuchen, tollkühn uns in die Verfolgung zu stürzen oder sie zu provozieren. Nicht der ist feige, der sich der Verfolgung entzieht, wo es ohne Verleugnung möglich ist, sondern der ist feige, der durch Verleugnen, durch Verschweigen und Unterlassen dessen, was er sagen und tun soll, die Verfolgung vermeidet, und ebenso der, der sich von den Verfolgten distanziert und damit seine eigene Sache verrät.

Und zweitens: Es gibt zweierlei Provokationen: die Provokation durch unser Verhalten und unsere Manieren, und die Provokation durch die Sache. Paulus hat die Provokation durch die Sache nicht gescheut. Er hat Menschen weggerufen von den sie versklavenden Mächten zur Freiheit durch die Liebe des lebendigen Gottes. Diese Provokation hat er eingepflanzt und verankert in die Stadt Ephesus durch die Sammlung der dortigen Gemeinde. Diese Provokation wird bleiben, auch wenn er geht. Dafür hat er hier und an vielen Orten sein Leben riskiert und schwere Mißhandlungen bis schließlich zum Märtyrertod in Rom auf sich genommen. Hätte er jetzt sich von seinen Genossen nicht zurückhalten lassen, wäre er zu diesem wilden Volksauflauf gegangen, so wäre er niedergeschrieen worden wie jener Alexander, vielleicht auch gelyncht worden. Das Evangelium hätte ihn, den Apostel, der es von einer Stadt zur anderen trug, verloren, aber das Evangelium hätte durch diese Provokation nichts gewonnen. Das ist eine Vernunftüberlegung, und ein Beispiel, daß unsere Vernunftüberlegungen durch das Gebot des Zeugnisses und des Bekennens nicht aus-, sondern gerade eingeschaltet werden. Wir sollen nicht blinde, sondern vernünftige Zeugen sein. Wir sollen die Konflikte nicht scheuen, wir sollen sie aber auch nicht durch unüberlegtes Verhalten oder gar mit Absicht provozieren. Es muß die uns aufgetragene Sache selber sein, die den Konflikt provoziert, und erst daran wird sich zeigen, ob es ein unvermeidlicher, nötiger Konflikt ist oder einer, den wir hätten vermeiden können und sollen.

Der Maßstab wird immer die Liebe sein. Wollen wir durch die Christusbotschaft den Menschen helfen, oder wollen wir sie ärgern? Wollen wir ihnen helfen, dann werden wir sie ihnen liebevoll sagen und liebevoll tun, was die Botschaft uns gebietet, und das Ärgernis, den Konflikt vermeiden, solange es ohne Verleugnung geht. Wir wollen ja den Menschen aus Schuld und Leid heraushelfen, nicht sie noch zusätzlich mit Schuld beladen.Darum bitten wir den Herrn, der uns in die Welt sendet, um Mut, Leidensbereitschaft und festes, aufrechtes Stehen und kühnes Wagen — und zugleich um Ruhe, Liebe, Klugheit und Vernunft, alles für den schönen Auftrag des Evangeliums, der Botschaft der Freude, der Freiheit, des Friedens.

ABSCHIEDSWORTE FÜRS WEITERMACHEN

Aber von Milet sandte er nach Ephesus und ließ die Ältesten der Gemeinde rufen. Als diese zu ihm kamen, sprach er zu ihnen: Ihr wißt, wie ich mich vom ersten Tag an, als ich in die Provinz Asien gekommen bin, die ganze Zeit über bei euch verhalten habe, wie ich dem Herrn gedient habe in aller Demut, mit Tränen und unter Anfechtungen, die ich durch die Nachstellungen der Juden erlitten habe. Ich habe euch nichts vorenthalten, was nützlich ist, sondern habe es euch alles verkündigt und gelehrt, öffentlich und in den Häusern, und habe Juden und Griechen die Umkehr zu Gott und den Glauben an unsern Herrn Jesus bezeugt. Und nun siehe, als Gefangener des heiligen Geistes reise ich nach Jerusalem, und ich weiß nicht, was mir dort begegnen wird, nur daß der heilige Geist in allen Städten mir bezeugt, daß Gefangenschaft und Bedrängnisse auf mich warten. Aber nach meinem Leben frage ich nichts, wenn ich nur meinen Lauf vollende und den Dienst tue, der mir von dem Herrn Jesus anvertraut wurde,nämlich das Evangelium von der Gnade Gottes zu bezeugen. Und nun siehe, ich weiß, daß ihr mein Angesicht nicht mehr sehen werdet, ihr alle, zu denen ich hingekommen bin und das Reich gepredigt habe. Darum bezeuge ich euch am heutigen Tage, daß ich nicht schuldig bin, wenn einer von euch verloren geht; denn ich habe es nicht unterlassen, euch den ganzen Ratschluß Gottes zu verkündigen. So gebt nun acht auf euch selbst und auf die ganze Herde, zu deren Hirten euch der heilige Geist eingesetzt hat, damit ihr die Gemeinde Gottes weidet, die er durch das Blut seines eigenen Sohnes erworben hat. Denn das weiß ich, daß nach meinem Abschied reißende Wölfe zu euch kommen, die die Herde nicht verschonen werden. Auch aus eurer Mitte werden Männer aufstehen, die Verkehrtes lehren, um die Jünger an sich zu ziehen. Darum seid wachsam und denkt daran, daß ich drei Jahre lang Tag und Nacht nicht aufgehört habe, einen jeden unter

Tränen zu ermahnen. Und nun befehle ich euch Gott und dem Wort seiner Gnade, der die Macht hat, euch zu erbauen und euch das Erbteil zu geben mit allen, die geheiligt sind. Ich habe weder Silber noch Gold noch Kleidung begehrt. Denn ihr wißt selber, daß diese Hände für meinen Unterhalt und für den meiner Begleiter gesorgt haben.Ich habe euch in allem gezeigt, daß man so arbeiten und sich der Schwachen annehmen muß im Gedenken an das Wort des Herrn Jesus, der selbst gesagt hat: Geben ist seliger als Nehmen.
Und als er das gesagt hatte, kniete er nieder und betete mit ihnen allen. Alle begannen laut zu weinen, und sie fielen Paulus um den Hals und küßten ihn; am allermeisten waren sie betrübt darüber, daß er gesagt hatte, sie würden sein Angesicht nicht mehr sehen. Und sie geleiteten ihn auf das Schiff.

Apg. 20, 17—38

I.

Dies ist ein letztes Wort beim Abschied auf Nimmerwiedersehn: »*Ihr werdet mein Angesicht nicht mehr sehen, ihr alle*« (V. 25). Letzte Worte eines geliebten Menschen hören wir mit gesammelter Aufmerksamkeit, als sei in ihnen ihr ganzes Leben zusammengefaßt. Diejenigen, die beim Sterben dabei waren, fragen wir: »Was hat er zuletzt noch gesagt?« und sind betrübt, wenn der letzte Worthauch nicht mehr zu verstehen gewesen war oder wenn einer nichts mehr hat sagen können. Wenn einer aber beim vollen Bewußtsein einen Abschiedsbrief hat schreiben können, dann ist uns das sein wichtigstes Vermächtnis. Vor 25 Jahren habe ich mit zwei Freunden einen Band mit solchen Abschiedsbriefen herausgegeben, die von Menschen geschrieben worden sind, die in der Hitlerzeit wegen des Bekenntnisses zu ihrem Glauben oder zu ihrer politischen Verantwortung umgebracht worden sind (»Du hast mich heimgesucht bei

Nacht«, hg. von H. Gollwitzer, Käthe Kuhn, Reinhold Schneider; Gütersloher Taschenbücher, Nr. 9). Man spürt diesen Briefen an, wie im Angesicht des Todes der Geist des Schreibers sich sammelt, jedem seiner Lieben, zu denen er zum letzten Mal spricht, mit ganzer Seele sich zuwendet, wie er in wenigen, einfachen Worten zusammenfaßt, was er als das Wichtigste im Leben erfahren und erkannt hat, und wie dadurch jedes Wort gefüllt ist mit unermeßlicher Bedeutung.

Lukas ist in seinem Bericht über die letzte Missionsreise des Apostels Paulus nun an dem Tage angelangt, an dem Paulus Abschied nimmt von seinen Gemeinden, um nach Jerusalem zu gehen. Diesmal faßt er diesen Entschluß nicht aufgrund einer Vernunftüberlegung, wie wir sie vor 14 Tagen bei seinem Verhalten während des Aufruhrs des Demetrius in Ephesus in Erwägung gezogen haben, sondern jetzt in einer höheren Notwendigkeit, unter einem »Muß«, das gebieterisch über ihm steht: *»durch den Geist«* (V. 32). Es treibt ihn unwiderstehlich nach Jerusalem, in die Gottesstadt, die heilige und mörderische, die »tötet die Propheten und steinigt, die zu ihr gesandt sind« (Matth. 23, 37), in die Stadt, in die sein Herr Jesus ebenso *»gebunden durch den Geist«* gezogen ist, um dort sich zum Opfer zu bringen, um dort getötet zu werden. Dorthin treibt und zieht es nun auch Paulus, und der gleiche Geist hat ihm *»von Stadt zu Stadt«* gesagt, daß *»Gefangenschaft und Bedrängnisse dort auf mich warten«* (V. 23). Lukas hat natürlich kein Stenogramm oder Manuskript der Abschiedsworte des Apostels; er faßt diese Rede aus allem, was er von der Verkündigung des Paulus weiß, zusammen, und so wird es nun wirklich eine gesammelte, aufs Wichtigste konzentrierte Abschiedsrede, ein Rückblick aufs Lebens-

werk und ein Vorblick, wie es mit diesem Werke weitergehen wird.
Paulus spricht zu denen, die als erste für das neue Leben gewonnen worden sind, und die nun die größer und zahlreicher gewordenen Gemeinden repräsentieren und leiten. Wenn diese Gemeinden hier »*Herde*« genannt werden, so soll euch das nicht stören, als sei eine willenlose, dumme Schafherde gemeint. Diese ersten christlichen Gemeinden waren alles andere als eine Schafherde. Jeder einzelne Christ war gerade durchs Evangelium ein sehr selbständiger Mensch geworden und mußte in seiner heidnischen oder jüdischen Umgebung sein neues Leben jeden Tag auf selbständige Weise bewähren. Deshalb hatte die Verwendung des aus der Tradition stammenden Ausdrucks »Herde« damals nichts Mißverständliches oder Abwertendes an sich.
Jede Gemeinde muß sich aber eine Ordnung geben und dabei auch einige beauftragen, die in dieser Ordnung besondere Dienste übernehmen. Diejenigen, die für den ganzen Gemeindebetrieb, besonders für die Veranstaltungen und Versammlungen die Verantwortung hatten, hießen »*Aufseher*«, episkopoi, daher unser Wort Bischöfe. Unsere Presbyter, unser Gemeindekirchenrat, sind also unsere Bischöfe. Das dürfen wir nie vergessen, ohne daß wir damit unserem verehrten Bischof Martin Kruse Abbruch tun in seiner besonderen, großen Verantwortung. Daß wir heute eine bischöfliche Spitze in den Landeskirchen haben, ändert nichts daran, daß alle Presbyter Bischöfe sind, und daß jede Gemeinde berufen ist, nicht eine Herde von dummen, nachlaufenden Schafen zu sein, sondern eine Gemeinschaft von selbständigen, selbstverantwortlichen, mündigen Christen.

II.

Paulus blickt zurück auf sein Werk.Dies Werk war nicht das Unternehmen eines Genies, eines selbsternannten Führers und Religionsstifters. Es war *»ein Dienst, den ich vom Herrn Jesus empfing«* (V. 24). Worin bestand dieser Dienst? Der Dienst war eine Botschaft: *»die frohe Botschaft von der Gnade Gottes«* (V. 24). Ihr Inhalt wird von Paulus mit kurzen, alles zusammenfassenden Stichworten angegeben: *»Umkehr zu Gott und Vertrauen auf unseren Herrn Jesus«* (V. 21), *»der ganze Ratschluß Gottes«* (V. 27), oder, wie er mit einem großen Worte sagt: *»das Reich«* (V. 25). Das Reich Gottes, angekündigt von den Propheten, Mensch geworden mitten unter uns in dem Kommen Jesu, des Messias, unseres Bruders und Herrn, das Reich der lebenspendenden Gnade für alle Menschen, das ist »der ganze Wille, der ganze Ratschluß Gottes«: das neue Leben, das sich jetzt ausbreiten will. Dieses neue Leben will und kann aus alten Menschen, die nach ihrem eigenen Willen egoistisch leben und dadurch sich selbst und andere kaputtmachen, Menschen machen, die nach dem Willen Gottes leben, die aus Angst, Einsamkeit und Egoismus zu Freude und Hoffnung und zu einem Leben für andere Menschen gekommen sind und eine Luft der Gnade um sich verbreiten.

Dieser Dienst hat Paulus *»Tränen und Anfechtungen«* (V. 19) eingetragen, und er wird ihm in Jerusalem wiederum *»Gefangenschaft und Bedrängnis«* bringen und in Rom den Tod. Aber dieser Dienst war ein freudiger Dienst. In ihm ist Paulus nicht allein geblieben, sondern hat Menschen für das gleiche neue Leben gewonnen, die in zärtlicher Liebe und Dankbarkeit an ihm hängen, was sich daran zeigt, daß sie nun erschüttert und betrübt sind durch seine Ankündigung, sie würden ihn nicht wiedersehen, und mit Klagen und Küssen und Tränen von ihm Abschied nehmen.

III.

Paulus aber fühlt nicht nur den Schmerz dieses letzten Abschieds. Mehr noch bewegt ihn der Vorblick auf den weiteren Weg der Gemeinde. Er hat nicht die Illusion, ihr Leben werde ein Idyll sein, geschützt von der Obhut Gottes oder beifällig aufgenommen oder wenigstens liberal toleriert von der Umwelt, oder es werde gar ein glatter Siegesweg sein. Im Gegenteil! Er weiß diese Gemeinde unter dem Schutz Gottes — und zugleich bedroht von den härtesten Gefahren, und zwar von außen wie von innen. »*Ich weiß, daß nach meinem Weggang wilde Wölfe zu euch kommen werden, die die Herde nicht schonen; auch aus eurer eigenen Mitte werden Männer auftreten, die verkehrte Dinge reden, um die Jünger in ihre Gefolgschaft zu ziehen*« (V. 29f). Ihr könnt euch denken, wie aktuell diese Worte im Kirchenkampf während der Nazizeit für uns klangen, als sie sich wörtlich erfüllten: die wilden Wölfe der Gestapo und der Partei von außen, und in unserer Mitte selbst die Irrlehre der »Deutschen Christen«, die die Bischofsstühle besetzten und die Macht in der Kirche an sich rissen, und fast schlimmer noch die vielen Pfarrer und Gemeindeglieder, die sich neutral hielten, die sich mit dem Feind arrangierten, die die Verfolgten im Stiche ließen, um selbst mit heiler Haut davonzukommen. Und wie damals bei uns, so geht es auch heute überall, wo das neue Leben öffentliches und tätiges Bekennen des Glaubens und der Liebe von uns fordert, im kommunistischen Osten wie im scheinchristlichen und scheinfreien Westen. »Macht euch keine Illusionen«, sagt Paulus, »der Schutz Gottes wird euch nicht fehlen. Aber der Schutz Gottes schützt euch nicht *vor* der äußeren Verfolgung und nicht *vor* der inneren Verwirrung. Er schützt euch *in* der Verfolgung und Verwirrung. Er hilft euch, *in* der Verfolgung standhaft und leidensbereit zu sein, und er hilft euch, *in* der Verwirrung Wahrheit und Lüge zu erkennen und zu unterscheiden.« Darum ist Glauben nicht ein sanftes Ruhekissen, nicht Schlafen und Ruhe haben oder haben wollen. Glauben heißt praktisch: im Vertrauen auf Gottes Schutz wachsam sein nach außen und nach innen, Nüchternheit an Stelle von beruhigenden Illusionen, kritisch werden, nicht auf alles hereinfallen, was schön klingt, nicht alles für christlich halten, was sich christlich gibt und mit christlichen Worten sich schmückt.

Sagt Paulus zu diesen Bischöfen: »*Habt acht auf euch selbst und auf die ganze Herde!*« (V. 28), so meint er damit keineswegs, sie sollten alles tun, um die Gemeinde vor Verwirrung zu bewahren. So kann man es heute manchmal hören. Von allerlei theologischen und politischen Auffassungen wird gesagt, man müsse sie von den Gemeinden fernhalten, damit die Gemeinden nicht verwirrt würden. Das muß man vielleicht bei einem Kindergarten tun, nicht aber bei einer christlichen Gemeinde; denn eine christliche Gemeinde ist kein Kindergarten, oder sie ist keine christliche Gemeinde. Daß solche verwirrenden Auffassungen entstehen, das ergibt sich aus dem ganzen geistigen und sozialen Leben, und daraus, daß unsere Köpfe zwar durch den Heiligen Geist, nicht aber durch menschliche Gewalt bei der Wahrheit des Evangeliums gehalten werden können. Noch ein-

mal: nicht vor der Verwirrung sollen die Bischöfe die Gemeinde schützen, sondern in der Verwirrung sollen sie ihr helfen, die Wahrheit zu erkennen und bei der Wahrheit zu bleiben.
Paulus meint auch keineswegs, die Bischöfe sollten sich selbst als die Garanten der Wahrheit und der reinen Lehre hinstellen und die Gemeinde anhalten, ihnen recht wie eine Herde in blindem Gehorsam nachzufolgen, dann werde schon alles gutgehen. Paulus sagt ja ausdrücklich: »*Habt acht auf euch selbst!*«, denn »*die Männer, die Verkehrtes reden, um die Jünger in ihre Gefolgschaft zu ziehen*«, können durchaus, wie oft genug erfahren, auch Bischöfe, führende Leute in der Kirche sein. Das rechte »Achthaben« eines Bischofs, eines Pfarrers, eines Presbyteriums wird vielmehr darin bestehen, selber immer neu und immer tiefer in die Wahrheit des Evangeliums einzudringen und sich also nicht nur mit Verwaltungsaufgaben zu beschäftigen, und die Gemeinde anzuleiten zum Selber-Denken, zu eigenem kritischen Erkennen und Unterscheiden von Wahrheit und Lüge, damit die Gemeinde auch sie, die Bischöfe, Prediger, Presbyter, auch ihre leitenden Leute am Maßstab des Evangeliums messen, beurteilen und zurechtrufen kann. Jeder Christ muß ein Theologe sein. Das war damals so, als die sehr verführerische gnostische Irrlehre in der Zeit des frühen Christentums den Christen imponierte; wäre sie nicht als Irrlehre erkannt und ausgeschieden worden, so wäre die Kirche weggeführt worden vom Gotte Israels und vom gekreuzigten Jesus, zu allerlei hochintellektuellen Spekulationen und Philosophien. Sehen heute die Gefahren auch anders aus, so ist doch gleiche Wachsamkeit geboten.
Das heißt freilich nicht, wir sollten das Denken in der

Kirche uniformieren und alle hinausschmeißen, die vom Evangelium in einer anderen Sprache reden als in der altgewohnten, oder die aus dem Evangelium andere praktische und politische Konsequenzen meinen ziehen zu sollen als wir. Der vielbeklagte Pluralismus der Kirche muß nicht schlecht sein. Er kann auch ein Zeichen der christlichen Freiheit sein. Jedenfalls aber ist er eine Aufforderung an uns alle, ständig Wahres und Falsches zu unterscheiden und einander darin zu helfen, und dafür müssen wir uns ausrüsten durch immer tieferes Eindringen in das Evangelium, wie die Zeugen Gottes, die Propheten und Apostel, es empfangen und uns überliefert haben.

IV.

Was tut ein Vater, eine Mutter beim letzten Abschied, sorgenvoll vorausblickend auf den weiteren Weg der geliebten Kinder? Wenn sie recht beraten sind, zweierlei:
1. Sie geben den Kindern als Vermächtnis mit, was sie selbst als recht und wahr und Gott gemäß erkannt haben, vielleicht in Aufzeichnungen, vielleicht in einem Abschiedsbrief, vielleicht nur in der Erinnerung. Eine Überlieferung also, wie sie der Kirche mitgegeben worden ist durch die Aufzeichnungen der Propheten und Apostel. Solche Überlieferungen sind die menschliche Hilfe, die wir für die Nachkommenden tun können und tun sollen, und als Nachkommende sollen wir solche Überlieferungen nicht verachten, sondern aus ihnen herausholen, was uns für Gegenwart und Zukunft wegweisend sein kann.
2. Alle Eltern können aber ebenso wie der Apostel wissen, daß die Kinder, die Nachkommenden, ihren eige-

nen Kopf haben und ihre eigenen Wege gehen werden und gehen müssen, und daß sie, die Eltern, die Kinder dann nicht mehr werden leiten und schützen können. Die Überlieferung ist dafür eine unentbehrliche, aber nicht genugsame Hilfe; man kann sie heranziehen, und man kann sie weglegen und man kann sie auch nach dem eigenen Kopf uminterpretieren. Darum wenden sich wohlbelehrte Eltern, wenn sie ihre Kinder verlassen müssen, zu dem, der der rechte Vater über alle Eltern und Kinder ist, und befehlen ihm ihre Kinder an, froh, daß sie das tun dürfen, froh, daß Gottes Macht uns verheißen ist, wo unsere Macht zu Ende ist.

So tut es nun auch Paulus: »*Jetzt befehle ich euch Gott und dem Wort seiner Gnade, das die Kraft hat aufzubauen und das Erbe zu geben denen, die geheiligt werden*« (V. 32). Wenn wir uns so verhalten, dann söhnt uns das aus mit der Grenze, an der wir spätestens beim Sterben angelangt sind, mit der Grenze unserer Möglichkeiten, mit der Grenze unserer Fürsorge für die, die uns lieb sind. Diese Grenze ist eine heilsame Demütigung: nicht wir regieren die Welt; wir regieren auch nicht unsere Kinder, auch nicht die Kirche Jesu Christi. Mit dieser demütigenden Grenze söhnt uns der aus, der sie uns zieht: »Alle eure Sorge werft auch mich; *ich* sorge für euch, für eure Kinder, für die Kirche und für diese ganze arme Menschheit.«

Dies ist das Letzte, was Paulus, was wir alle tun können an der letzten Grenze. Es ist aber noch nicht sein allerletztes Wort. Wenn wir wie bei einem Verstorbenen fragen: »Was hat er denn als Allerletztes gesagt?«, dann würden wir bei Paulus vielleicht erwarten eine Mahnung, am Glauben festzuhalten oder einen Dank an Jesus. Lukas aber erzählt uns bemerkenswerterweise als allerletztes Wort — eben wie das letzte Wort, das ein Sterbender, die letzten Kräfte zusammennehmend, von seinen Lippen haucht, um uns die Quintessenz seiner Lebenserfahrung mitzuteilen: »*Geben ist seliger als Nehmen.*«

HOFFNUNG ZUGUNSTEN DER HOFFNUNGSLOSEN

Nun wir denn sind gerecht geworden durch den Glauben, so haben wir Frieden mit Gott durch unsern Herrn Jesus Christus, durch welchen wir im Glauben den Zugang haben zu dieser Gnade, darin wir stehen, und rühmen uns der Hoffnung der zukünftigen Herrlichkeit, die Gott geben wird. Nicht allein aber das, sondern wir rühmen uns auch der Trübsale, weil wir wissen, daß Trübsal Geduld bringt; Geduld aber bringt Bewährung; Bewährung aber bringt Hoffnung; Hoffnung aber läßt nicht zuschanden werden; denn die Liebe Gottes ist ausgegossen in unser Herz durch den heiligen Geist, welcher uns gegeben ist.

Röm. 5, 1—5

»Zur Hoffnung berufen« — die Kirchentagslosung 1979: höchst aktuell für jeden von uns und keineswegs nur eine fromme Bibelformel. Wie einer an der Universität auf eine Professur berufen wird, um damit im Universitätsleben eine wichtige Stelle einzunehmen und einer zu sein, der Wichtiges zu sagen hat und auf den zu hören sich lohnt, so habt ihr, die Christen, die Jesus-Gruppe, eine Berufung bekommen, um mitten unter den Menschen eine wichtige Stellung einzunehmen, um Leute zu sein, von denen Hoffnung ausgeht. »Nur um der Hoffnungslosen willen ist uns die Hoffnung gegeben«, lautet ein vielzitiertes Wort von Walter Benjamin, einem der tiefsten Denker unseres Jahrhunderts. Man muß natürlich selber ein Mensch mit Hoffnung geworden sein, um an Hoffnungslose Hoffnung weitergeben zu können. Zum Weitergeben aber wird uns Hoffnung mitgeteilt und nicht dazu, daß wir nur für uns selber Hoffnung haben und die anderen in ihrer Hoffnungslosigkeit verkommen lassen. Hoffnung steht im Gegensatz zur Resignation. Dieser Gegensatz geht mitten durch uns hindurch. Er teilt die Menschen heute in Hoffende und Resignierte, und er schneidet unser Inneres entzwei in den Kampf zwischen Hoffnung und Resignation, der so oft in uns stattfindet, bei dem so oft die Resignation den Sieg behält. Es ist ein Gegensatz, der unser Leben in Frage stellt. Denn ohne Hoffnung kann man nicht leben; Leben ist Hoffen. Dum spiro, spero (während und solange ich atme, hoffe ich). Aber das Leben, das Hoffen wird unterwandert und zersetzt von der Resignation. Ungezählte stehen morgens auf und erhoffen sich nichts mehr vom neuen Tag. Jungen Menschen steigen auf immer härtere Drogen um, weil sie von der Zukunft sich nichts mehr erhoffen und darum wenigstens den augenblicklichen Genuß haben wollen und bereit sind, ihn mit ihrem wertlosen, weil zukunftslosen Leben zu bezahlen. Altsein heißt für ungezählte Menschen Verlust aller Hoffnung, Dahinvegetieren auf den letzten Atemzug zu. Leblose, weil Hoffnungslose umgeben uns auf allen Seiten; früher hatten sie Hoffnungen, aber die haben getrogen, jetzt schauen sie bitter auf ihre früheren Illusionen zurück. Das Leben beginnt mit Hoffnungen und endet mit Hoffnungslosigkeit und hat sich also nicht gelohnt.

Eine hoffnungsvolle Schau voraus in die Zukunft, die nicht betrügt, nicht als Illusion, als Seifenblase zerplatzt, nicht »*zuschanden macht*«, bei der man also nicht schließlich blamiert dasteht — darauf käme es an. Wer zu einer solchen Hoffnung berufen wird, der kann ein Lebenselement sein, als Lebenselement wirken auf die gelähmten Alten und Jungen um ihn her, als Lebenselement auch für die guten Hoffnungen, durch die die

Menschen bewogen werden zu allerlei guten Bestrebungen, zu Aktionen für die Notleidenden, zum Kampf für eine menschlichere Gesellschaft, zum Kampf gegen Rüstung und Krieg am heutigen Anti-Kriegs-Tag, zum Kampf gegen Tyrannei wie jetzt in Nicaragua — gute Bestrebungen und Hoffnungen, die doch so oft niedergeknüppelt und enttäuscht werden.
»Kann Hoffnung enttäuscht werden?« war das Thema von Ernst Blochs erster Vorlesung in Tübingen, als er 1961 vom Osten nach dem Westen übersiedelte. O ja, sie kann bitter enttäuscht werden. Einige von uns kämpften gegen Hitler — und er kam doch zur Macht. Wir hier in Dahlem hofften auf eine tiefgreifende Erneuerung unseres Volkes durch die Niederlage hindurch — und dann war die Änderung doch nur ziemlich oberflächlich, und statt ihrer Friedensvorsätze stehen die Miltärblöcke heute einander gegenüber, bereit zu schlimmerer Vernichtung, als Hitler sie vermochte. Mit großen Hoffnungen erhoben sich die Studenten vor zehn Jahren — und heute umgibt mich an der Universität vielfach bleierne Müdigkeit, Resignation und Mutlosigkeit, ein Lern- und Wissenschaftsbetrieb ohne Hoffnungsperspektive. Generationen lang haben die Menschen vor uns auf den Fortschritt der Menschheit gehofft — und heute scheint uns statt dessen die Menschheit in Barbarei zu versinken. Das alles waren gute, nicht falsche Hoffnungen, und gut war es, sich für sie einzusetzen. Aber alle diese Hoffnungen können enttäuscht werden. Wir brauchen die Erfahrung einer Hoffnung, die uns nicht im Stiche läßt, damit wir der Erfahrung der Enttäuschung guter und großer Hoffnungen gewachsen sind, damit wir die Kraft haben, trotz der Enttäuschung weiter einzutreten für den Inhalt der enttäuschten Hoffnungen.

Das ist die Berufung der Christen: Lebenselement gegen die Resignation. Unsere Hoffnung, die Gotteshoffnung, steht nicht *gegen* die Hoffnungen, von denen ich soeben gesprochen habe. Das Evangelium ruft uns nicht von diesen Hoffnungen weg. Es sagt uns nicht: Laßt die Hoffnung auf soziale Gerechtigkeit und Frieden, auf Befreiung von Unterdrückung, auf Überwindung der Welt der Kriegsgefahr, des Rüstungswahnsinns und des Welthungers fahren und hofft nur noch für euch selbst aufs ewige Leben! Das Evangelium sagt uns im Gegenteil: Berufen zu einer Hoffnung, die euch nie blamieren wird, sollt ihr beteiligt sein an diesen guten Bestrebungen und Hoffnungen, mitarbeiten in dieser Welt an der Verwirklichung guter Hoffnungen, ein stärkendes Lebenselement für die, die sich dafür einsetzen, und zwar gerade dadurch, daß ihr durch eine Hoffnung, die nicht enttäuscht, geschützt seid vor der Resignation, unabhängig werdet von Erfolgserlebnissen, treu und zäh an der guten Sache bleiben könnt, auch wenn die Hoffnung auf sichtbare Erfolge enttäuscht wird.

»*Wir*« sagt Paulus, wir sind so dran. Wir haben die Ausrüstung, um ein solches Lebenselement zu sein. Unsere Hoffnung hat ein Rückgrat, das nicht brechen kann. Unsere Hoffnung legt uns nicht herein. Nie werden wir mit ihr blamiert dastehn. In alle Ewigkeit wird es keinen Augenblick geben, wo sie widerlegt und durchgestrichen würde durch eine schlimmere, enttäuschende Wirklichkeit. Nie werden wir es bereuen, uns auf sie eingelassen, uns auf sie verlassen zu haben. Woher hat er diese Gewißheit?

Er sagt es uns in diesem Textabschnitt, und als Auskunft über die Frage, woher er die Gewißheit seiner Hoffnung hat, und woher er diese Hoffnung uns mit solcher Gewißheit als unsere Berufung zusprechen kann, könnte ihr diese Verse verstehen. Wohlgemerkt: er gibt in ihnen nicht etwa einen Beweis für seine Hoffnung an, den man von außen nachprüfen könnte, bevor man sich entscheidet, mitzuhoffen. Er sagt nur, aber deutlich, woher faktisch die Berufung zur Hoffnung ihn und die Gemeinde Jesu Christi, an die er schreibt, erreicht hat, wodurch faktisch ein Hoffnungsleben, das als Lebenselement in eine hoffnungslose Zeit hineinwirken kann, entstanden ist. Er sagt: Wir sind Jesus begegnet — oder besser: er ist uns begegnet —, und damit ist eine ganz unwahrscheinliche Geschichte von Erfahrungen in Gang gekommen, eine Geschichte, die Paulus in diesen Versen rekapituliert: Jesus von Nazareth hat uns durch seinen Geist deutlich gemacht, daß er mit seinem Leben, Sterben und Auferstehen die endgültige Offenbarung ist, das heißt die Botschaft der letzten Wahrheit und Wirklichkeit, die Botschaft der letzten Instanz, die über die Welt und jeden einzelnen von uns das letzte Urteil spricht, an uns und für uns, das letzte, entscheidende Wort über unser Leben, und zwar ein rundherum positives Wort: Jesus = es steht gut mit uns. Gott denkt uns Frieden zu, volles Heil. Uns Mißtrauische, die wir mit Grund keinem anderen und nicht einmal uns selbst über den Weg trauen können und erst recht nicht der Zukunft, dem Schicksal, der Natur und den Sternen — uns Mißtrauische ermächtigt er zum Vertrauen, zum Vertrauen darauf, daß Gott, die letzte Instanz, er, der allein wirklich das Sagen hat, es gut mit uns meint. Unsere Kniee knicken uns ein vor Müdigkeit, wir liegen am Boden und kommen vor Resignation nicht mehr in die Höhe; er aber richtet uns auf, so daß wir stehen können. Gnade macht *Stehende,* Gnade macht aufrecht stehende Menschen.

Die Tür macht er auf zum Zugang zum letzten Geheimnis der Welt, des Lebens und des Schicksals. Gott ist Geheimnis, ja, aber nicht ein finsteres, verschlossenes, unzugängliches Geheimnis. Gott hat eine Stimme und ein Ohr; er läßt sich hören, und er kann uns hören. Gott ist *Herrlichkeit,* ja, aber nicht eine Herrlichkeit für sich, weit weg, hoch und gleichgültig über unserem Elend, unzugängliches Licht über unserer Finsternis, sondern herabkommende Herrlichkeit, Herrlichkeit für uns. Wir sind auf dem Wege zum Anteil an seiner Herrlichkeit. Wagen wir es, ihm zu vertrauen und im Vertrauen auf ihn unserer Berufung gemäß zu leben, dann wird unser Leben ein Gehen hin zu seiner Herrlichkeit.

Das ist der Inhalt des Namens Jesus Christus: ein Hoffnungsname, ein Hoffnungsinhalt. Und nun gehen wir mit dieser Hoffnung wohin? Nicht direkt in den Himmel hinein, sondern weiter in das irdische Leben hinein, und das heißt, in die *Bedrängnisse* hinein, also in die Hoffnungen, die enttäuscht werden können, hinein, in die Kämpfe hinein, in die er uns schickt als seine Jünger, in die friedlose Welt hinein als Friedensstifter, in die Solidarität mit den Hungernden und Geknechteten und Gefangenen hinein, bei denen er auf uns wartet und bei denen allein er für uns zu finden ist, und wir jammern nicht mehr, wie bedrängt er unser Leben macht, und wir jammern nicht mehr über die Niederlagen und Enttäuschungen. Wir sind stolz darauf, daß wir auf seinem Weg dabei sein dürfen, daß er uns brauchen kann für seine in dieser Welt von allen Seiten bedrängte Sache. Sein Geist hilft uns, nicht schlapp zu machen trotz aller Enttäuschungen. Es ist ein Lernprozeß. Wir lernen Zähigkeit und *Ausdauer.* Die Widerstände und Gefahren können uns nicht mehr imponieren. Zu Boden geschlagen stehen wir immer wieder auf, und am Grabe noch richten wir die Hoffnung auf. Wir erfahren, daß wir mehr aushalten können, als wir gedacht haben. Was uns nicht umbringt, macht uns stärker. Wider Erwarten bewähren wir uns, weil er uns bewahrt, und aus allen diesen Erfahrungen entsteht die Hoffnung, die uns auf diesen Weg geführt hat, aufs neue, immer kräftiger, eine nicht mehr umzubringende Hoffnung, eine Hoffnung, die durch den Druck der Bedrängnisse hindurchgegangen ist und nicht mehr enttäuscht werden kann. Nicht wir werden blamiert dastehen, sondern alle die, die sie haben umstoßen und widerlegen wollen, und alle die, die meinten, ohne sie auskommen zu können. Der Weg der Liebe, mit der Gott unsere Herzen ergriffen und uns in die Bedrängnisse hineingeführt hat, ist der Weg einer Hoffnung, die nicht enttäuscht werden kann und nicht enttäuscht werden wird.

Als solche Hoffnungsgruppe von Hoffnungsmenschen sind wir Jesus-Leute von unermeßlicher Wichtigkeit für alle die Hoffnungslosen um uns her, für die, die sich gar nichts mehr erhoffen vom Leben als kurzen Drogengenuß oder — und das ist nicht besser, denn das geht auch nach dem Spruch: Laßt uns essen und trinken, denn morgen sind wir tot! —, als Karrieremachen und Sich-den-Bauch-voll-Schlagen und Reichwerden auf Kosten anderer, rücksichtslos, ohne Blick für den armen Lazarus vor ihrer Tür. Ebenso für die, mit denen wir zusammenarbeiten in Tätigkeiten, die uns die Liebe befiehlt, für die Opfer dieser Zeit und dieser Gesellschaft, für die Strafgefangenen und die Drogenabhängigen, für die demokratischen Rechte, für den Frieden. In all diesen Tätigkeiten kann und wird Hoffnung immer wieder enttäuscht werden; darum sind in ihnen Menschen unentbehrlich, deren Hoffnungen gestärkt sind durch die eine Hoffnung, die nicht enttäuscht werden kann und wird, weil sie ihren Grund und ihr Rückgrat hat im Versprechen des ewigen Gottes, in seinem versprochenen Beistand, in der lebendigen Gegenwart Gottes in Jesus Christus.

Als ich anfing, mich für den heutigen Tag mit diesen Paulusworten zu beschäftigen, klangen sie mir zunächst allzu groß und deshalb weit weg von unserem realen Leben auf dieser Erde voll von Bedrängnissen und Enttäuschungen. Als ich sie hörte als Worte, die von unserer Berufung sprachen, mit der wir für andere Menschen in diese Welt hineingesendet werden, und vom Grund dieser Berufung, da sprachen sie mir immer deutlicher hinein gerade in die Hoffnungslosigkeiten dieser Zeit. So habe ich das nun versucht, es mir selbst und euch zu verdeutlichen. Eine freiere Übersetzung soll das noch einmal zusammenfassen:

Wenn wir es wagen im Vertrauen auf Ihn, sind wir auf der richtigen Linie. Gott sagt Ja zu unserem Vertrauen. Damit stehen wir im großen Frieden, mitten im Heil. Jesus Christus ist es, der uns ins Vertrauen und damit in den Shalom hineinbringt. Durch ihn ist für uns jetzt schon die Tür offen zur Gnade, zum Leben Gottes für uns. Durch ihn können wir aufrecht stehen. Wir haben ein neues Selbstbewußtsein und eine Hoffnungsperspektive hin auf die großartige Wirklichkeit Gottes. Dazu kommt noch eine neue Einstellung zu dem großen Druck, dem wir ausgesetzt sind. Wir jammern nicht mehr darüber, wir sind stolz darauf. Denn uns ist klar: aus diesem Druck, aus diesen Bedrängnissen entsteht Ausdauer; aus der Ausdauer entsteht unser Bewährtsein; aus unserm Bewährtsein entsteht die Hoffnung neu. Diese Hoffnung aber läßt uns nicht im Stich; sie hält uns aufrecht und wird uns nicht zusammenbrechen lassen. Denn jetzt schon ist Gottes Geist in uns wirksam und durch ihn die Liebe Gottes, die unsere Herzen, unser Wollen und Denken erfüllt und in Bewegung setzt.

VORHUT DES FRIEDENS

Ewiger, himmlischer Vater, du hast uns ernannt zu deinen Söhnen und Töchtern durch deinen Sohn, unsern Bruder Jesus. Nun brauchen wir um unser Leben nicht mehr zu fürchten. Dein Leben umgibt uns auch in den dunkelsten Stunden, dein Leben führt uns durch den Tod ins Leben zu dir. Wir aber vergessen das immer wieder. Darum wird die Dunkelheit immer wieder stärker als dein Licht. Darum geht von uns so wenig Leben aus zu den anderen,die auch nicht weiter wissen. Strafe uns nicht, wir bitten dich, für unser Vergessen mit dem Entzug deines Wortes! Vergib uns unsere Vergeßlichkeit, hole uns durch dein Wort zurück ins Leben, damit wir als deine Kinder dir dienen an allen deinen Menschenkindern in ihrer vielfältigen Not hier auf dieser Erde! Herr, erbarme dich unser!

Wenn die Vergangenheit wie eine Last auf uns liegt, wenn die Gegenwart uns bedrängt, wenn die Zukunft uns Angst macht, dann heben wir unsere Augen auf zu dir. Gib uns, Herr, Zeichen deiner Gegenwart mitten in der Verwirrung der Welt und unseres Lebens! Ja, du gibst sie uns. Mach uns aufmerksam auf deine Zeichen, aufmerksam auf deine Hilfeleistungen, aufmerksam auf die Aufgaben, mit denen du unser Leben jeden Tag reich machst! Wir leben von deinen Versprechungen. Wir danken dir dafür. Wir bitten, daß du deine Versprechungen uns in unser Herz drückst zur Stärkung und zur Weisung jeden Tag.

Alle seid ihr Söhne Gottes — (aber hier, liebe Freunde, stocke ich schon in der Übersetzung. Der Apostel Paulus spricht natürlich eine Männersprache, und alle Mädchen und Frauen unter uns fragen jetzt: Wo bleiben eigentlich wir? Übersetze ich nach der Luther-Bibel »Kinder Gottes«, dann klingt's ein bißchen kindlich, aber dann sind wenigstens die beiden Geschlechter eingeschlossen. Paulus schreibt hier »Söhne Gottes«; also müssen wir sagen entweder: Ihr alle seid Söhne und Töchter Gottes — oder, da wir ja auch als Erwachsene Kinder unserer Eltern bleiben, sagen wir:) alle seid ihr Kinder Gottes durch den Glauben an Christus Jesus; so viel ihr nämlich auf Christus getauft seid, habt ihr doch Christus angezogen. Es gibt nicht Jude oder Grieche, es gibt nicht Sklave oder Freier, es gibt nicht männlich oder weiblich; denn alle seid ihr eins in Christus Jesus. Wenn ihr aber Christi seid, dann seid ihr auch Abrahams Same und nach der Verheißung Erben.

Gal. 3, 26—29

Alle seid ihr Gottes Kind. Alle! Also jeder, der aus irgendwelchen Gründen hier hereingekommen ist, auch der, der sich bei dieser Behauptung jetzt davonstehlen möchte, verzagt oder trotzig oder gleichgültig. Es hilft niemandem, es steht schon fest, es ist Tatbestand: Alle seid ihr Kinder Gottes!

Die Ausdrucksweise ist altertümlich, die Sache hoch aktuell. Die hebräische Sprache gebraucht zur Bezeichnung, wohin einer gehört, das Bildwort Sohn oder Kind. Nennen wir jemanden einen Pechvogel, so heißt er im Hebräischen ein Sohn des Pechs, und sagen wir von jemandem, daß er sich für den Frieden einsetzt und daß Frieden von ihm ausgeht, dann nennt ihn die hebräische Sprache ein Kind des Friedens — so, wie ja auch wir jemanden ein Glückskind nennen oder ein Sonntagskind oder auch ein Kind des Todes. Damit sagen wir, wohin einer gehört, was das Leben von jemandem bestimmt, was über sein Leben entscheidet.

Als ich hier hereinkam, bevor der Apostel seinen Mund auftat, wußte ich das nicht: »*Alle seid ihr Kinder Gottes*«, was doch heißt: alle gehört ihr auf die Seite Gottes, und das heißt, auf die Seite des Lebens, der Gerechtigkeit, der Erfüllung, der Zukunft. Als ich hereinkam, wußte ich das nicht. Ich bin ein Mensch, ich bin ein alternder Mensch, mir rückt der Tod jeden Tag näher. Ich bin kein Kind des Lebens. Ich merke an meiner Feigheit, wenn es sich darum handelt, sich zu exponieren für unschuldig und Unrecht leidende Menschen, ich merke an meinem Neid auf Leute, denen es besser geht, denen es besser gelingt, und ich merke an meinem Eifer,meine Interessen durchzusetzen, daß ich kein Kind der Gerechtigkeit bin, sondern der Ungerechtigkeit. Und der Mensch neben mir, der mir das Leben sauer macht, der mich tief gekränkt hat, der als eine Last auf meinem Leben liegt, der ist auch kein Kind Gottes, sondern wie ich ein Kind des Todes. Oder wir billigen uns mildernde Umstände zu und sagen bescheidener: Wir sind eben Kinder unserer Verhältnisse, Produkte dieser Gesellschaft, etwa Produkte dieser Menschen auf Menschen hetzenden Klassen- und Konkurrenz- und Leistungsgesellschaft, oder noch bescheidener: wir sind eben Naturprodukte, Produkte dieser uns ins Werden und ins Vergehen ziehenden Natur und insofern allerdings Kinder des Todes, und alles andere ist Illusion.

Daß alles andere Illusion ist, liebe Freunde, damit haben sich viele Menschen immer wieder nicht abgefunden, verständlicherweise. Es müßte doch einen Weg geben von der Seite des Todes hinüber zur Seite des Lebens. Dafür haben wir Programme entworfen, religiöse, moralische, politische, soziale, psychologische Heilswege und Heilsbotschaften. Die Religionen nebeneinander, auch die politischen und wissenschaftlichen Religionen der Neuzeit, stehen im Wettbewerb, welcher der bessere Weg ist von der Seite des Todes hinüber zur Seite des Lebens. Und die Leute damals, die in die Gemeinden von Galatien kamen, die durch Paulus gegründet waren, wollten sie eines Besseren belehren, als sie von Paulus gehört hatten, und sie sagten den Gemeinden: Das Evangelium ist tatsächlich, wie Paulus euch gesagt hat, eine herrliche Sache. Worin besteht die Herrlichkeit des Evangeliums? Sie besteht darin: es ist eine herrliche Möglichkeit, von der Seite des Todes hinüber zur Seite des Lebens zu gelangen, ein wunderbares Angebot Gottes. Und nun kommt es darauf an, daß ihr diesen angebotenen Weg auch geht, und das heißt, die Bedingungen erfüllt, die für dieses Hinüberkommen vom Tod ins Leben von Gott gesetzt sind, religiöse und moralische, die im Gesetz Gottes enthalten sind, und dann wird es doch wohl schließlich dahin kommen, daß ihr euch eines Tages hinübergearbeitet habt vom Tod zum Leben und sagen könnt: »Jetzt sind wir Kinder Gottes, nicht mehr Kinder des Todes, sondern Kinder des Lebens.«

Wohlgemerkt: Paulus hält davon gar nichts. Paulus warnt in diesem erregten Brief an die Galater davor, das Evangelium als eine Möglichkeit zu verstehen, als ein Programm, und wenn auch das beste Programm, das uns möglich macht, von der Seite des Todes hinüberzukommen zur Seite des Lebens. Paulus will ganz umgekehrt nicht sprechen von einer Möglichkeit, sondern erzählen von einer Wirklichkeit, nicht von einem Weg von uns zu Gott, sondern von dem Weg Gottes zu uns, herunter zu uns in diese gottverlassene Welt; nicht, wie wir uns auf die Seite Gottes bringen, sondern sein Evangelium ist die große Erzählung, wie Gott sich auf unsere Seite gebracht hat, allerdings, um uns damit auf seine Seite zu bringen, allerdings, um uns damit neue Möglichkeiten des Lebens aufzutun, aber ganz von da her, von der Wirklichkeit der Gegenwart des Lebens Gottes hier auf unserer Seite her.

Wie schaut sich dann das Leben an, wenn uns, wie Paulus es gern mit seinen Worten erreichen oder wozu er wenigstens mit seinen Worten beitragen möchte, die Augen aufgetan werden, daß wir mit den Augen des Evangeliums unser Leben sehen? Ich will versuchen, das in Zusammenfassung des ganzen Neuen Testaments zu sagen, und es stehen mir dabei die verschiedenen schweren Lebenslasten vor Augen, die etwa in diesen letzten Wochen einige von euch mir dargelegt haben. Wie sieht sich dann das Leben an? Ich bin vom Leben umgeben, es trägt mich, es wird mich nicht verlassen und preisgeben; ich, ein alternder Mensch, ich, dessen liebster Nebenmensch gerade vom Krebs befallen worden ist, ich, ein junger Mensch, hin- und hergeworfen von seinen Trieben und Begehrlichkeiten und von seinen Ratlosigkeiten, ich, ein Angehöriger dieser Menschheit, die heute verbissen und verblendet an ihrem eigenen Untergang arbeitet, ich bin ein Kind des Lebens. Und das allein ist wahr, und nicht wahr ist alles, was dagegen spricht: Ich bin Erbe des Lebens!

Erbe, das ist das Wort, mit dem Paulus hier schließt. Wer beerbt uns, wen beerben wir? Erbe ist der Tod; der Tod ist der große Erbe aller Dinge, heißt ein altes persisches Sprichwort. Hier aber heißt es: *Erben Gottes.* Nicht so also, wie man sonst Gestorbene beerbt, als

beerbten wir einen toten Gott, sondern so, wie Kinder von klein auf täglich erben und ernten, was ihre Eltern mit Opfern und Mühsalen erarbeitet haben. Das Evangelium ist die Erzählung von den Opfern und Mühsalen Gottes. Bis in die finsterste Stunde auf Golgatha hat er alles unternommen, damit wir sagen können: Ich bin ein Kind des Lebens, ich bin ein Erbe des Lebens.
Das steht fest, und von da aus ist jetzt zu denken jeden Tag. Und jeder Tag, an dem wir müde aufstehen und meinen, es lohne sich schon nicht mehr, und unser Leben sei vertan, und es werde sich nicht ändern, jeder Tag ist schon geändert, an dem du dir das vorsagst und ernst nimmst und als eine Änderungskraft in dein Leben hereinwirken läßt und dadurch als Lebensbote und Segensträger hingehst in deine Umgebung. Dann werden wir erfahren: Wir sind reicher,als wir meinen, wir haben mehr zu hoffen und uns wird mehr geholfen, als wir meinen, Menschen des Lebens und des Segens. So anders, so verändert und verändernd das Leben ansehen und anfassen, das heißt Glauben.
Wenn Paulus hier sagt: »*Ihr seid alle Kinder Gottes durch den Glauben an Jesus Christus*«, dann dürft ihr das ja nicht mit Enttäuschung hören, als würde jetzt doch eine Bedingung gestellt, wie man es leider manchmal ausgelegt bekommt: Ja, das mußt du glauben, und das mußt du glauben, *dann* wirst du selig, dann wird Gott dir gnädig, dann wirst du ein Gotteskind. Nicht »das muß«! Das wäre ein Gesetz, und ein ganz unmögliches zumal; denn alles andere können wir uns eher abzwingen und abringen als Glauben. Glauben ist das Unmöglichste für uns, wenn wir meinen, es zu können. Glauben ist das, was in uns entsteht, so wie Liebe und Freundschaft und Hoffnung von niemandem in sich und

bei sich kommandiert und produziert und manipuliert werden kann,sondern nur entstehen kann durch das, was uns an Erfahrungen gegeben wird. So meint Paulus also nicht, daß wir uns durch den Glauben zu Kindern Gottes machen könnten und würden. Sondern Er ist gekommen, Er hat sich mit seinem Leben und mit all seinen Opfern und Mühsalen auf unsere Seite gestellt und damit uns zu seinen Kindern, zu Kindern des Lebens gemacht, und nun dürfen wir von Tag zu Tag ein bißchen glauben, das heißt: die Augen aufmachen und die Dinge so ansehen, wie sein Wort sie uns zeigt, und ja nicht krampfhaft die Augen zumachen oder das Leben mit den Augen des Unglaubens ansehen. Dann kann die neue Wirklichkeit, die Jesuswirklichkeit der Gotteskindschaft nicht verändernd in unser Leben eindringen, dann bleiben wir Todesboten, statt Lebensboten zu werden, und so bittet uns der allmächtige Gott ganz demütig, auf den Knien sozusagen vor uns, durch das Evangelium, wir möchten doch uns das sagen lassen, daß wir auf seiner Seite sind und Er auf unserer Seite ist, daß wir Kinder des Lebens sind, vom Leben umgeben, wir möchten das ernster, wirklicher nehmen als alles, was dagegen spricht. »Sein Wort laß dir gewisser sein, / und ob dein Fleisch spräch lauter Nein, / so laß dir doch nicht grauen.«

Das ist das Eine, liebe Freunde. Es steht aber noch etwas anderes in dem Text, und das gehört aufs engste zusammen. Der Paulus ist ein sehr praktischer Mann. Das Evangelium ist eine rundum praktische Sache, und die Veränderung im Diesseits, die es bringen will, ist nicht eine Veränderung nur in Gefühlen und Gedanken, so wichtig auch eine solche Veränderung ist, sondern eine Veränderung der Verhältnisse. Das steht auch in

unserm Text, und darum ist in dem Text noch zweierlei zu beachten:
Einmal: alles, was ich jetzt habe sagen dürfen zu mir und zu euch, das gilt für mich, aber nicht nur für mich. Auch für mich selbst gilt es und muß ich es hören, damit sich meine Einstellung zum Leben heute und morgen ändert und mein Verhalten zu anderen Menschen. Aber gerade damit sich mein Verhalten zu den anderen Menschen verändert, muß ich auch hören: es gilt für mich, aber nicht nur für mich, sondern ebenso für die anderen alle. Alle seid ihr Gottes Kinder, *alle!* Das ist das herrliche *»alle«,* das alle Briefe des Apostels Paulus durchzieht. »Wie alle in Adam gestorben sind, so werden sie alle in Jesus Christus lebendig gemacht« (1. Kor. 15). »So ist durch eines Menschen Gerechtigkeit die Rechtfertigung des Lebens über alle Menschen gekommen« (Röm. 5). »Er ist darum für alle gestorben, damit die, die da leben, hinfort nicht sich selbst leben, sondern ihm« (2. Kor. 5). *Alle,* und dabei haben wir zunächst, geradeso wie die Galater damals, an die Menschen neben uns hier in der Kirche zu denken, also an die Christen neben uns, an alle! An die Christen, die uns wichtig sind, denen wir dankbar sind für ihr Lebenszeugnis, an deren starkem Glauben wir uns oft aufrichten, und ebenso an die anderen Christen, an denen wir viel auszusetzen haben, die zwar ein christliches Bekenntnis von sich geben, aber ein Bekenntnis, mit dem ihr Leben so gar nicht übereinstimmt. Jeder ist ein Gotteskind. Jedem sollen wir sagen: Da dich das Evangelium erreichte und du getauft bist und hereingezogen in die Gemeinde Christi, darum braucht dich Gott in seiner Schar der Lebensboten. Du bist ein Kind Gottes, und als solches laß dir helfen! Für keinen Menschen, der im Hörbereich des Evangeliums

steht, dürfen wir die Hoffnung aufgeben und ebensowenig für irgendeine Gemeinde, auch nicht für diese Gemeinde Dahlem, die einmal solch eine leuchtende Stadt auf dem Berge gewesen ist, und in der jetzt so viel erlahmt ist. Nirgends dürfen wir die Hoffnung aufgeben, daß wieder Leben entsteht da, wo jetzt Lähmung ist.

Aber nun dürfen wir nicht halt machen bei den Christen. Gewiß, der Apostel Paulus spricht hier nur von den Christen in Galatien: »*Alle seid ihr Gottes Kinder durch den Glauben an Jesus Christus.*« Aber wenn wir daraus schließen würden, nur die Christen seien Gottes Kinder, dann würden wir dem schrecklichen Privilegienwesen, das die Menschheitsgeschichte von jeher zerstört, etwas ganz besonders Schlimmes hinzufügen: die Christen als privilegierte Besitzer der Gotteskindschaft und Gottesgemeinschaft und um sie herum eine gottverlassene, gottverworfene, preisgegebene Welt. Das ist ganz entgegen dem Hauptzug der ganzen Bibel, die sagt: *Er läßt seine Welt nicht los.* So unbarmherzig mögen fromme Leute denken, aber Gott denkt nicht so unbarmherzig, er hat sich für alle hingegeben. Er ist nicht zufrieden mit ein paar frommen Leuten in seinem Himmel. Er will sie alle wieder zurück haben, die sich verloren haben in der Irre, alle Menschenkinder, sie alle will er als seine Kinder haben. Und von daher sind wir ermächtigt, jeden Menschen anzusehen als ein von Gott geliebtes und gesuchtes Kind, und dann wird sich unser Verhalten zu ihm tief ändern. Dann können wir nicht glauben an seine Brutalität, an seine Gleichgültigkeit, an seine verstiegenen Überzeugungen. Das alles ist dann das Vorletzte, und wir wissen, wie wir für ihn einzutreten haben und uns um ihn zu kümmern haben, und die Welt um uns wird voll von Aufgaben, weil sie besteht aus lauter Got-

teskindern, denen die Lebensbotschaft der Gotteskindschaft noch gebracht werden muß.
Und das Zweite: das ist eine praktische Botschaft, die das Verhalten ändert und damit auch die Verhältnisse. Das sieht man daran, daß Paulus hier sehr überlegt bestimmte Gruppen von Menschen nebeneinander stellt. Er redet von *Juden und Griechen.* Das sind damals jeweils bevorrechtete und benachteiligte Gruppen gewesen. Die Juden waren religiös bevorrechtet vor den Griechen. Die *Freien* standen sozial hoch über den ganz rechtlosen *Sklaven,* und die *Männer* haben sich von jeher große Vorteile gesichert vor den *Frauen.* Das ist jetzt zu Ende, sagt Paulus. Das Einssein in Christus, in der Gotteskindschaft bedeutet Ende des Gegensatzes von Bevorrechteten und Benachteiligten, Ende der ganzen Privilegienwirtschaft. Er meint das nicht nur kultisch-sakral, wenn wir hier im Gottesdienst zusammenkommen am Abendmahlstisch, daß da keine sozialen Unterschiede gelten und keine nationalen und keine rassischen und Neger und Weiße und Putzfrauen und Generaldirektoren usw. alle hier zusammentreffen; aber dann, wenn man hinausgeht, ist alles beim Alten. Er meint auch nicht nur, daß in der Gesinnung sich etwas ändert, daß diese getrennten Gruppen von Menschen, vereint in Christus, nun freundlich übereinander denken und nicht mehr gehässig und sich nicht mehr den Schädel einschlagen; aber dabei bliebe immer noch alles beim Alten. Sondern er meint wirklich: Jetzt ist die Privilegienwirtschaft zu Ende, indem der Bevorrechtete seine Vorrechte preisgibt und der Benachteiligte emporgehoben wird zur Gleichberechtigung. Nur dadurch entsteht Frieden. Die Gemeinde brüderlicher Gleichberechtigung ist die Vorhut des Friedens in der zerrissenen

Welt. Oder um es moderner, also mit Fremdworten zu sagen: eine egalitäre Gruppe als Vorbild einer egalitären Gesellschaft der Zukunft.

Weil sie diese Botschaft in sich trägt, darum wird heute die Christenheit so beunruhigt von den Zerrissenheiten der Welt und von ihrer Verantwortung für den Frieden. Hier in West-Berlin hat am vergangenen Sonntag eine Friedenswoche begonnen. Christliche und nichtchristliche Gruppen, religiöse und politische haben sich zusammengetan, um für den Frieden etwas zu tun, um in die Bevölkerung der ehemaligen Frontstadt Berlin, die jetzt eine Friedensstadt werden soll, wenn sie überhaupt noch etwas bedeuten soll in der Zukunft, die Erkenntnisse des Friedens hineinzutragen. Dabei ist ihnen sofort klar geworden, als sie in großartiger Arbeit das vorbereitet haben: Frieden heißt nicht nur Nicht-Krieg zwischen den Staaten, sondern bei dem Friedensproblem gehören die Gastarbeiter dazu und das Obdachlosenproblem usw. Weil die Vorrechte, an die die Einen sich klammern, nach denen die Andern trachten, die schlimmste Ursache des Unfriedens in der Menschheit sind. Eine junge Pastorin erzählte mir gestern abend, sie habe in ihrer Gemeinde zwei Gemeinden: die große Gemeinde bürgerlich und kleinbürgerlich in ihren Häusern und Mietswohnungen usw., und daneben ein Obdachlosenviertel. Das sind zwei ganz verschiedene Gemeinden. Nun kämpft sie in der einen Gemeinde darum, daß diese ihre Einheit mit der Obdachlosensiedlung erkennt. Nun ist es doch ganz klar: es wäre reines Geschwätz, wenn Paulus sagen würde: Hier ist nicht Bürger und Arbeiter, hier ist nicht Hausbewohner und Hausbesitzer oder Eingewiesener in eine Obdachlosensiedlung, sondern sie sind alle eins in Christus, wenn dies nur im Got-

tesdienst und in der Gesinnung stattfände. Für diese junge Pastorin ist es sofort die Frage: Ist unsere Gemeinde christliche Gemeinde, indem der Unterschied zwischen der bürgerlichen Siedlung und der Obdachlosensiedlung wirklich aufgehoben wird? Daran zeigt sich: Dieser Angriff des Paulus auf die Bevorrechteten und diese Proklamation einer Gemeinde von Gotteskindern, also Kindern des gleichen Vaters und Brüder Jesu Christi, als einer Gemeinde wahrer brüderlicher Gleichberechtigung, bringt uns in unermeßliche Aufgaben und hilft uns vielleicht auch über die Einzelfragen unseres persönlichen Lebens, in denen wir oft so gefangen sind, etwas hinwegzukommen. Auch dies ist eine Auswirkung der Zusage: »Ich bin euer Leben.« Ihr seid Kinder des Lebens und nicht des Todes.
Darum bitten wir dich, der uns dies verspricht und uns dazu ermächtigt, unser Leben so anzusehen und anzufassen: Hilf uns, die Verzagtheit jetzt abzutun und den Mut zu bekommen, mit der Gegenwart deines Lebens zu rechnen, und hilf uns, daß auch die Größe der Aufgaben, in die du uns damit sendest, uns nicht abschreckt! Wir freuen uns, Herr, daß wir deine Kinder sein dürfen, Kinder des Lebens.

Herr, wir hören deine Botschaft, die Botschaft des Lebens. Unser Herz beginnt sich zu freuen, beginnt zu ahnen, wieviel du uns geben willst. Darum sagen wir dir jetzt ehrlich alle unsere Zweifel, gestehen dir ein, was uns hindert, deiner Botschaft zu glauben und unser Leben darauf zu stellen. Du siehst besser als wir alles, was gegen dein Wort spricht in dieser deiner Welt. Wir zählen es dir nicht auf, aber wir nennen vor dir im Besonderen das schreckliche Elend der Biharis in Bangla Desh, den großen Hunger in Nord-Afrika, die Gefolterten in der Türkei, in Brasilien, in Süd-Vietnam, die waffenstarrende Feindschaft im Nahen Osten und das vielfache Welt-Elend und alles, was abhält, auch im Wohlergehen nach dir zu fragen und dir zu glauben. Du weißt es, Herr. Nun bitten wir dich: Drücke in unser Herz, was wir mit Ohren gehört haben, laß es wirksam werden in unserm Leben, laß es hineinwirken in das Leben anderer, und führe du die Weltbewegungen so, daß die Menschen überall im Menschen ihren Bruder und dein Kind erkennen! Schaffe brüderliche Gleichberechtigung unter allen Menschen und hilf uns, mit Opfern und Arbeit das Unsrige daran zu tun! Laß uns nicht hängen an unsern Vorteilen, Vorrechten und Gütern! Mach unser Herz frei dazu, sie zu opfern und in den Dienst der Benachteiligten zu stellen! Wir bitten dich für die Wirkung der Friedenswoche. Laß sie gesegnet sein an denen, die sie veranstalten, und an denen, die erreicht werden, und laß das weitergehen in unserer Stadt. Wir bitten dich für die Verstorbenen, die wir zu Grabe geleitet haben, für Marie Anna Leo, wie für alle, die in der kommenden Woche auf dem Operationstisch liegen werden, für die Kranken in den Krankenhäusern, für die Ärzte, Schwestern und Pfleger. Wir bitten dich für die Lehrer, Professoren, Schüler und Studenten, für den Weg zur Wahrheit, den sie suchen, und für fruchtbare Erkenntnisse für uns alle. Wir bitten dich für unsere Regierung. Wir bitten dich für alle, die einsam sind, gedrückt, schwermütig und keine andere Hilfe haben als dich. Sende du ihnen Hilfe! Und uns alle geleite dahin, daß wir in der oberen Welt ohne Aufhören die Wahrheit deines Wortes erkennen und dich dafür preisen und loben ohne Aufhören!

ERNEUERUNGSZELLE IN DER BEDROHTEN MENSCHHEIT

Du gehst denen nach, die weggelaufen sind von dir, die sich verfangen haben in Irrtum und Schuld. Du wartest nicht, bis wir zu dir kommen, Du suchst uns auf, wo wir sind. Hereingekommen bist du ins Elend der Menschen, ein Verlorener unter Verlorenen bist du geworden, um die Verlorenen zu retten. Laß, Herr, wir bitten dich, dein Kommen hereinwirken in alle unsere Verlorenheiten und Ausweglosigkeiten, gewinne uns wieder zurück zu Brüdern und Dienern aller Menschen, die dich verloren haben! Herr, erbarme dich unser!

Da wir hören, Herr, wie du die Verlorenen suchst, bitten wir dich: Erwecke uns, daß auch wir keinen Menschen verloren geben! Laß uns durch deine Auferstehung das Sterben und den Tod neu ansehen, laß uns Leben finden in der Gewißheit deiner Gegenwart!

Irret euch nicht, Gott läßt sich nicht spotten; denn was ein Mensch sät, das wird er ernten. Wer auf sein Fleisch sät, der wird aus dem Fleisch das Verderben ernten. Wer aber auf den Geist sät, wird aus dem Geist ewiges Leben ernten. Im Tun des Guten laßt uns nicht müde werden; denn zu seiner Zeit werden wir auch ernten ohne Ermatten. Da wir jetzt Zeit haben, wollen wir das Gute tun allen Menschen, besonders aber den Hausgenossen des Glaubens.

Gal. 6, 7—10

Die Älteren unter uns werden sich wohl noch erinnern, wie oft der erste Vers dieses Abschnitts: »*Irret euch nicht, Gott läßt sich nicht spotten; denn was der*

Mensch sät, das wird er ernten« unter uns zitiert worden ist in den Jahren zwischen 1933 und 1945. Hitler hatte Erfolg nach Erfolg. Mit jedem Erfolg wurden er und die Seinen übermütiger und grausamer. Mit jedem Erfolg nahm der Druck zu auf diejenigen, die er beseitigen wollte. Mit jedem Erfolg fielen ihm neue Teile der Bevölkerung zu, weil viele Menschen dachten, Widerstand sei ja doch aussichtslos und man müsse rechtzeitig dabei sein, um mit zu ernten bei dem Erfolg. Nur ein kleiner Rest blieb, der konnte sich nicht gleichschalten, dem gingen diese Worte hier im Kopf herum mit der Frage: Was wird hier gesät, und wie wird die Ernte aussehen? Und dann war es ja eines Tages so weit, daß diejenigen, die bisher besonders schlau schienen und auf der Seite des Erfolges gestanden waren, als die Narren dastanden und diejenigen als die Klugen, die Weitsichtigen sich erwiesen, die gewußt hatten, daß böse Saat böse Ernte zur Folge haben wird.
So ist das, was der Apostel Paulus hier sagt, zunächst einfach eine schlichte, aber sehr nötige, aber sehr oft übersehene Lebensweisheit. Was ist Klugheit, wahre Klugheit? Klugheit ist Weitsicht und Denken an das Ganze. Klugheit ist Bedenken der Ernte, die ich säe mit dem, was ich jetzt tue. Denn mit dem, was wir tun, säen wir.Das würde jeder Mensch zugeben, diese Bildrede vom Säen. Ich will ja mit dem, was ich tue, bestimmte Wirkungen haben in der Zukunft. Klug sein, heißt wissen: wir säen immer mehr, als wir wollen, oder, wie es jetzt ein junger Physiker aus Braunschweig, Klaus Müller, in seinem hoch bedeutsamen Buch »Die präparierte Zeit« ausführt, klug sein heißt: nicht nur die beabsichtigten Wirkungen im Auge haben und kalkulieren bei unserm Tun, sondern auch die Auswirkungen, die unser

Tun hat auf das Ganze des Lebenszusammenhangs, auf viele andere, die wir gar nicht bedenken, und damit auch die Rückwirkungen unseres Tuns auf uns. Wir haben Insektozide gesät, um Insekten zu beseitigen und gute Ernten zu bewirken, aber den Lebenszusammenhang der Pflanzen haben wir damit zerstört, der ja erst die Ermöglichung guter Ernten ist, und daran hat vorher niemand gedacht. Wir haben Flüsse kanalisiert, um sie schiffbar zu machen, um die Überschwemmungen weg zu kriegen. Die Überschwemmungen sind weg, aber das Grundwasser ist auch weg, und die Trockenheit nimmt zu. Die weißen Farmer in Amerika ließen Neger jagen in Afrika und über das Meer transportieren, um billige Arbeitskräfte zu haben. Die Wirkung war der Absicht entsprechend, das Geschäft war blühend, aber die Auswirkung war die rassistische Brutalisierung der amerikanischen Gesellschaft, der Sprengsatz der Negerfrage, all die unlöslichen Probleme, an denen diese Gesellschaft heute krankt. Als klug, das hatten wir uns in der Hitlerzeit vorgenommen, als klug wollten wir niemals mehr den anerkennen, der nur seine Wirkungen kalkuliert und auf seine augenblicklichen Wünsche starrt, und am heutigen Erfolg beteiligt sein will; klug werden wir immer nur den nennen, der weit vorausschaut und der ans Ganze denkt.

Paulus meint, Klugheit hat etwas mit dem Glauben zu tun. Und das erinnert uns daran, wie in den Gleichnissen Jesu den Jüngern, den Glaubensmenschen, immer wieder von der Klugheit gesprochen wird. Klugheit ist eine Glaubenstugend, das kann man daran sehen, daß Klugheit in diesem Sinn eine Freiheit bedeutet. Es könnte einer einwenden, wie ich kürzlich gehört habe: Was hat Klugheit mit Glauben zu tun? Die Christen sind nicht gescheiter als die anderen, und die Intelligenz ist unter Glaubensleuten genau so verschieden verteilt wie unter Gottlosen. Das stimmt, aber es handelt sich hier nicht um Intelligenz, Schlauheit, Pfiffigkeit. Intelligent waren die Leute auch, hoch intelligent, die vor 45 auf der Seite des Erfolgs waren und nach 45 als die Narren dastanden. Wahre Klugheit heißt Weitsicht, und Weitsicht ist die Freiheit, den Blick über das andrängende Heute hinaus zu erheben in eine langfristige Perspektive. Und wahre Klugheit heißt ans Ganze denken. Das ist die Freiheit, die Fesseln meines eigenen Interesses zu sprengen, das Interesse der anderen in gleichem Maße mit aufzunehmen, mich zu erkennen als einen Teil und nur als einen Teil eines Ganzen und von da her zu denken. Diese Klugheit ist eine Weise der Freiheit. Im Glauben aber geht es um Freiheit. Glauben heißt, mit der Wirklichkeit des lebendigen Gottes real rechnen. Die Wirklichkeit des lebendigen Gottes ist es, die den Zusammenhang von Saat und Ernte schafft. Ob Gott uns bei dem, was wir heute tun und womit wir Wirkungen zu unserm Nutzen erreichen wollen, in den Weg tritt, ob wir dabei Gott auf unserer Seite, für uns oder gegen uns haben, das entscheidet über die Ernte. Paulus nennt das hier mit einem eigenartigen Ausdruck: *»auf den Geist säen«*. Was ist ein Mensch, der auf den Geist sät? Das ist ein Mensch, der sein Tun und Beabsichtigen und Berechnen und Verhalten einordnet in das Wirken Gottes, das uns durch das Evangelium bekannt wird, das große Wirken Gottes an seiner Menschheit. Ein Mensch, der auf den Geist sät, stellt sich und sein Tun und sein Verhalten dem Geist zur Verfügung, stellt sich zur Verfügung als einen Boten des lebenschaffenden Geistes an die anderen Menschen. Er wird darum nicht mehr zittern um sein Leben. Bin ich ein auf den Geist säender Mensch, dann bin ich getrost im Geiste, d.h. ich sorge nicht mehr um mein Leben, und ich vertraue dem Geiste an, daß er meinem Tun die Wirkung gibt, die ich von ihm erbitte. Bin ich ein im Geiste lebender Mensch, dann widersteht es mir, auf Kosten der anderen zu leben, dann möchte ich mit den anderen in Frieden und Freude zusammenleben, mir wird lieber, daß sie auf meine Kosten leben. Bin ich ein im Geist lebender Mensch, dann wende ich mich ab von Mitteln und Methoden, die dem Geiste zuwider sind. Bin ich ein im Geist lebender Mensch, dann halte ich unentwegt fest an der Verheißung des Geistes, auch wenn ich schädliche Folgen davon zu tragen habe. Ich halte fest an der Verheißung: *»die auf den Geist säen, werden ernten ohne Ermatten«*.

Ein auf das Fleisch säender Mensch, was ist der? Das Wort *»Fleisch«* meint in der Sprache des Paulus nicht unsern Leib, auch nicht unsere leiblichen Bedürfnisse, etwa die des Magens oder die des Geschlechts. Sondern »Fleisch« in der Sprache des Paulus, das ist der sich selbst überlassene Mensch, der sich durchboxen muß, weil keiner bei ihm ist und keiner für ihn sorgt, der keine Zeit hat, an das Morgen, und keine Kraft hat, an den andern zu denken, weil er ganz besetzt ist davon, heute sich selbst zu behaupten. Der auf das Fleisch säende Mensch vertraut jedwedem Mittel und jeder Methode, wenn sie nur den Erfolg verspricht, ihn oben zu halten. Er ist ein Mensch voll Angst, weil niemand auf seiner Seite ist als er selbst. Ich denke, jeder von uns wird immer wieder in diesem auf das Fleisch säenden Menschen sich selbst erkennen. Ich selbst bin immer wieder dieser gottlose, egoistische, sich für klug und realistisch haltende, in Wirklichkeit bornierte und das Morgen und die Anderen übersehende und überfahrende Mensch. Es ist schon viel, daß ich durch den Einfluß, den Jesus auf mein Leben gewinnt, immer wieder, jeden Tag neu, mich schlage von der Seite des Fleischesmenschen auf die Seite des Geistesmenschen. Und es ist schon viel, wenn es dann in meinem Leben nicht nur Niederlagen des Geistes gegenüber dem Fleisch gibt, sondern immer wieder auch Siege des Geistes über das Fleisch, Siege der Freiheit vom Heute und vom Ich, Siege der Freiheit für das Morgen, für das Ganze, für die anderen.

Um uns darin zu stärken, lenkt der Apostel Paulus unsern Blick voraus auf die Ernte. »*Wer auf den Geist sät, der wird vom Geist das ewige Leben ernten.*« Diese Vorhersage stellt Paulus gegen die Vorhersage des Fleisches. Die Vorhersage des Fleisches lautet: Wer auf den Geist sät, wird unter die Räder kommen; nur wer auf das Fleisch sät, wird in dem harten Daseinskampf dieser Erde oben bleiben. Das ist nüchterner Realismus, alles andere ist Schwärmerei, und die Bibel sagt es selbst in Psalm 73: »Ich sah, wie es den Gottlosen so wohl ging; sie leben nicht in Bedrängnissen, gesund und wohlgenährt ist ihr Leib. Was sie sprechen, das muß wie vom Himmel gesprochen sein, und was sie sagen, muß auf Erden gelten. Darum läuft ihnen das Volk zu, und die Menschen strömen wie Wasser zu ihnen haufenweise. Die Gottlosen sind immer im Glück, sie werden reich.« Und der Fleischesmensch in uns sagt: Ja, so ist es. Wer auf den Geist sät, kommt unter die Räder; nur wer aufs Fleisch sät, bleibt oben.

An zweierlei erinnert uns heute das Wort des Paulus von Saat und Ernte. Einmal an das Lehrstück, das, wie ich am Anfang sagte, wir Deutschen in unserer jüngsten

Vergangenheit erfahren haben. In den Kapitulationstagen 1945 zogen wir in der Tschechoslowakei an Quartieren der SS und der Gestapo vorbei. Sie hatten die feinsten Villen der Städte, durch die wir kamen, beschlagnahmt. Hier hatten sie als unumschränkte Herren eine verängstigte Bevölkerung tyrannisiert. Und jetzt standen sie vor diesen Villen teils betrunken, teils nüchtern und schauten uns vorbeiziehende Landser mit Augen an, in denen die Leere wohnte, in denen das Nichts war, und die ich nie vergessen werde in meinem Leben. Hinter ihnen ihre Saat und vor ihnen die Ernte dessen, was sie gesät hatten: Vergeltung, Haft und Tod. Sie beneideten uns vorbeiziehende Landser, die wir in die Gefangenschaft gingen, und keiner von uns wollte in ihrer Haut stecken.

Das ist der eine Zusammenhang von Saat und Ernte, auf den sich dieses Wort des Paulus bezieht, wenn er vorhersagt: Daran, am Säen auf das Fleisch, daran werdet ihr zugrunde gehen. Und noch mehr erfährt dieses Wort heute Bestätigung — ich muß immer wieder darauf zurückkommen — in den ungeheuren Gefahren der Menschheit, die wir unter dem Titel »die ökologische Katastrophe« zusammenfassen. Was wir damit meinen, das ist doch nicht eine Folge von Naturereignissen, sondern das ist eine Folge von millionenhafter menschlicher Saat, die sich summiert und summiert seit Jahrhunderten und zunehmend in unserm Jahrhundert: Verantwortungslosigket, vielfache Formen von Habgier und Tanz ums goldene Kalb, Machtgelüste und Machtgenuß, Ausbeutung von Menschen und Ausbeutung von Natur, Feigheit vor den Mächtigen, alles zusammen, dieses millionenfache Denken nur ans Heute und ans eigene kleine Leben. Das »Säen auf das Fleisch«, das wird euer

Untergang sein, sagt Paulus. Das geht ja heute weiter, dieses blinde Treiben, trotz aller alarmierenden Nachrichten in den Zeitungen. Und längst noch sind wir nicht so weit, daß wir wenigstens sagen können: Die Christen sind aufgewacht, die Christen sind klug geworden, bei den Christen stimmt der Glaube und darum auch die Klugheit, und darum sind sie aufgebrochen aus diesem Gefesseltsein an das Heute und an das eigene Ich.

Nun laßt mich noch dies sagen: Paulus bringt, um uns zum Ausbruch aus diesen Fesseln zu helfen, ein Moment herein, das ihm streng denkende Leute immer übel genommen haben. Er sagt: »*Wer auf den Geist sät, der wird das ewige Leben ernten.*« Streng denkende Leute wie der große Philosoph Immanuel Kant fanden bei ihm, und ähnlich bei der Lohn-Ethik Jeus, wie man sie genannt hat, das sei Rückfall in Eudämonismus, und das heißt zu Deutsch: Rückfall in eine Haltung, wo doch wieder jeder nur nach seinem Vorteil fragt, das Gute nicht um des Guten willen tut, sondern wegen des Vorteils, den er dabei hat, entweder wegen des irdischen Gutgehens oder wegen der himmlischen Seligkeit. Tatsächlich, Jesus und Paulus sagen nicht mit erhabener Strenge: Ihr müßt das Gute um des Guten willen tun und dürft überhaupt nicht daran denken, was für euch dabei herausspringt. Sondern ganz barmherzig nehmen sie sich der ängstlichen und gefährlichen Frage an, die unvermeidlich in uns entsteht, der Frage: Wenn ich nicht ans Heute denken soll und an meine eigenen Interessen, was wird dann aus mir und meinem kleinen Leben, an dem ich doch hänge? Und weil diese Frage uns wieder hineinziehen kann in die ganze Borniertheit und Blindheit und Bosheit, darum nehmen Jesus und Paulus sie auf und legen uns mit allem Nachdruck und auch mit

Verständnis die Hand auf die Schulter und sagen: Für dich ist gesorgt, habe keine Angst, ewiges Leben umgibt dich, ewiges Leben steht für dich bereit, du wirst es nicht bereuen, nicht aufs Fleisch, sondern auf den Geist gesät zu haben. Und selbst, wenn du darüber in den Gefahren, die jedem drohen, der sich zur Nachfolge Jesu und zum Säen auf den Geist entschließt, dein irdisches Leben einbüßen mußt, du wirst es nicht bereuen, ewiges Leben umgibt dich, ewiges Leben wird deine Ernte sein. Die andere Ernte aber ist nichts als Untergang und Tod. So ermutigt stehen wir nun wieder auf.

Auch die andere Gefahr neben der Angst um mein Leben ist ein wenig wenigstens vertrieben und muß allerdings immer wieder vertrieben werden, nämlich die Gefahr der Müdigkeit, der Resignation. Paulus deutet sie an, wenn er sagt: »*Laßt uns Gutes tun, ohne zu ermüden.*« Es werden ja so viele Rückschläge kommen. Wir machen so viele schlechte Erfahrungen mit Menschen, denen wir Gutes tun. Die Macht und der Widerstand der allgemeinen Bosheit und Blindheit und Borniertheit im einzelnen Leben und in der Politik ist so groß, daß die Lage ganz hoffnungslos aussieht. »*Auf den Geist säen*« heißt: von neuem hören auf die Verheißung. Auf den Geist säen heißt: vertrauen auf die Verheißung. Ohne diese Verheißung würden wir wohl der Resignation zum Opfer fallen. Aber jetzt haben wir etwas, worauf wir vertrauen können, jetzt haben wir etwas zum Glauben; die Verheißung, die begleitet uns und hält uns wach, und wo einer resigniert, muß er sich gleich sagen: jetzt stimmts mit meinem Glauben nicht. Und wenn's mit meinem Glauben nicht stimmt, dann gibt es nur eine Rettung, nämlich wieder hinlaufen dorthin, wo Glauben entstehen kann: zur Verheißung.

Aus diesem allen merken wir, daß in der heutigen Lage, darum menschheitsnötig, nur eine tiefgehende metanoia, und das heißt eben nicht Buße, sondern ein tiefgehendes Umdenken und ein tiefreichendes Umstellen unseres Verhaltens auf allen Lebensgebieten die bedrohte Menschheit retten kann. Das gibt dem Evangelium heute eine ungeheure praktische Bedeutung, wie es sie noch nie gehabt hat. Wo du anfängst, auf den Geist zu säen, und wo eine noch so kleine Gemeinde und christliche Gruppe anfängt, auf den Geist zu säen, da wird sie eine Erneuerungszelle in der bedrohten Menschheit. Da fängt wenigstens an diesem kleinen Stück neues Leben an und wird dann auch nach außen wirken und andere zu neuem Verhalten, zu neuen Bewegungen, wie sie heute nötig sind, anregen.
Nun nur noch eines zum Schluß: Die letzten Worte könnten uns enttäuschen; denn da hieß es: »*Als wir denn nun Zeit haben, laßt uns Gutes tun allen Menschen, besonders den Hausgenossen des Glaubens.*« Da könnte der eine oder andere von euch, dessen Blick heute, so wie es sein soll, sich richtet auf die ganze Menschheit, enttäuscht von Paulus sein, daß er, der gerade unsern Blick auch so ausgeweitet hat auf alle Menschen, ihn jetzt wieder verengt auf die Christen, die Kirchenmitglieder, die Gesinnungsgenossen »des Glaubens Genossen«. Soll das heißen, daß wir nur für kirchliche Zwecke spenden sollen oder nur für die Unterstützung hungernder Christen und nicht der übrigen hungernden Menschen? Und nur für christliche Nöte, wo einer um des Glaubens willen verfolgt ist, beten sollen? Oder meint Paulus: zuerst jedenfalls sollen wir innerkirchliche Nöte beseitigen, sollen wir den Christen helfen und dann mit dem Rest von Zeit und Kraft, der übrig ist, soweit es halt noch

reicht, dann auch den anderen? Ich glaube, das sicher nicht. Das würde dem großen Zug aufs Ganze, wie er durch die ganze Bibel geht, ganz widersprechen. Aber ich denke, Paulus meint wohl dies: Wenn es bei euch in der Gemeinde nicht stimmt, dann wird's auch in eurem Verhalten nach draußen nicht stimmen. Wenn es bei euch in der Gemeinde — und denkt an die damaligen Gemeinden mit Sklaven und Lumpenproletariat und wohlhabenderen Leuten, alles durcheinander — vorkommt, daß Menschen hungern, daß Menschen geschlagen werden, und ihr kümmert euch nicht drum, dann allerdings wird es auch nichts sein mit dem, was ich zuerst gesagt habe, mit dem »*Gutes tun gegenüber allen Menschen*«. Wenn wir, um ein Beispiel zu nennen, weiterhin Kinder in Obdachlosensiedlungen taufen — und wir halten ja an der Säuglingstaufe fest in unserer Landeskirche, ob das richtig ist oder nicht —, dann sind die des »Glaubens Genossen«, und dann klagen sie uns an, daß sie aufwachsen und innerlich zugrunde gehen durch ihre Lebensverhältnisse. Wenn wir aber anfangen, uns — ich nenne nur dies Beispiel — um die Kinder in den Obdachlosensiedlungen hier in Berlin zu kümmern, dann geht das unaufhaltsam weiter, dann wird die ganze Schande der Slums in unserer reichen Stadt für uns unerträglich werden, und so überall. Und wenn wir künstlich Halt machen würden nur bei der Sorge um die Seelen oder um die christlichen Familien, dann würden wir auch diesen Brüdern nicht wirklich helfen. Helfen können wir den einzelnen Brüdern und Schwestern nur, wenn wir die allgemeinen Notstände anpacken; das führt unaufhaltsam weiter, eine Gemeinde muß nur recht solidarisch sein mit der ganzen hilfsbedürftigen Welt.

Darum bitten wir jetzt unsern Herrn, Er möchte uns mit seinem Heiligen Geist von Tag zu Tag in Befreiungen hineinführen, hinausschauen zu dürfen über unser Heute und über unser kleines Ich, erfüllt zu werden in unserm Innern von der Kraft des Heiligen Geistes, die das Kluge nicht nur erkennen lehrt, sondern auch tun lehrt, damit wir Salz und Licht sind in dieser bedrohten Menschheit. Das hilf uns, unser Herr!

RETTUNG FÜR ALLE

Gott will, daß allen Menschen geholfen werde und sie zur Erkenntnis der Wahrheit kommen.

1. Tim. 2, 4

»*Allen Menschen soll geholfen werden!*« Wer weiß einen besseren Wunsch, einen schöneren Traum, eine hellere Vision? Wir denken an uns selbst, wir denken an diejenigen in unserer Bekanntschaft, die im Augenblick besonders schwer dran sind. Wir denken an die zwölf bis dreizehn Millionen Flüchtlinge auf Erden, die jetzt durch die Flüchtlinge aus Afghanistan vermehrt werden. Wir denken an die Bangigkeit, mit der wir diesmal die Kalender ausgewechselt haben, weil die Schatten der Kriegsdrohung wieder so viel stärker geworden sind. Dagegen nun diese Aussicht: »Allen Menschen soll geholfen werden!« Eine herrliche Utopie, nicht wahr? Utopia bedeutet: eine Vision, die keinen Ort auf Erden hat. Und genau so ist es ja: daß allen Menschen geholfen wird, das hat keinen Ort auf Erden. Im Gegenteil, das widerspricht dem Gesetz, das auf der Erde gilt: je mehr jeder sich selbst hilft, desto weniger wird allen geholfen, desto mehr Menschen kommen unter die Räder. Wo einer sich selbst hilft, verdrängt er andere; wo einer nach oben strebt, zum Platz an der Sonne, da drückt er andere ins Dunkel. Das Programm ist utopisch; es kann nicht allen geholfen werden.

Außerdem: wünschen wir wirklich, daß *allen* geholfen werde? Oder wünschen wir das nur im ersten Augenblick und schließen, sobald wir es genauer überlegen, manche davon aus? Soll auch unseren Feinden geholfen werden? Auch denen, an die wir mit tiefem Groll denken? Soll auch den Bolschewisten geholfen werden, den Ungläubigen? Auf die Frage: »Wem soll geholfen werden?« haben die Menschen immer wieder auch mit Grenzziehungen geantwortet: denen nicht und denen nicht. Gerade die Christenheit hat sich durch solche Grenzziehungen hervorgetan und hat Jesu Worte vom Nadelöhr und von der engen Pforte ausgenützt, um allerlei Bedingungen zu formulieren, die erst erfüllt werden müssen, bevor man zu denen gehört, denen geholfen werden soll — sei es nun die Bedingung guter Werke oder auch die Bedingung des rechten Glaubens. Man hat sich Gott nach dem Bild des Sozialamts vorgestellt, das immer erst kritisch prüft, ob einer auch unterstützungswürdig ist.

Anstelle solcher Grenzziehungen, für die dann Gott herhalten mußte, und die man im Namen Gottes proklamierte, wird hier die Tür sperrangelweit aufgerissen: Allen soll geholfen werden! Friede auf Erden nicht nur den hominibus bonae voluntatis, nicht nur den Menschen, die guten Willens sind — das war eine falsche Übersetzung durch die lateinische Bibelübersetzung, die Vulgata —, sondern als »Freude, die *allem* Volke widerfahren wird«, also auch denen, die jetzt noch bösen Willens sind. Auch denen soll geholfen werden. Merkt wohl, wie sich, wenn dies als Ziel und Programm formuliert wird, unsere Vorstellung von den Menschen des bösen Willens verändert: sie werden betrachtet wie Kranke, denen von ihrer Krankheit weggeholfen werden soll. Nicht wie Menschen, die sich selbst böse machen und dafür gestraft werden müssen, sondern wie Menschen, die in schwerer Not sind. Ihre Bosheit wird als ihre Not angesehen, und darum wird proklamiert: auch ihnen, ja gerade ihnen soll geholfen werden. Das ist doch der eigentliche Sinn des Wortes Sündenvergebung: ein Sünder ist ja nicht einer, dem aus Versehen ein Fehler passiert ist, oder einer, der neben allerlei guten Eigenschaften leider auch einige Mängel aufweist, sondern ein Sünder ist, wenn man das Wort so ernst nimmt, wie es in der Bibel und dann wieder im Bibelverständnis der Reformation gebraucht wird, ein homo malae voluntatis, ein Mensch bösen Willens. Für ihn gilt die Friedensbotschaft von Weihnachten nicht, wenn sie nur den Menschen guten Willens vergibt. Werden aber wir alle Sünder genannt, dann werden wir alle zu Menschen bösen Willens erklärt, und dann freilich ist es ein großes, kaum begreifliches Mißverständnis gewesen, daß gerade in der Geschichte der Christenheit der Eifer der Grenzziehungen, der Einschränkungen, der Bedingung des guten Willens, der Ausschließungen so um sich gegriffen hat mit all den verheerenden Folgen von Ketzerverbrennungen und Indianerausrottung und Judenverfolgung, wo man sich doch unter dem Lichte des Evangeliums hätte klar sein müssen: Wenn Gott anfängt auszuschließen aus der Zahl derer, denen geholfen werden soll, dann werde auch ich ausgeschlossen, dann bin ich der erste, der ausgeschlossen wird; *mir* wird geholfen nur, wenn *allen* geholfen wird.

Die Verheißung ist herrlich, das Programm ist herrlich, und Gott ist herrlich, von dem das als sein Programm hier verkündigt wird. Dem sollen wir zuerst nachdenken, bevor wir den Fragen Raum geben, die uns sofort bei diesem Programm in den Sinn kommen. Wie wir einen Menschen an seinem Lebensprogramm erkennen, so auch Gott. Und von dem Gott jedenfalls, von dem die Bibel spricht, darf man angesichts solcher zusammenfassender Grundsatzerklärungen, wie sie z.B. in diesem Verse vorliegen, nie mehr sagen, wir wüßten über ihn und seinen Willen nichts Genaues. Das mag von dem Gott gelten, von dem die Philosophen sprechen; das mag vom Schicksal sprechen, das manche mit Gott verwechseln. Von dem Gott jedenfalls, mit dem wir es durch Jesus zu tun bekommen, wissen wir genau, was er will. Er ist einer, der will, daß allen Menschen und gerade den Sündern, den Menschen mit dem bösen Willen, geholfen werde. Er wird im vorangehenden Vers dieses Briefabschnittes genannt »*Gott, unser Heiland*« oder, wie man auch übersetzen kann, »*Gott, unser Retter, will, daß alle Menschen gerettet werden.*« Retter und Helfer, das ist unsere Gottesdefinition, und wenn Voltaire spöttisch vom Gott des christlichen Glaubens gesagt hat: »Vergeben ist sein Metier«, dann kann man darauf nur antworten: Jawohl, Gott sei Dank, so ist es, Vergeben, Menschen mit bösem Willen retten, ihnen helfen, das ist sein Metier, das hat er zu seinem Beruf gemacht, das ist die biblische Gottesdefinition.

Weil dieser Wille der *Wille Gottes* genannt wird, darum besagt die Botschaft der Jahreslosung, in jeden Tag dieses so besorgniserregend beginnenden Jahres hineingesprochen: Nicht nur euer Wille ist da, euer manchmal böser, manchmal guter, meist ziemlich gemischter Wille ist da und wird wirksam, und nicht nur der Wille der Mächtigen, derer in Washington und Moskau, deren böser, guter und meist ziemlich gemischter Wille macht die Weltgeschichte, sondern noch mit einem anderen Willen ist zu rechnen, ein anderer Wille mischt sich ein und wird wirksam, und das ist nicht nur ein kurzer und zeitlicher Wille von vergänglichen Menschen; das ist der Wille, aus dem wir alle herkommen, durch den wir ins

Dasein gekommen sind, und das ist der Wille, der am Ende sich durchsetzen wird, wenn der kurze, vergängliche Wille sterblicher Menschen nichts mehr zu sagen haben wird. Und dieser Wille, aus dem das ganze Universum kommt, dieser Wille schaut nicht gleichgültig über uns nichtige Eintagsfliegen hinweg; dieser Wille holt sich auch nicht nur ein paar würdige, gelungene Exemplare dieser fragwürdigen Gattung von Lebewesen, Menschen genannt, heraus und läßt die übrigen auf den Müllhaufen des Todes kehren. Dieser Wille will, daß alle Menschen gerettet werden — ein Wille der Liebe zu uns winzigen, verkrüppelten Eintagsfliegen mit viel bösem Willen.

Und, wohlgemerkt, es handelt sich nicht nur um einen schönen, wohlmeinenden Wunsch, sondern um einen ernsten, entschlossenen Willen. Auch bei uns ist ja ein großer Unterschied, ob wir etwas nur wünschen oder ernsthaft wollen. Beim Wünschen träume ich unverbindlich davon, wie schön es wäre, wenn... Um nur eines von unzähligen Beispielen zu nennen: Wie schön es wäre, wenn wir eine Schule hätten, die unsere Kinder nicht nervlich und charakterlich kaputtmacht! Wenn ich das nicht nur wünsche, sondern *will,* dann werde ich tätig, dann lasse ich mich das etwas kosten, dann setze ich mich dafür ein und riskiere auch etwas dafür, meine Lebenshaltung wird davon bestimmt, kurz, es hat reale Konsequenzen für mein Leben. Die Botschaft dieser Jahreslosung — eine Zusammenfassung des ganzen Evangeliums, aller Geschichten und Lehren der Bibel, Kern jedes Gottesdienstes, gemeint mit jedem Wort der Liturgie, der Lieder, mit Taufe, Abendmahl und Begräbnis: von Ewigkeit her ist der Wille, dem sich das ganze Universum verdankt, der Wille des Schöpfers, zielgerade auf dich und mich und auf jeden Menschen neben uns gerichtet, fest entschlossen,dich und mich und jeden Menschen neben uns zu retten, allen grundlegend zu helfen zu einem Leben, wie dieser Wille das Leben gemeint hat, als er uns das Leben gab.

Das wird als Wahrheit über jeden von uns an jedem Tag des neuen Jahres ausgerufen. Wozu soll uns verholfen werden? *»Daß wir zur Erkenntnis der Wahrheit kommen«*, heißt es hier. »Was ist Wahrheit?« fragen wir grüblerisch und skeptisch mit Pilatus. Die Jahreslosung antwortet ganz schlicht und bestimmt: eben dies, was vorher gesagt worden ist: »Gott, unser Retter, will, daß allen Menschen geholfen werden soll.« Nicht allerlei Wahrheiten aus der natürlichen und der übernatürlichen Welt, nicht die Wahrheiten, über die der Papst und Hans Küng miteinander streiten — ob der Papst ganz oder teilweise oder gar nicht unfehlbar sei, ob Jesus »den Rang und die Seinshöhe Gottes« besitze und dergleichen, auch nicht eine philosophische, abstrakte Wahrheit an sich, sondern die Wahrheit dieses Gottesprogramms: allen soll geholfen werden, mir und dir und jedem Menschen neben uns.

Die Erkenntnis dieser Wahrheit ist selbst die rettende Hilfe, die uns zugedacht ist. Die Erkenntnis dieser Wahrheit ist aber offenbar nicht so leicht zu haben wie andere Erkenntnisse anderer Wahrheiten, z.B. die, um die wir uns an der Universität in Forschung und Lehre bemühen. Wir merken das an unserem Widerstand gegen diese Botschaft. Ihr alle, gerade wenn ihr gut zugehört habt, könnt doch kaum mehr zuhören, wenn ich so lange diese Botschaft umschreibe und mich nicht unterbrechen lasse von euren Fragen, die längst schon in Zwischenrufen explodieren möchten. Wenn das ein ernster, entschlossener Wille ist — wie verhält sich das zu der Wirklichkeit, in der wir leben, und in der wir um uns her unzählige Menschen sehen, denen offensichtlich nicht geholfen wird, die entweder die Opfer des bösen Willens von Menschen sind oder die Täter eines bösen Willens, gefangen in ihrem bösen Willen, und oft genug beides in einer Person, Opfer und Täter? Wo bleibt denn diese Hilfe und Rettung? Wenn es ein ernster Gotteswille ist, ist's dann vielleicht nur ein ohmächtiger Wille? »Wo bleibst du, Trost der ganzen Welt, / darauf sie all ihr Hoffnung stellt?«, haben wir soeben in der Adventszeit und dann noch einmal bei Rudi Dutschkes Beerdigung gesungen. Vielleicht ist es ganz heilsam für uns, daß wir durch die Begrenztheit der Zeit einer Predigt und eines Gottesdienstes jetzt gezwungen waren, nur diese Botschaft der Jahreslosung zu hören, sie uns klar zu machen, unsere Zwischenfragen und Einwände, unsere ganze Ratlosigkeit gegenüber dieser großen, schönen Botschaft noch nicht laut werden zu lassen. Wenn ich am 3. Februar wieder hier zu predigen habe, wollen wir noch einmal über sie nachdenken, dann aber sie konfrontieren mit unserer Wirklichkeit, die so ganz anders aussieht, und aus der unsere Gegenfragen entstehen. Inzwischen aber gehen wir nach Hause und wollen es halten wie Maria, von der es in der Weihnachtsgeschichte heißt: sie »behielt alle diese Worte und bewegte sie in ihrem Herzen« (Luk. 2, 19). Wir wollen in unserem Herzen bewegen, was uns zunächst so diskussionslos, als etwas Unerschütterliches vorgesetzt wird: Gott — das ist der, der will, daß allen Menschen geholfen werde. Wenn wir ihm das glauben und zutrauen — was würde das in den unvorhersehbaren Ereignissen dieses Jahres bei uns, in unserer Lebenseinstellung und Lebenshaltung verändern?

1. Ich habe einen Helfer bei mir; was auch geschieht, ich werde nicht verlorengehen. Daraus erwächst täglich neues Vertrauen, neues Hoffen als tägliches Brot für jeden Tag.
2. Den Menschen neben mir und allen Menschen mit mir soll ebenso geholfen werden in ihren Lebensnöten, auch in der Not ihres bösen Willens. Hilft mir Gott zum Glauben, hilft er mir, ein Jünger und eine Jüngerin Jesu zu werden, dann hilft er mir dazu, ein Werkzeug seiner Hilfe für die anderen Menschen zu werden. Mir soll geholfen werden, damit ich den anderen helfe.
3. Seiner Hilfe vertrauend, lernen wir die wichtige Unterscheidung zwischen der rechten Art, uns selbst zu helfen, wie wir es als Menschen, die für unser Leben verantwortlich sind, tun sollen, und der falschen Art, uns selbst zu helfen. Die falsche Art ist die ungläubige, verzweifelte Art, mit der wir dann, wenn wir nicht glauben, daß Gott uns helfen will, über Leichen gehen, um unser Leben auf Kosten der anderen zu retten.Aus dem Glauben kommt die rechte Art, sich selbst zu helfen: so daß der Mensch neben mir mit mir leben kann und ich ihm mit meinem Leben, zu dem ich mir im Vertrauen auf Gottes Hilfe selbst helfe, zu seinem Leben verhelfe.

UNSEREM BETEN
IST WIRKUNG VERHEISSEN

Jedes Wort bekommt seine genauere Bedeutung erst durch den Satz, in dem es vorkommt, und jeder Satz erst durch das Satzgefüge, in dem er steht. So können wir auch die Bedeutung des Satzes, aus dem die Jahreslosung 1980 besteht, erst durch den Zusammenhang wirklich erfassen — und Fragen soll man ja ohnehin immer erst stellen, wenn man eine Behauptung einigermaßen verstanden hat. Die Behauptung der Jahreslosung haben wir vor drei Wochen gehört: »*Allen Menschen soll geholfen werden*«, und: »*Gott ist der, der will, daß allen Menschen geholfen werde.*« Der Zusammenhang, in dem das steht, lautet:

Ich rufe nun vor allen Dingen dazu auf, zu tun Bitten, Gebete, Fürbitten, Danksagungen für alle Menschen, für die Herrschenden und für die Hochgestellten, damit wir ein stilles und ruhiges Leben führen können in jeder Art von Frömmigkeit und Anstand. Das ist gut und erfreulich im Angesicht unseres Rettergottes, der will, daß alle Menschen gerettet werden und zur Erkenntnis der Wahrheit kommen.

1. Tim. 2, 1—4

Beten, mit Gott sprechen, hat also eine politische Wichtigkeit. Dem Beten sollen wir etwas zutrauen. Beten bekommt eine doppelte Verheißung: Beten kann uns selbst verändern, unsere Einstellung zu Menschen und Ereignissen, kann uns aus einer negativen Einstellung zu einer positiven bringen, aus Haß, Wut und Angst zu ruhigen und hoffnungsvollen Überlegungen und Handlungen. Und Beten kann verändernd mitwirken auch bei den politischen Entwicklungen, auf Frieden hin, auf ein »*stilles und ruhiges Leben*« hin, also hin auf ein Leben ohne Bedrohung und Existenzangst, wie wir es uns doch alle wünschen. Das ist eine Verheißung! Wohlgemerkt eine Verheißung, die sich nicht nachrechnen läßt, für die man nicht Beweise verlangen darf, bevor man sich auf sie einläßt, deren Aufruf man vielmehr sofort, unter Zurückstellung aller Zweifel und Gegenfragen, befolgen soll, also sofort anfangen soll mit Beten, alle Dinge mit Gott besprechen, mit Fürbitte und Danksagungen. Beten — und dann natürlich auch tun! Ora *et* labora, bete *und* arbeite! Bete — und dann tue etwas für das, worum du gebeten hast! Beten gibt Kraft zum Tun, gerade dann auch, wenn das Tun schwer ist oder gar aussichtslos erscheint. Unserem Beten ist Wirkung verheißen.

Ernstgenommen und befolgt kann diese Verheißung heute uns selbst verändern so, wie wir es dringend nötig haben. Heute, wo wir das Jahr, dem diese Jahreslosung gegeben ist, begonnen haben in einer tiefen Welterschütterung, in der das Wort Krieg, das doch ein undenkbares, ein unvorstellbares Wort geworden ist, jeden Tag in der Zeitung steht. Heute, wo uns vorgeführt wird, wie der dritte Weltkrieg einmal entstehen wird — oder wie er — niemand von uns weiß das — jetzt schon entsteht. »Im Volke wächst die Angst vor dem Krieg«, ist der Leitartikel der jetzigen Ausgabe der »Zeit« (31.1.1980) überschrieben. »Möglich, daß wir in den Krieg schlittern«, war kürzlich ein »Spiegel«-Gespräch mit Willy Brandt überschrieben, und in derselben Nummer des »Spiegel« standen die erschreckenden Sätze: »Es ist eine bedrohlich labile, hochexplosive politische Landschaft der 80er Jahre, die sich da seit zwei Wochen abzeichnet... Daß ihre Taten ... binnen Tagen eine solche Szenerie in der Welt schaffen würden, haben die beiden beteiligten Mächte mit einiger Sicherheit nicht gewußt — das macht die Sache nur schlimmer... Die beiden Großen erwiesen sich als unfähig, der Wirklichkeit entsprechende Erkenntnisse zu gewinnen, ihre und des Gegners Position richtig einzuschätzen und verhältnisgerecht zu handeln — ein Defizit an Fähigkeiten, das in diesem Ausmaß niemand erwartet hatte« (Spiegel, 14.1.1980). So entsteht der dritte Weltkrieg, von niemandem gewollt, von allen verschuldet. Sollte es nach ihm noch Überlebende geben — wie viele mögen es sein, denen man dann ihre Worte und Beschlüsse vor Kriegsausbruch noch vorlesen könnte, ohne daß sie in Scham und Schande und Reue in den Erdboden versinken müßten — alle heute »*Herrschenden und Hochgestellten*«, die scharfmachenden Politiker, die Zeitungsschreiber, die Stammtischredner —, alle, die heute wieder die Rüstung hochkurbeln, an der wir entweder schon vor dem dritten Weltkrieg oder in ihm kaputtgehen.

In besonderem Maße aber hängt die Kriegsverhütung heute von einer kleinen Anzahl von »*Herrschenden und Hochgestellten*« ab, von ihren falschen oder richtigen Berechnungen, von ihrer Ruhe oder Panik. Der schlimmste, gefährlichste Satz unter allen, die ich in diesen Wochen gelesen habe, war für mich Präsident Carters Ankündigung, er wolle »mit allen Mitteln« dafür sorgen, daß die USA die »stärkste Nation der Erde« bleiben. Wer so etwas sagt, ob im Westen oder im Osten, der will Überlegenheit behalten oder erreichen, wo doch nach den Aussagen unserer Politiker der Frieden zur Zeit auf dem Gleichgewicht der beiden Supermächte beruht. Wer seinen Stolz und seine Sicherheit darin sieht, daß er

der Stärkste ist, wer Angst davor hat, so dran zu sein wie wir anderen alle, wir Angehörigen der schwächeren Staaten, der will eine Überlegenheit, die bei den anderen Angst erregen muß, und der treibt damit das gegenseitige Rüsten in die Höhe und ist blind für die heutige politische Hauptaufgabe, die ein anderer USA-Präsident, John F. Kennedy, formuliert hat: »Entweder wir schaffen den Krieg ab, oder der Krieg schafft uns ab.«
Was können wir dazu tun? Der Text, in dem unsere Jahreslosung steht, antwortet darauf: Ja, fragt mit allem Ernst danach, was jeder von euch dazu tun kann, und tut das, was ihr findet, mit aller Entschiedenheit! Aber vergeßt bei allem Tun ein bestimmtes Tun nicht, zu dem auch der Ohnmächtigste noch in der Lage ist: die da droben haben es dringend nötig, daß die da unten für sie beten. Die Herrschenden beherrschen die Lage nicht, und sie beherrschen sich selbst nicht, das haben wir jetzt gesehen. Ein Unmaß von Schuld laden sie jetzt schon auf sich und mehr noch, wenn sie so weitermachen. Sie haben nicht die Aufgabe anzustreben, daß sie die stärkste Nation sind, sondern sie haben die Aufgabe, dafür zu sorgen, daß die Menschen ein Leben in »*Frömmigkeit und Anstand*« führen können. Man hat kritisiert, der Paulus-Schüler, der vermutlich diesen Brief geschrieben hat, verkünde hier ein hausbackenes, kleinbürgerliches Lebensideal. Mir scheint aber, er nennt einfach das Minimum, für das die »Herrschenden und Hochgestellten« sorgen sollen: daß die da unten nicht alle die Gemeinheiten mitmachen müssen, zu denen sich die Deutschen in den Nazijahren haben zwingen lassen, und die Gemeinheiten, die heute in den Rüstungslaboratorien ausgedacht, in den Armeen eingeübt und in den Kriegen ausgeführt werden, sondern daß

die da unten in Ruhe fromm sein können, also glauben und lieben können, ohne anderen zu schaden, und daß sie in Anstand leben können, ohne ihre Mitmenschen umbringen zu müssen.

Die gefährdetsten aller Menschen sind heute die »*Herrschenden und Hochgestellten*«. Sie bedürfen unserer Kritik, unserer Opposition *und* unserer Fürbitte. Ihr Geist muß gereinigt, erleuchtet, vom Bösen abgelenkt, zum Guten gestärkt werden. Dafür müßten wir viel mehr beten, alle unsere politischen Gedanken müßten von dieser Fürbitte durchzogen sein; es gehört zu unserer Schuld, daß wir es daran fehlen lassen. Darum ist dieser Aufruf zur Fürbitte eine Frage an unser Christsein, an unseren Glauben: Was halten wir eigentlich von der Fürbitte, und was halten wir eigentlich von dem Gott, zu dem Jesus betet, und zu dem ohne Unterlaß zu beten er uns lehrt und auffordert?

Er ist ein »*Rettergott*«, ein Heilandsgott, der Gott, »*der will, daß allen Leuten geholfen werde*«, sagt uns die Jahreslosung. Das heißt auf alle Fälle und unerschütterlich: er ist ein hörender Gott. Unsere Gebete verhallen nicht im Leeren. Unsere Fürbitte wird gehört. An die, für die wir beten, denkt auch er mit aller Liebessorge, und daß er an sie denkt, macht unsere Fürbitte nicht überflüssig. Denn wir dürfen mit ihm sprechen, wie Luther im Kleinen Katechismus sagt, »wie die lieben Kinder mit ihrem lieben Vater«, und unnatürlich wäre es doch, wenn Kinder mit Vater und Mutter, wenn das Verhältnis richtig ist, nicht sprächen über alles, was ihnen am Herzen liegt, und wenn sie die Eltern nicht um Hilfe bäten. Und freilich, auch ihre Gegenfragen dürfen sie dem sagen, der die Hilfe verspricht.

Wenn es Gottes ernster Wille ist, daß allen Menschen

geholfen werde, warum sehen wir dann oft so wenig von dieser Hilfe, warum sehen wir so viele Menschen in ihrer Not, auch in der Not ihres bösen Willens, steckenbleiben und umkommen? Ist er ohnmächtig in seinem Hilfswillen, wie wir es auch oft sind, ist es ein ernster, aber eben nicht allmächtiger Wille bei ihm? So haben wir vor drei Wochen gefragt. Von einem Gottesdienstteilnehmer wurde ich darauf hingewiesen, daß wir uns dabei vielleicht eine Hilfe vorstellen, die hier gar nicht gemeint ist, nämlich eine materielle, leibliche, irdische Hilfe. Hier aber hieße es doch, genau übersetzt: »daß alle Menschen *gerettet* werden«, und das beziehe sich doch auf unser ewiges Heil, nicht auf unser irdisches Wohl, auf unser Seelenheil, auf unsere Gemeinschaft mit Gott. Wem das nicht gefällt, oder wen sein Seelenheil gar nicht interessiert, sollte das doch ernstnehmen. Denn: »was hülfe es dem Menschen, wenn er die ganze Welt gewönne und nähme doch Schaden an seiner Seele«, sagt Jesus (Matth. 16, 26). Schaden an seiner Seele nehmen — das heißt: ewig von Gott ausgeschlossen sein, und »Seelenheil«, dieses altmodisch gewordene Wort kann man heutigen Menschen, die nicht über den Tod hinauszudenken pflegen, übersetzen mit: ein unzerstörbarer Sinn meines Lebens durch die Gemeinschaft mit Gott, so daß kein Tod, kein Leiden, auch kein Krieg mich scheiden kann von der Liebe Gottes. Ja, solches Seelenheil, solchen unzerstörbaren Sinn, solches ewige Leben in Gott gönnt Gott allen Menschen, und dahinein sollen sie alle gerettet werden. Aber auch hier kommt wieder die Frage: Werden sie denn alle gerettet, wenigstens in diesem Sinne, für dieses Seelenheil? Setzt Gott dafür seine Allmacht ein, daß sie alle ins ewige Leben gerettet werden? Man nennt das die große Frage der Allversöhnung, und sie zu behandeln, wie es sich gehört, reicht jetzt die Zeit nicht. Aber wir sehen: die Frage nach der Allmacht Gottes stellt sich in beiden Fällen, ob wir nun ans irdische Wohl oder ans ewige Heil denken.

Die Theologen sind natürlich immer mit der Frage beschäftigt, warum Gott seine Allmacht nicht so einsetzt, daß geschieht, was er will, daß wirklich allen Menschen geholfen werde, oder daß wenigstens alle Menschen fürs ewige Leben gerettet werden. Vielfach haben sie darauf die Antwort gegeben: Gott hält seine Allmacht zurück, weil er Respekt hat vor unserem freien Willen. Deshalb macht er die Verwirklichung dessen, was er will, davon abhängig, daß auch wir es wollen. Ich weiß nicht, ob diese Erklärung euch etwas hilft. Mir ist sie ein wenig zu vernünftig, ich neige demgegenüber eher zu Luthers Antwort, der meinte: der Widerspruch, an dem wir uns hier festbeißen, ist für uns hier auf Erden überhaupt nicht zu lösen. Denn es ist der Widerspruch zwischen Gottes Heilswillen, den er uns in Christus kundgetan hat, und der Weltwirklichkeit, die wir um uns sehen, und hinter der doch auch Gottes Wille stehen muß. Luther sprach deshalb von einem »verborgenen Willen« Gottes, d.h. von einem Willen Gottes, den wir nicht enträtseln und verstehen können, und Luther meinte, weil uns dieser Wille Gottes ganz verschlossen ist, darum sagt uns Gott im Evangelium, wir sollten darüber nicht nachgrübeln, sondern uns ganz festhalten an seinem offenbaren Willen, den wir durch Jesus Christus und in Jesus Christus kennen können, dem Heilswillen, der will, daß allen Menschen geholfen werde. Darum können wir nur entweder an diesem Widerspruch zwischen Gottes Liebeswillen und der Weltwirklichkeit verzweifelnd untergehen, weil wir uns an die augenscheinliche Wirklichkeit halten, oder Gott willkommen heißen in Jesus Christus. In Jesus Christus hält sich Gott selbst leidend in diesem Widerspruch. Jesus Christus ist der, der an diesem Widerspruch stirbt und in diesem Widerspruch an Gottes Verheißungen festhält und als der Auferstandene uns den Sieg von Gottes Liebe über alles, was ihr widerspricht, verkündet.

Jesus hat, an diesem Widerspruch sterbend, am Kreuze ja nicht gerufen, wie es immer wieder übersetzt zu werden pflegt: »Mein Gott, mein Gott, warum hast du mich verlassen?« Aus dem Hebräischen genau übersetzt, hat er gerufen: »Mein Gott, mein Gott, *wozu* hast du mich verlassen?« Was hast du dabei im Sinne? Was soll der Sinn, was soll die Frucht dieses Schrecklichen sein, in das du mich hast geraten lassen? Jesu Auferweckung soll uns allen für alles, was geschieht, sagen: Gott tut nichts Sinnloses, auch wenn es uns als sinnlos erscheint. Wenn wir einmal aus dem Glauben ins Schauen kommen, dann werden wir den Widerspruch hinter uns haben, dann werden alle Tränen abgewischt werden und alle Fragen verstummen. Gottes Allmacht und Gottes Verheißung werden eins geworden sein im endgültigen Sieg der Liebe Gottes.

Was aber jetzt? Nein, was also jetzt? Wozu werden wir von Gott, wie wir meinen, verlassen? Um umso mehr zu Gott zu fliehen. Wozu scheint uns Gott zu verstummen? Damit wir umso intensiver dorthin hören, wo er sich hören läßt. Wozu scheint die Wirklichkeit seine Verheißungen zu widerlegen? Damit wir uns umso mehr an seine Verheißungen klammern. Wozu läßt er uns sagen, es sei sein ernster Wille, daß allen Menschen geholfen werde? Damit wir Mitarbeiter und Werkzeuge seines Helfens werden, nur noch seines Helfens und nicht mehr Werkzeuge des Zerstörens. Wozu lädt er uns ein zur Fürbitte? Damit wir auch dann, wenn wir ganz ohnmächtig zu sein scheinen, etwas haben, was wir tun können, was wir sinnvoll tun können. Wozu macht er uns gerade die Fürbitte so wichtig? Damit wir im Glauben und im Beten nicht egoistisch uns um uns selbst drehen, die anderen vergessen, sondern priesterlich eintreten für alle Menschen, zumal auch für die gefährdeten da oben. Wozu verspricht er uns, unsere Gebete zu erhören? Damit wir wissen, daß wir nicht allein sind, auch wenn wir ganz allein sind — daß wir vor allem beim Helfen, beim Kämpfen für den Frieden und gegen Bosheit und Torheit der Menschen nicht allein sind, auch wenn mit unserer Macht nichts getan zu sein scheint.

Theoretisch ist das gar keine befriedigende Antwort, praktisch ist es die beste Antwort, alles enthaltend, was uns jetzt unbedingt nötig ist: Ausrüstung für alles, was kommen mag, in dieser Zeit der Kriegsgefahr, der Kriegsrüstung und der verantwortungslosen Kriegs- und Rüstungshetzerei. »*Gott will, daß allen Menschen geholfen werde*« — damit ist uns gesagt, was wir im Jahre 1980 zu tun und zu lassen haben, wobei wir mitmachen sollen, und wobei wir nicht mitmachen sollen, worauf wir uns verlassen sollen und dürfen im Leben und im Sterben.

MITARBEITER DER LIEBE

Denn das ist die Botschaft, die ihr von Anfang an gehört habt, daß wir einander lieben sollen. Nicht wie Kain, der aus dem Bösen war und seinen Bruder hinschlachtete. Und weshalb schlachtete er ihn hin? Weil seine Werke böse waren, die seines Bruders aber gerecht. Wundert euch nicht, Brüder, wenn euch die Welt haßt! Wir wissen, daß wir aus dem Tod in das Leben hinübergeschritten sind, weil wir die Brüder lieben. Wer nicht liebt, bleibt im Tode. Jeder, der seinen Bruder haßt, ist ein Mörder; und ihr wißt, daß kein Mörder ewiges Leben bleibend in sich hat. Daran haben wir die Liebe erkannt, daß jener für uns sein Leben gegeben hat. Auch wir müssen für die Brüder das Leben geben. Wer aber seinen Lebensunterhalt hat und sieht seinen Bruder Not leiden und verschließt sein Erbarmen vor ihm — wie bleibt in ihm die Liebe Gottes?
Kinderchen, laßt uns nicht mit Wort noch Zunge lieben, sondern in Tat und Wahrheit! Daran werden wir erkennen, daß wir aus der Wahrheit sind; und vor ihm werden wir unser Herz beschwichtigen, worin immer das Herz uns verurteilt, weil Gott größer ist als unser Herz und alles erkennt. Geliebte, wenn das Herz nicht verurteilt, haben wir Freimut gegenüber Gott, und was immer wir bitten, empfangen wir von ihm, weil wir seine Gebote halten und das vor ihm Wohlgefällige tun. Und das ist sein Gebot, daß wir dem Namen seines Sohnes Jesus Christus glauben und einander lieben, wie er uns ein Gebot gegeben hat. Und wer seine Gebote hält, bleibt in ihm und er in ihm. Und daran erkennen wir, daß er in uns bleibt: aus dem Geist, den er uns gegeben hat.

1. Joh. 3, 11—24

Für diesen langen Briefabschnitt finden wir eine Orientierung, wenn wir eine in ihm (V. 17) enthaltene Frage aufnehmen und auf uns beziehen: *Wie bleibt die Liebe Gottes in uns?* Was sind das für Leute, die so fragen? Wann sind wir Leute, die so fragen? Doch dann, wenn uns »Liebe Gottes« nicht nur ein leeres Wort ist, nicht nur eine merkwürdige Behauptung von merkwürdigen frommen Leuten, etwas Fernes und ganz Unvorstellbares, sondern wenn es uns schon nahegekommen ist, etwas Verlockendes geworden ist, wonach wir uns sehnen und verlangen. Es kann auch Zeiten geben, wo es uns ein leeres, nichtssagendes Wort wird. Das sind die traurigsten Zeiten unseres Lebens. Aber es kann, Gott sei Dank, auch Zeiten geben, wo dieses Wort unsere Herzen berührt und die Sehnsucht erweckt: Wie, wenn es das wirklich gäbe, Liebe Gottes zu uns, zu mir! Wie gut wäre ich dran! Und es kann Zeiten geben, wo ein Schwall von Freude in uns diesem Worte antwortet: Ja, herrlich, Gott sei Dank, es ist so, Liebe Gottes umfängt uns und ist die Quelle meines Lebens, wir sind Geliebte. Liebe Gottes — was kann das heißen? Über die Liebe von Menschen hinaus, die wir manchmal beglückt erfahren, nach der wir uns sehnen, ohne die wir nicht leben können, und die wir doch immer wieder auch entbehren müssen, spätestens dann, wenn uns der geliebte Mensch durch den Tod entrissen wird — über diese Liebe von Menschen und zu Menschen hinaus umfängt und trägt uns eine größere Liebe, die nicht stirbt, die uns auch im Sterben nicht fallen läßt und von der nichts uns scheiden kann, »weder Tod noch Leben, weder Engel noch Fürstentümer noch Gewalten, weder Gegenwärtiges noch Zukünftiges, weder Hohes noch Tiefes noch irgendeine Kreatur« (Röm. 8, 38f). Noch mehr: das ganze Universum mit seinen unzähligen Sternenwelten, auch mit allen Schrecklichkeiten, ist umfangen und getragen

von unendlicher Liebe, die all ihren Geschöpfen zum Besten verhelfen will.
Ist das ein schöner Traum, von allen Schrecklichkeiten der Welt täglich Lügen gestraft? Das könnte ja sein. Das ist eine Anfechtung, die uns immer wieder überfällt. Was setzen Menschen wie dieser Briefschreiber, der so strahlend und gewiß von der Liebe Gottes spricht, dagegen? Woher nehmen solche Menschen ihre Freude über die Liebe Gottes? Nur mit einer Andeutung sagt er es, aber er weiß, daß alle seine Leser es sofort verstehen und dankbar einstimmen: »*Daran haben wir erkannt die Liebe, daß jener für uns sein Leben gegeben hat*« (V. 16). Es hat sich ein Mensch für uns geopfert — und das war nicht nur ein menschliches Opfer; in ihm ist die ewige Liebe selbst Mensch geworden, in ihm hat sich die ewige Liebe selber geopfert für uns, und daran erkennen wir, *daß* ewige Liebe sich auf uns richtet, und an dem, was hier geschah, erkennen wir auch, *was* Liebe ist: nie nur eine Gesinnung, immer ein Tun, ein Tun für andere, bis zur letzten Konsequenz, bis zum letzten Opfer. Das ist Liebe »*in Tat und Wahrheit*« (V. 18), und das ist letzte Wahrheit und Wirklichkeit über unserem Leben und über der ganzen Welt; das ist der Tatbestand, von dem wir jetzt ausgehen sollen und wollen; das ist die Botschaft, die frohe Botschaft, die jetzt durch diese dunkle Welt geht und alle Menschen einlädt, daran zu glauben, d.h. darauf sich ganz fest zu verlassen: Wir sind Geliebte, ewige Liebe umfängt und trägt uns. Wem diese Botschaft das Herz berührt hat, wer danach sich sehnt und daran sich freut, der wünscht mehr als alles andere, daß diese Liebe ihn nie verläßt, daß sie in ihm bleibt, d.h. mit ihrer Gewißheit und Freude ihm das Herz erfüllt, und daß er in ihr bleibt, d.h. ganz aus ihr lebt, mit ihr im Ein-

klang und sie ausstrahlend auf andere Menschen. Dann aber kann es geschehen, daß das zu einer bedrängenden Frage wird: Wie bleibt die Liebe Gottes in uns? Wie kann es zu dieser Frage kommen? Wann wird uns das zur Frage, zur bedrängenden Frage? Ein Widerspruch treibt uns in diese Frage hinein. Ein Widerspruch, an dem schon »*jener*« gestorben ist, jener Jesus. Er ist ja nicht einfach gestorben, er hat sich totschlagen lassen. Es gibt also Totschläger, es gibt Kain, es gibt Menschen, die ihren Bruder »*schlachten*«, wie es hier (V. 12) mit einem starken Wort heißt, das uns doch täglich durch die Zeitung schrecklich bestätigt wird. Täglich werden Menschen geschlachtet, von Mord und Haß ist die Welt voll, und wo Menschen in Mord und Haß leben, da verbreiten sie nicht nur Tod um sich, da sind sie selber tot mitten im Leben. »*Kein Mörder hat ewiges Leben bleibend in sich*« (V. 15). »*Wer nicht liebt, bleibt im Tode*« (V. 14), der hat statt ewigen Lebens den Tod in sich.

Menschen, die von der Wirklichkeit der Liebe Gottes ergriffen sind, werden keineswegs in den Himmel erhoben, in ein sorgloses, idyllisches Leben, im Gegenteil, sie leben weiter in der Welt und sehen diese Welt viel schlimmer, viel illusionsloser als zuvor: als eine todbeherrschte Welt, als eine Welt voll von lauter Toten und Todverbreitern, die nur scheinbar leben. »*Wir sind aus dem Tode ins Leben hinübergechritten*« (V. 14) — und entdecken uns als Lebende unter lauter Toten. Ein russischer Bischof, der im Bürgerkrieg nach der Revolution von 1917 von Soldaten der Roten Armee erschossen wurde, rief diesen Soldaten entgegen: »Lebt wohl, ihr Toten! Ich gehe ins Leben!« Im Augenblick seines Sterbens war er ein Lebendiger unter Toten.

Das ist freilich ein großes Selbstbewußtsein, und das könnte auch zu einem großen Hochmut führen und hat das auch immer wieder getan, zu einer hochmütigen Verachtung dieser Todesmenschen um uns her: Wir sind die Erwählten und Geretteten, wir stehen hoch über diesen Wölfen und Kainsmenschen, wir sonnen uns in der Liebe Gottes und sind viel besser als diese Mörder.
Die bedrängende Frage für uns aber entsteht, wenn nach der ersten Entdeckung, daß diese Welt eine Kainswelt voller Toten ist, eine zweite Entdeckung folgt: Auch wir noch, die wir doch zum Glauben an die Liebe Gottes gekommen und dadurch vom Tode zum Leben hinübergeschritten sind, auch wir noch sind ein Stück dieser Kainswelt. Auch wir, als Lämmer Christi, als Boten des neuen Lebens unter die Wölfe gestellt, heulen mit den Wölfen und benehmen uns wie Wölfe, durchgiftet vom Mordgeist der Welt.
Wann machen wir diese Entdeckung? In ganz unauffälligen Situationen, in denen es nach Mord noch gar nicht zu riechen scheint: »*Wer aber seinen Lebensunterhalt hat und sieht seinen Bruder Not leiden und verschließt sein Erbarmen vor ihm*« (V. 17), wer also nicht tut, was er mit Dank die Liebe Gottes tun sieht, wer nicht von seinem Lebensunterhalt für die Notleidenden gibt, der gehört zu denen, die die Liebe Gottes »nicht bleibend in sich haben«, also zu den Mördern und Todesmenschen.
Wer von uns gehört *nicht* dazu? Wir reichen Christen mit dem armen Lazarus der Dritten Welt vor unserer Tür, wir Waffenlieferanten an den Schah von Persien, wir Geldgeber an Somoza und Pinochet, wir Besitzer von Aktien, von Banken und Industriefirmen, die das Unterdrückungsregime von Südafrika unterstützen, wir Sicherheitsbedürftigen, die wollen, daß unsere Regierung

den tödlichen Rüstungswahnsinn der ganzen Welt weiter mitmacht, wir Dahlemer neben den zukunftslosen Türkenkindern von Kreuzberg, wir alle, die wir täglich unseren reichen Lebensunterhalt beziehen auf Kosten unzähliger Benachteiligter und von unseren Politikern verlangen, daß sie dafür sorgen, daß uns unsere Privilegien nicht genommen werden. »Kein Deutscher kann sagen, daß er nicht ein Ausbeuter sei«, schrieb kürzlich ein brasilianischer Bischof. Was ist nun mit unserem Christentum, was ist nun mit dem Trost der Liebe Gottes, wenn wir lieben *»mit dem Wort und mit der Zunge«*, aber nicht *»in Tat und in der Wahrheit«* (V. 18), wenn also das gilt: Wer nicht liebt, wer nicht sein Leben gibt für seine Brüder, der bleibt im Tode?

Da wird uns die Liebe Gottes aus einer Freude zu einer Anklage: Das Herz, in das die Liebe Gottes eingedrungen ist, gerade dieses Herz verurteilt uns. Christen sind wir, soweit unser Herz uns verurteilt; Christen sind wir, soweit unser Herz unser faktisches Christsein verurteilt. Christen sind Menschen, die zerrissen sind durch den Widerspruch des Lebens, das ihnen geschenkt ist, und des Todes, an dem sie sich immer noch beteiligen, und die darum sehr bedrängt fragen: »Wie bleibt die Liebe Gottes in uns?«

Der Johannesbrief will diesen unseren Widerspruch uns sichtbar machen und in diese Frage uns hineintreiben — nicht um uns darin umkommen zu lassen, nicht damit wir in Verzweiflung geraten, weil wir merken, daß wirkliches Christsein viel zu schwer ist für uns, nicht damit wir dann resigniert aufgeben: Wir sind halt eben Todesmenschen, Mörder ebenso wie die anderen, und nun heulen wir eben als Wölfe mit den Wölfen — sondern damit wir nach einer besseren Antwort verlangen und die Antwort, die uns hier gegeben wird, hören und uns durch sie helfen lassen, aufs neue und wenigstens anfangsweise in den Gegensatz zur Wolfswelt zu treten und mitten in dieser Todeswelt als Menschen der Liebe Gottes zu leben.

Die Antwort, die uns dazu helfen will, ist eine doppelte. Zuerst: In dieser Gerichtsverhandlung tritt unser Herz gegen uns wie ein Staatsanwalt auf mit seinen unerbittlichen Anklagen und Verurteilungen. Gott aber, vor dem die Verhandlung stattfindet, ist nicht identisch mit diesem Staatsanwalt. Das Herz — oder: das Gewissen — ist nicht einfach, wie man manchmal sagt, Gottes Stimme; es ist unsere Stimme, die Stimme unseres von Gottes Liebe berührten Herzens, das mit Schrecken den Widerspruch zwischen Tod und Leben in unserem eigenen Leben feststellt. Von Gott aber heißt es: »*Worin immer das Herz uns verurteilt, ist Gott größer als unser Herz und erkennt alles*« (V. 20). Was heißt das? Wir klagen uns an, aber wir verteidigen uns ja auch. Wir weisen darauf hin, daß unser Christsein doch auch nicht ganz nichts ist, sondern ein bißchen Liebestaten schon hervorgebracht hat, daß wir nach allen Seiten hin spenden, und was wir reichen Christen durch Diakonisches Werk, durch Brot für die Welt und Adveniat und Misereor für den armen Lazarus tun. Und wir plädieren für mildernde Umstände: Wir sind eben schwache Menschen und keine Heiligen; unsere Opferbereitschaft hat nun einmal ihre Grenzen, und man darf sie nicht überstrapazieren. Und: Sollen wir denn Gottes Gaben nicht auch genießen können, müssen wir uns jedes gute Essen und jede überflüssige Anschaffung und jede Ferienreise durch die Anklagen unseres schlechten Gewissens verderben lassen? Und schließlich: Die Not in der Welt ist so über-

groß, und wenn sie auch durch unseren Kapitalismus verschuldet ist, so doch nicht allein durch ihn, und wir einzelnen können nur ganz winzig bei ihrer Linderung helfen.
Antwort: Du brauchst keine Verteidigungsreden vor Gott zu halten. Er »*erkennt alles*«, »er kennt das arm Gemächte / und weiß, wir sind nur Staub«; er kennt alles, was uns entlastet, alle mildernden Umstände und die Übergröße der Not. Und »*er ist größer als unser Herz*«, seine Liebe gilt den Wölfen, den todgeknechteten Mördern, dieser schrecklichen Welt, für die er sich opfert, und damit auch seinen schwachen Jüngern, seinen so unzulänglichen Mitarbeitern mit all ihren Gebundenheiten und ihren Rückfällen ins alte Todeswesen. Die hat er schon längst gekannt, bevor unser Herz sie erkennt und anklagt. Seine Liebe ist eine verstehende und vergebende und unermüdliche Liebe, noch mehr als sieben mal siebzigmal vergebend. Gottes Größe ist seine nie aufhörende Vergebung.
Damit können wir, sagt der Briefschreiber, der ja ganz solidarisch mit uns allen und gar nicht von oben herab spricht, »*unser Herz beschwichtigen*« (V. 19). Es gibt eine illegitime Selbstbeschwichtigung und Selbstberuhigung: wenn einer die Anklagen des Gewissens gar nicht hochkommen läßt und sich und die anderen ständig über die Vorzüglichkeit seines Christseins zu täuschen versucht. Und es gibt eine legitime Beschwichtigung und Beruhigung, die nicht wir selbst uns verabreichen, sondern die Gott mit seiner Vergebung uns gibt gerade in dem Augenblick der Wahrheit, wo wir die Selbsttäuschung nicht mehr festhalten, sondern schonungslos den Anklagen unseres Gewissens uns aussetzen. Wenn wir uns nicht mehr selbst verteidigen und rechtfertigen,

dann tritt Gott, der größer ist als unser Herz, für uns ein und hält uns fest wie die Mutter ihr kleines, nichtsnutziges Kind. »*Kinderchen*« und »*Geliebte*« nennt uns deshalb der Briefschreiber, und wir dürfen wieder aufatmen: Wir sind nicht ausgestoßen, verdientermaßen, wir bleiben angenommen von der Liebe Gottes.

Damit hört es aber nicht auf, es geht weiter zum zweiten Teil der Antwort. Zu dem Gebot, dieser seiner Vergebung in Jesus Christus zu glauben und uns darauf zu verlassen, tritt aufs neue das Gebot der Sendung zu den Brüdern einschließlich der Kainsmenschen um uns her: »*Das ist sein Gebot, daß wir dem Namen seines Sohnes Jesus Christus glauben und einander lieben*« (V. 23). Er braucht uns weiterhin, damit durch uns hindurch, durch unser Lieben »in Tat und Wahrheit« seine Liebe zu den lieblosen Todesmenschen kommt. Die Beruhigung durch die Vergebung geschieht nicht, damit wir uns beruhigt schlafen legen. Hans Joachim Iwand hat einmal gesagt: »Manche Christen, wenn sie das Wort Vergebung hören, drehen sich auf die andere Seite und schlafen weiter, und das nennen sie dann Umkehr.« Dazu ist uns die Vergebung zugesagt, damit wir nun erst recht aufstehen, nicht mehr bekümmert nachdenken über unsere Liebesunfähigkeit, nicht mehr uns lähmen lassen durch die Erkenntnis unserer Schwäche und der Übergröße der Not, sondern aufs neue unseren Lebensunterhalt und unsere Privilegien in seinen Dienst stellen. Die Vergebung ist kein Ruhekissen, sondern ein Antrieb. Daran zeigt sich, daß sie nicht eine illegitime, sondern eine legitime Beruhigung ist. Gott beruhigt so, daß er uns sofort auch wieder beunruhigt.

Jetzt fangen wir an, neu zu beraten, was wir mit unserer kleinen Kraft tun können in den unabsehbaren Weltnöten, was die einzelnen tun können, was die Gemeinde Dahlem, was die West-Berliner Kirche, was die Evangelische Kirche in Deutschland tun kann, welche Politik wir unterstützen können, und gegen welche Politik wir uns wenden müssen. Es wird darüber immer wieder Meinungsverschiedenheiten geben, also auch Streit unter uns. Aber wenn und soweit wir nur alle das in uns aufnehmen, daß nichts von dem, was uns gehört, uns selber gehört, daß alles, was uns gehört, von der Liebe Gottes beschlagnahmt ist, dann haben wir eine gemeinsame Richtung und ein gemeinsames Kriterium für unsere Beratungen, das uns sicher auch immer wieder zu gemeinsamer Praxis kommen läßt. »Was nicht im Dienst steht, das steht im Raub«, hat Martin Luther unvergeßlich gesagt, und es ist also gerade die Liebe Gottes, die uns einlädt, nicht weiterhin Räuber unter Räubern zu sein, sondern Mitarbeiter der Liebe. Wenn wir, wie schwach und anfänglich auch immer, im Tun der Liebe bleiben, nicht nur im Gerede der Liebe, dann bleibt die Liebe Gottes in uns und wir in ihr. In einem neuen Roman des schwedischen Dichters Lars Gustafson (»Der Tod eines Bienenzüchters«, 1978) steht der Satz: »Wenn man sagen will: ›Ich liebe dich‹, so gibt es nur eine Möglichkeit, nämlich daß man es tut.« Das ist die Bewegung, in die uns dieser Text samt dem ganzen Evangelium locken und treiben will. Anstelle des Weges des Todes ist es der Weg des Lebens.

DIE UNIVERSALITÄT JESU CHRISTI

Nachdem Gott vor Zeiten vielfach und auf mancherlei Weise zu den Vätern gesprochen hat in den Propheten, sprach Er jetzt am Ende der Tage zu uns durch Einen, der Sohn ist. Ihn hat Er zum Erben des Alls eingesetzt, wie Er auch durch Ihn die Welten geschaffen hat. Dieser ist der Glanz seiner Herrlichkeit und Abdruck seines Wesens. Er trägt das All durch Sein machtvolles Wort. Er hat eine Reinigung von den Sünden erwirkt und sich dann gesetzt zur Rechten der Majestät in den Höhen.
(Übersetzung nach Otto Michel)

Hebr. 1, 1—3

Dieser großartige Anfang des Hebräerbriefs — im Griechischen ein einziger Satz von so wunderbarer Konstruktion, daß jedes Kennerherz sich daran erfreut —, großartig durch sein Ausgreifen in alle Zeiten und Räume des Universums — dieser Satz kann sich uns vielleicht am ehesten öffnen, wenn wir fragen: Wie sind wir dran, wenn das gilt, wenn das wörtlich wahr ist? Wir selber kommen ja vor in diesem Satz: er hat »*in diesen letzten Tagen zu uns gesprochen*«. Dieses »uns« ist so allgemein, daß kein Mensch sich für ausgeschlossen oder nicht gemeint halten soll. Zu den *Vätern,* zu denen Gott »*vor Zeiten vielfach und auf mancherlei Weise ... in den Propheten gesprochen hat*«, also zum Volke Israel gehören wir freilich nicht. Aber das eben ist das Ereignis, von dem das ganze Neue Testament spricht, und das ist die Erfüllung dessen, was »*vor Zeiten*« nur dem engen Hörerkreis Israel hörbar geworden war: jetzt, mit dem Geschehen, dessen Beginn und Bedeutung uns an Weihnachten vorgestellt wird, öffnet sich das Tor hin zur ganzen Welt, und alle, schlechthin alle gehören jetzt zum

Hörerkreis, zusammen mit Israel. Dieser eine Jude, Jesus von Nazareth, ist das Wort Gottes an Israel *und* an alle. Wie aber sind wir dadurch dran, was ist dann unsere wahre Situation? In fünf Punkten antwortet uns der uns sonst unbekannte urchristliche Zeuge, der den Hebräerbrief geschrieben hat.

1. *Zu uns wird gesprochen.* Wie wichtig es ist, daß zu uns gesprochen wird, wissen wir schon vorher. Wäre nie zu uns gesprochen worden, so wären wir nicht Menschen geworden; wahrscheinlich hätten wir das Säuglingsalter nicht überlebt. Wir sind Menschen geworden dadurch, daß Menschen menschlich mit uns gesprochen haben. Auch was wir von den Propheten und von Jesus zu hören bekommen, sind menschliche Worte. Das Besondere aber am Sprechen der wahren Propheten samt Jesus ist, daß in ihnen und durch sie hindurch noch eine andere Stimme als die Stimme von uns Menschen laut wird. Auf eine einfache Formel gebracht: was bisher stumm war, das spricht zu uns. Stumm ist außer der Sprache der Menschen alles um uns her, die Tiere, die Pflanzen und Steine, die irdische Natur und das umgebende Universum. Machen wir uns klar: wir existieren inmitten eines ungeheuren Schweigens. Und hinter diesem schweigenden Universum, hinter allem, was ist und lebt, erstreckt sich die schweigende Ewigkeit, das Schicksal, das stumm und unansprechbar über Götter und Menschen und allem, was ist, regiert. Viele Menschen, die heute das Wort »Gott« benützen, meinen nichts anderes als dies; sie sagen »Geheimnis« und meinen damit dieses undurchdringliche Schweigen, das sich nicht äußert, ob wir nun mit Hoffnung oder mit Angst in seine Stummheit hineinfragen. Nun aber: wo es bisher stumm war, von da her wird zu uns gesprochen.

Aus dem Schweigen kommt eine Stimme; sie können wir hören, ihr können wir antworten. Die letzte Wahrheit hinter allen Sternen und Göttern ist nicht dieses tödliche Schweigen, diese alles verschlingende, stumme Ewigkeit, in die jeder von uns mit seinem Sterben zu versinken scheint. Die letzte Wahrheit und Wirklichkeit ist eine lebendige Stimme, die sich bis zu uns heruntersenkt, auf dieses Staubkorn Erde, und dich und mich, uns Eintagsfliegen, sucht. Sie läßt sich jetzt in menschlicher Sprache hören, damit wir wissen, woher wir kommen und wohin wir gehen, und »was fest besteht, / wenn alles hier im Staube / wie Sand und Staub verweht«. Zu uns, zu jedem von uns wird aus der Ewigkeit menschlich gesprochen.

2. Was hier zu uns spricht, oder besser: *Er, der hier zu uns spricht, ist reale ewige Liebe.* Als diese Stimme in den Propheten zu Israel sprach, wußte Israel schon: Hinter ihr gibt es nichts Höheres; das ist nicht nur vordergründige, das ist letzte Wahrheit. Weil diese Stimme aber, wie sie es ja auch bei uns tut, Freundliches und Strenges sagt, Versprechungen und Gebote gibt, Evangelium und Gesetz, darum kann man wohl fragen: Was ist der, der hier spricht, in seinem innersten Kern? In Jesus wird das klar. In Jesus — das meint das Wort »*Sohn*« — hat die ewige Stimme, hat der ewige Gott sein Herz aufgetan. Jesus ist die Offenbarung des göttlichen Herzens, und dieses Herz ist Liebe — ein Wort, so verbraucht wie das Wort Gott und wie Weihnachten heute, so daß wir es erst neu gewinnen müssen in seiner ganzen Macht und Bedeutung. »Gott ist ein glühender Backofen voll Liebe«, sagt Luther einmal. Das ist wunderbar, das ist alles andere als selbstverständlich, das ist eine unglaubliche Tatsache. Die soll uns durch die

Erscheinung Jesu gewiß werden. Ihn hören, an ihn sich hängen, seinen Weg ihm nachgehen, auf ihn hoffen — das verbindet uns mit Gottes Liebe, das wird uns gewiß machen, daß diese Liebe die letzte Wahrheit und Wirklichkeit ist. Er, Jesus ist der *»Glanz der Herrlichkeit und Abdruck des Wesens Gottes«*.

3. Zeigt sich in Jesus der ewige Gott hier unten bei uns als unser Bruder und Freund und spricht zu uns, dann ändert sich damit auch unser *Verhältnis zu dieser Welt,* in der wir leben. Ein riesiges Universum, seit dem Urknall auseinanderstiebend, seinen Gesetzen unterworfen, unendliche leere Räume, in ihrer Finsternis nur spärlich erhellt, werdende und vergehende Sternenwelten, und wir winzigen Mikroben da mitten drin — was soll das alles, was ist der Sinn? Luther sagt in seinem Weihnachtslied, das Kommen Jesu »gibt der Welt einen neuen Schein«. In diesem neuen Schein werden uns Grundfragen zuversichtlich beantwortet: Wem gehört das alles? Dem Sohn, in dem sich Gottes Herz zu uns hin auftut. Woher kommt das alles? Aus dem Herzen Gottes, das Liebe ist und das in Jesus sich auftut. Wohin geht das alles? Nicht in den Tod, nicht ins Nichts, sondern zu Ihm hin. Er ist das Ziel. *»Ihn hat Er zum Erben des Alls eingesetzt, wie Er auch durch Ihn die Welt geschaffen hat... Er trägt das All durch sein machtvolles Wort.«* Waren wir vorher verlassene Winzigkeiten in einem gleichgültigen Universum, so sind wir jetzt in einer aus der Liebe Gottes kommenden und von ihr durchstrahlten Welt. Vor ihm gibt es keinen Unterschied von Groß und Klein; unzählbare Sternenwelten von unermeßlicher Ausdehnung und die kleinste Mücke — allen ist Er gleich nahe, alle gehören Ihm.

Dies heißt aber auch: Diese Welt gehört nicht uns. Als

der neuzeitliche Mensch das All empfand als unendliche leere Räume, gottverlassen wie er selbst, da hat er die irdische Natur, den ihm nächsten Teil der Welt, und was er sonst noch von der Welt heute erreichen kann, nur noch als Material gesehen, das er für seine Zwecke ausbeuten und zerstören darf. Heute steht uns die Verwüstung vor Augen, die wir dadurch angerichtet haben und immer weiter anrichten, als die größte Bedrohung der Menschheit. An unserm gottlosen Verhalten zur Natur, wie es die sog. »Naturvölker«, auf die wir Zivilisierten hochmütig herabzusehen pflegen, nicht gekannt haben, werden wir zugrundegehen, wenn nicht eine große Umkehr erfolgt. Um das Thema dieser Umkehr anzugeben, genügt ein Stichwort, das in der vergangenen Woche in unserem Bundestag unglücklich genug behandelt wurde, das Stichwort Plutonium — das schlimmste Gift, das denkbar ist, von dem eine kleine Menge genügt, uns alle zu vernichten, und von dem wir jährlich Tausende von Tonnen produzieren, ein Gift, das nicht Gott geschaffen hat, sondern das wir geschaffen haben, und das noch in mehr als zehntausend Jahren, wenn es dann noch Menschen auf der Erden geben sollte, die einzige Erbschaft sein wird, die wir diesen späten Nachkommen hinterlassen. Die Antwort, die wir ihnen allein geben können, nämlich daß wir in einem Engpaß von Energie auf diese Energie nicht haben verzichten wollen, wird dann sicher keine Entschuldigung für uns sein. Entweder Plutonium — oder die Natur als Eigentum Jesu, des Erben des Alls, dem auch unsere Natur gehört, das ist das harte Entweder — Oder von Tod und Leben, vor das wir heute gestellt sind.

4. Nachdem von Gottes Stimme in den Propheten und in Jesus gesprochen war und von dem »neuen Schein«,

den dadurch die Welt erhält, kommen nun wir dran, wir Menschen. Was ist von uns zu sagen ohne diesen Jesus, gerade von uns heute? Die Bibel hat für unsere jetzige Lage ein Wort, auch ein sehr verbrauchtes und zugleich sehr aktuelles: das Wort Sünde. An unserer Sünde sterben wir, an unserer gottlosen Naturzerstörung, an dem gottlosen Klassenkampf der reichen Völker gegen die armen. Das ist aber nur im Großen die Widerspiegelung dessen, was ständig auch im Kleinen bei uns geschieht: unsere Lieblosigkeit, unsere Harthörigkeit für die Zurufe Gottes, auch die heutige, schreckliche Verkehrung des weihnachtlichen Schenkens in die Konsumschlacht — das alles müssen wir zusammensehen, wenn wir das Wort Sünde hören. Jesus ist das Sich-Auftun des Herzens Gottes hin zu uns, zu uns an unserer Sünde sterbenden Menschen. *»Er hat eine Reinigung von den Sünden erwirkt.«* Reinigung von den Sünden, das heißt: was hoffnungslos alt und verbraucht und unveränderlich schien, kann neu werden. Das meint: Wo du bisher dachtest: »Was ich getan habe, werde ich nie mehr los«, da wird das, was dich nicht mehr atmen läßt, weggenommen und zur Vergangenheit gelegt, damit es die Zukunft nicht mehr versperren kann. Wo du dachtest: »So bin ich nun einmal, daran kann niemand mehr etwas ändern«, wird dir statt des alten Lebens ein neues Leben vorgelegt mit neuen Möglichkeiten.Wo du verbittert andere festnagelst auf ihre Bosheit, da sollst du jetzt den lebendigen Gott am Werk sehen, der sich in Jesus persönlich aufgemacht hat, um diese Menschen, an die du so vorwurfsvoll denkst, frei zu machen aus dem Bosheitssumpf, in den sie geraten sind. »Reinigung von den Sünden« heißt schließlich auch: Gegen das Böse in uns und in den anderen kämpft nicht nur ihr, mit deren

Macht, wie ihr immer wieder erfahren müßt, nichts getan ist, sondern mit euch der, der das All trägt mit seinem kräftigen Wort. Uns ist im Kampf gegen das Böse kein Sieg verheißen, aber Er wird siegen

5. Und dies alles nicht nur vorübergehend, nicht nur für die paar Jahre, bis man uns ins Grab legt. Was wir hier von diesem Jesus und seinem Evangelium Gutes erfahren, ist nicht alles, im Gegenteil, es ist gerade nur der Anfang. Es geht weiter, es geht nicht wieder zurück, schließlich doch sinnlos ins Grab, es wird nicht durch den Tod durchgestrichen, es geht weiter und aufwärts. In der Bildersprache unseres Textes: »*Er hat sich gesetzt zur Rechten der Majestät in den Höhen.*« Er, der uns reinigt, der uns herausführt aus dem verdorbenen Leben in ein Leben, das Zukunft hat. Er, in dem auf Erden der Glanz der Liebe Gottes unauslöschlich zum Leuchten gekommen ist. Er — und mit Ihm auch wir: »Jesus lebt — mit ihm auch ich!« Alles in der Welt ist vorübergehend, dieser Jesus ist endgültig. Mit ihm verbunden sein heißt: mit der endgültigen Wahrheit, mit der endgültigen Wirklichkeit verbunden sein, mit der Liebe Gottes, aus der wir kommen und in die wir gehen.

Das ist der Weihnachtsunterricht des Hebräerbriefes. Von Bethlehems Stall aus tut er den Blick auf in die Weite und in die Höhe, in unermeßliche Dimensionen, die zu weit sind für unsere Fassungskraft, und jeder darf ruhig sagen: das ist mir zu hoch und zu schwierig, muß ich das alles glauben? Du mußt überhaupt nichts glauben. Es war ein großer Fehler in der christlichen Kirche, daß man oft Glaubenssätze mit einem Muß verbunden hat: wenn du das nicht glaubst, wirst du nicht selig, wirst du von Gott verstoßen. Da hat man vom Zentrum der Weihnachtsbotschaft nichts verstanden. Die Wörter Glauben und Müssen passen in keiner Weise zusammen. Du mußt nicht. Aber unsere Frage meint vielleicht noch etwas anderes, sie will vielleicht sagen: Darf ich das glauben? Nicht nur meinem Verstand ist es zu hoch, mehr noch meinen Erfahrungen. Anders bin ich jeden Tag dran, als meine Situation hier beschrieben wird. Ich höre Gott nicht zu mir sprechen, ich sehe das Weltall nicht durchdrungen und getragen von der Liebe Gottes, ich fühle mein Altsein und nicht diese neuen Möglichkeiten. Darf ich so Unglaubliches glauben? Darf ich mich darauf verlassen? Darf ich wagen, damit zu leben und diesem Jesus nachzufolgen auf jedes Risiko hin?

Mit dieser Frage gehen wir jetzt ins Hören der Weihnachtsbotschaft hinein. Das Beste, was dieses Hören anrichten kann, ist dann, daß wir wieder ein paar Schritte in dieser Richtung wagen. Keiner wird vermutlich dieses unermeßliche Ganze solcher großen Worte schon aufnehmen können. Jeder ergreift zunächst einen Zipfel. Der eine nimmt Jesus als Vorbild für sein Leben; ein anderer wird durch Jesus ermutigt, unverzagter für Gerechtigkeit und Frieden gegen alles Unrecht und gegen den Haß einzutreten; ein anderer erfährt etwas von der Vergebung und wird dadurch ein vergebender Mensch; einem anderen hilft dieser Trost in seiner Lebensangst; wieder einer bekommt dadurch neue Kraft, in seiner zerstrittenen Umgebung ein verbindender, versöhnender Mensch zu sein; wieder einer läßt sich in der letzten schweren Krankheit durch den Namen Jesus die Angst vor dem Sterben nehmen. Jeder fängt an einem Zipfel an und wird dann immer weiter geführt, in immer neue Entdeckungen, in immer weitere Horizonte, in immer größere, herrliche Erkenntnisse, bis wir dies alles schließlich sehen werden »von Angesicht zu Angesicht«.

SCHAUT NACH VORN!

Und danach sah ich vier Engel stehen an den vier Ecken der Erde, die hielten die vier Winde der Erde, auf daß kein Wind über die Erde bliese noch über das Meer noch über irgendeinen Baum. Und ich sah einen andern Engel aufsteigen vom Aufgang der Sonne, der hatte das Siegel des lebendigen Gottes und rief mit großer Stimme zu den vier Engeln, welchen gegeben war, Schaden zu tun der Erde und dem Meer, und er sprach: Tut nicht Schaden der Erde noch dem Meer noch den Bäumen, bis daß wir versiegeln die Knechte unsres Gottes an ihren Stirnen.

Und ich hörte die Zahl derer, die versiegelt wurden: hundertvierundvierzigtausend, die versiegelt waren von allen Geschlechtern Israels: von dem Geschlechte Juda zwölftausend versiegelt, von dem Geschlechte Ruben zwölftausend, von dem Geschlechte Asser zwölftausend, von dem Geschlechte Manasse zwölftausend, von dem Geschlechte Simeon zwölftausend, von dem Geschlechte Levi zwölftausend, von dem Geschlechte Isaschar zwölftausend, von dem Geschlechte Sebulon zwölftausend, von dem Geschlechte Joseph zwölftausend, von dem Geschlechte Benjamin zwölftausend versiegelt.

Danach sah ich, und siehe, eine große Schar, welche niemand zählen konnte, aus allen Nationen und Stämmen und Völkern und Sprachen, vor dem Thron stehend und vor dem Lamm, angetan mit weißen Kleidern und Palmen in ihren Händen; die riefen mit großer Stimme und sprachen: Das Heil ist bei dem, der auf dem Thron sitzt, unserm Gott und dem Lamm! Und alle Engel standen um den Thron und um die Ältesten und um die vier Gestalten und fielen vor dem Thron auf ihr Angesicht und beteten Gott an und sprachen: Amen, Lob und Ehre und Weisheit und Dank und Preis und Kraft und Stärke sei unserm Gott von Ewigkeit zu Ewigkeit! Amen.

Und es hob der Ältesten einer an und sprach zu mir: Wer sind diese, mit den weißen Kleidern angetan, und woher sind sie gekommen? Und ich sprach zu ihm: Herr, du weißt es. Und er sprach zu mir: Diese sind's, die gekommen sind aus der großen Trübsal und haben ihre Kleider gewaschen und haben ihre Kleider hell gemacht im Blut des Lammes. Darum sind sie vor dem Thron Gottes und dienen ihm Tag und Nacht in seinem Tempel; und der auf dem Thron sitzt, wird über ihnen wohnen. Sie wird nicht mehr hungern noch dürsten; es wird auch nicht auf sie fallen die Sonne oder irgendeine Hitze: denn das Lamm mitten auf dem Thron wird sie weiden und leiten zu den lebendigen Wasserbrunnen, und Gott wird abwischen alle Tränen von ihren Augen.

Offb. 7

Ob uns dieser Text nun fremdartig vorkommt oder tröstlich oder unsere Phantasie in Bewegung setzt — er wird uns wichtig werden, je mehr wir uns klarmachen, daß er in Form einer Vision ausspricht, was Inhalt des ganzen Evangeliums ist. Das ganze Evangelium ruft uns zu: Schaut nach vorn! Wie es euch auch gehen mag, schaut nach vorn! Hoffnung wird euch kommen von dorther und Durchhaltekraft. Schaut nach vorn, dort seht ihr, was euch durchhalten läßt! Nach vorn haben daraufhin unzählige Christen geschaut, und nach vorne schauend sind sie gestorben. Nach vorne haben daraufhin auch viele andere Menschen geschaut in der Hoffnung, dieses bessere Vorn könnte schon innerhalb der Geschichte liegen, und im Laufe der Entwicklung würden wir es durch unseren Fortschritt erreichen, und sie haben darum für den Fortschritt gekämpft und ihr Leben eingesetzt. Heute ist dieses Nach-vorn-schauen auf den Fortschritt bei vielen erlahmt. Eine Umfrage hat kürzlich ergeben, daß im Unterschied zu früheren Jahren weniger als die Hälfte der Bundesbürger an einen Fortschritt der

Menschheit glauben. Das heißt doch: sie erwarten sich nichts Besseres, sondern eher noch Schlimmeres, und sie haben dafür auch ihre Gründe, und deshalb schauen sie lieber nicht nach vorn, sondern kümmern sich nur um das Gegenwärtige, sehen vor sich nur das Altwerden und das Sterben und leben deswegen ziemlich trübsinnig in den Tag hinein.

Das Evangelium aber hört nicht auf, uns Trübsinnigen und von der Zukunft Geängstigten weiter zuzurufen: Schaut nach vorn! Deshalb ist dieser Text ans Ende des Kirchenjahres gesetzt, so wie die Offenbarung Johannis am Ende des Neuen Testaments und am Ende der ganzen Bibel steht, um zu sagen: Bei allem, was euch hier für das gegenwärtige irdische Leben hilfreich gesagt wird an Trost und Weisung, bei alledem müßt ihr zugleich nach vorn schauen, dann erst bekommt alles den rechten Sinn, Grund und Zusammenhang.

Das wird uns rasch deutlich, wenn wir sehen, welcher Zielgruppe dies vor allem zugerufen wird. Von solchen, die »*aus der großen Drangsal*« kommen, ist hier die Rede. Also ist es auf solche vor allem gezielt, die jetzt in großer Drangsal sind, die jetzt nicht aus und ein wissen, von Nacht und Tod und Feindschaft auf allen Seiten umgeben. In diesem merkwürdigen Buch der Offenbarung Johannis, das gar nicht fortschrittsgläubig ist, sondern das die Menschheit in große Schrecken hineintreiben sieht und deshalb von manchen klarsehenden Warnern unserer Zeit das aktuellste Buch der Bibel genannt wird, in diesem Buche werden vor unserem Kapitel die vier apokalyptischen Reiter Krieg, Bürgerkrieg, Naturzerstörung und Völkertod (damals dachte man an Pest, heute können wir dafür auch Radioaktivität sagen!) auf die Erde losgelassen, und nach unserem Kapitel ertönen die sechs Wehe-Posaunen. Mitten drin aber, mitten zwischen diesen Schreckensankündigungen dieser Ruf: Ihr in der großen Drangsal, schaut nach vorn! Dort werdet ihr sehen, mit Hilfe dieser prophetischen Vision, was euch die große Drangsal jetzt durchhalten läßt. Durchhalten — das hieß für die ersten Leser dieses Buches, für die kleinen, verrufenen, drangsalierten, verfolgten Märtyrergemeinden der frühen Christenheit: den neu gewonnenen Glauben nicht wieder wegwerfen, die Änderung ihres Lebens, die Nachfolge Jesu, den Nonkonformismus, das Nichtmitmachen bei dem, was alle machen, nicht wieder aufgeben, auch wenn Gefängnis und Tod darauf steht, Lebenszeugen zu bleiben, wenn auch todgeweihte Lebenszeugen inmitten einer tatsächlich todgeweihten, weil von Todesproduktion und Todesmethoden sich das Leben versprechenden Gesellschaft. Durchhalten heißt für uns heute ebenfalls: in der Bewegung bleiben, in die uns das Evangelium gebracht hat, in der Nachfolge Jesu statt in der Nachfolge des Geldes, der Karriere, der Konsumverbesserung, im Nichtmitmachen der Mammonsanbetung, der allgemeinen Feigheit oder auch der Resignation, im freudigen Hören des Glaubenstrostes, im Eintreten für die Opfer der Gewalt und der Ausbeutung. Damit das aber nicht nur ein verbittertes, finsteres und schließlich doch in Resignation verfallendes Durchhalten sei, sondern ein sinnvolles, von Hoffnung getragen trotz aller Niederlagen, dazu bedarf es einer Aussicht auf das Ziel und einer Gewißheit, das Ziel zu erreichen. Darum ruft uns das Evangelium zu: Schaut nach vorn! — und deshalb bringt die Offenbarung Johannis inmitten der Schreckensankündigungen die Vision von Menschen, die am Ziel angekommen sind: die Erlösten, versammelt um Gott und das

Lamm, die Drangsal hinter sich, nun in ewiger Freude, Gott schauend, alle Tränen getrocknet, alle Fragen gestillt, mit Wasserquellen des Lebens in nicht aufhörendem Dank und Lob. Laßt mich davon zweierlei hervorheben:

1. *Gott und das Lamm* sind der Mittelpunkt, der Grund der Freude und im Nach-vorn-schauen der Grund der Hoffnung. Nicht ein Gott ohne das Lamm! Das wäre ein Gott, der über uns thront, unberührt und ungerührt von unserem Leiden, eine undurchschaubare Vorsehung, ein unenträtselbares Schicksal — wie sollten wir dem danken können? Gott *und* das Lamm — das ist der Gott, der selbst in Jesus Christus teilgenommen hat an unseren Leiden, sich ganz für uns geopfert hat, der genau weiß, was wir durchmachen, weshalb wir klagen und ihn anklagen, der die Gottverlassenheit der Folterkeller und schrecklicher Sterbebetten an sich selber erfahren hat, ein Bruder unter Brüdern. Und Gott und das Lamm — das ist der Gott, der in der Auferweckung unseres gekreuzigten Bruders Jesus uns allen den Sieg des Lebens über den Tod versprochen und verkündigt hat, damit wir darauf hinschauen können mitten in der Nacht als auf das uns bestimmte Ziel, auf die uns versprochene Hoffnung, der nichts uns entreißen kann, die weder Alter noch Sterben noch alle Folterer und Mörder uns versperren können. Die Vorausschau auf dieses Ziel und die Gegenwart dieses brüderlichen, mitleidenden und für uns leidenden Gottes und seines durchhelfenden Geistes — das ist die Kraft, mit der wir durchhalten können, durch die wir glauben können, wenn alles um uns her und in uns das Glauben und Hoffen uns unmöglich machen will.

Das letzte Wort hat also das Glauben, nicht was die Vernunft und der Augenschein uns sagen. Vernunft und Augenschein sagen uns oft genug: Alles ist verloren und umsonst. Im Glauben, d.h. im Hören der Verheißung, die in dieser Vision enthalten ist, und in der Zuversicht, die durch dieses Hören immer neu erweckt wird, setzen wir dagegen: Es ist nichts verloren, es ist nichts umsonst. Die Drangsal ist nicht das Letzte; die Freude, das Ankommen am Ziele wird das Letzte sein, und deshalb werden wir durchhalten können im Glauben und im Hoffen, immer neu hörend.

2. Zwei verschiedene Menschengruppen sind es, die wir am Ziele angekommen sehen: die 144 000 aus allen Stämmen Israels und die unzählbare Schar aus allen Völkern dieser Erde. An die Verfolgten, Gequälten und Gemordeten aus dem Volke Israel denken wir in diesen Tagen besonders, da jetzt 40 Jahre seit dem ersten Höhepunkt der Judenverfolgung in unserem Lande vergangen sind, dem dann der große Mord der Kriegsjahre folgte. Über sie war jetzt die große Drangsal gekommen, nicht über uns, über uns arische Deutsche, von denen viele mitgemacht haben in den verschiedensten Formen, und wenn sie nicht mitgemacht haben, so haben sie doch zugesehen, und wenn sie nicht zugesehen haben, dann haben sie weggesehen, weil sie lieber nichts davon wissen wollten, und soweit wir es wußten und zu helfen versuchten, haben wir es doch immer noch viel besser gehabt als die, denen wir halfen, und alle Leiden, die dann als Gottesgericht durch den Krieg über unser schuldbeladenes Volk gekommen sind, waren nicht so schrecklich wie das, was diesen Juden von Menschen unseres Volkes und unter Duldung durch unser Volk angetan wurde.

Von den Juden sind viele betend in die Gaskammern gegangen, viele sind verzweifelt mit den Anklagen Hiobs gegen den Gott Israels gestorben. Sie alle, ganz Israel mit allen Opfern der Pogrome, die Jahrhunderte hindurch von Seiten der angeblich christlichen Völker veranstaltet, sind dort am Throne Gottes und des Lammes, das doch einer von ihnen gewesen ist, vertreten durch diese 144 000 Versiegelten. Denn diese Zahl ist nicht eine begrenzte, sondern eine symbolische Zahl: 12 ist die Zahl der Fülle, und 12 mal 12 000 meint also die ganze Fülle Israels. Wir können nicht durchschauen die Führung Gottes, der der Gott Abrahams, Isaaks und Jakobs ist und doch mit seinem Volke so hart umgeht, so hart wie mit sich selbst in seinem Sohne Jesus Christus. Dieses Volk ist ein Volk des Kreuzes mehr als die Kirche, die sich eine Kirche des Kreuzes nennt. Wir sehen es dort am Ziele, das unverlorene Volk, hindurchgerettet durch alle Leiden. Nur mit diesem Volk zusammen werden wir uns selbst dort am Ziele sehen, und Brüderlichkeit mit Israel, darum tiefe Reue über unsere Schuld an Israel, unsere deutsche und unsere christliche Schuld, neue Brüderlichkeit mit Israel muß nun ein Kennzeichen der christlichen Kirche sein, ohne das wir nicht Kirche Jesu Christi, des Juden aus Israel, sein können.

Die andere Gruppe am Throne Gottes und des Lammes, mit Palmen in den Händen — und Palmzweige waren damals nicht nur Friedens-, sondern vor allem Siegeszeichen, an Siegesfesten zu tragen! — sind die Vertreter der ganzen Menschheit, der die Liebe Gottes und das Opfer des Lammes gilt. Durch wen aber sind wir dort vertreten? Durch die, die *»aus der großen Trübsal gekommen«* sind, Leute mit blutigen Kleidern, blutig nicht vom Blut ihrer Feinde, sondern von ihrem eigenen Blut, aus den Wunden, die ihnen geschlagen worden sind. Es ist nicht gesagt, ob man dabei nur an christliche Märtyrer denken soll. Es sind Geopferte *»aus allen Nationen, Stämmen, Völkern und Sprachen«*, niedergetretene Menschen, Angehörige von Randgruppen, Märtyrer der Menschenrechte, von denen gerade unser Jahrhundert voll ist. Soeben berichtet *Ernesto Cardenal,* der Priesterdichter, von einem jungen Fischer aus seinem Kreise in Solentiname in Nicaragua, dem wir die aufrüttelnden Gespräche über das Evangelium verdanken; der junge Mann ist von der Nationalgarde Somozas verschleppt worden und meldete sich jetzt durch einen entkommenen Mithäftling: er liegt in einem nassen, finsteren Gefängnisloch, alle Finger haben sie ihm zerbrochen, und wenn er lebend wieder herauskommen sollte, wird er lebenslang ein Krüppel sein, arbeitsunfähig, ein Opfer des Tyrannen, zu dem große Industriefirmen unseres Landes freundschaftliche Beziehungen unterhalten. Diese Opfer, die Opfer auch unserer Politik und unserer Ausbeutung der Dritten Welt, vertreten uns dort oben, und ohne ein großes Gericht, ohne große Reue und Scham, ohne Bitte um Vergebung wird es, wenn sie uns dort empfangen, sicher nicht abgehen. Denn von uns, wie wir hier sitzen, ist in dieser Vision ja eigentlich nicht die Rede. Wir haben manche Last des Lebens zu tragen; aber die große Drangsal der Juden hat uns nicht getroffen, und die Drangsal der Kriegsschäden haben wir rasch hinter uns gebracht, auch durch Beteiligung an einem Weltwirtschaftssystem, das uns Wohlstand sichert und vielen Millionen Hunger und Tyrannei. Und das Christsein bringt uns in unserem Lande auch keine Drangsal, eher Vorteile — solange wir nicht wirklich und praktisch in die Nachfolge Christi eintreten und praktisch zu Brüdern derjenigen werden, die in die Drangsal des Hungers und der Unterdrückung gestoßen sind. Dann aber, wenn wir durch unsere Bruderschaft ihnen nahegekommen sind, dann wird auch uns die Verzweiflung anfechten, der sie in ihren Gefängnislöchern ausgesetzt sind. Dann werden wir mit ihnen fragen: »Wo ist Gott?« Und mit ihnen stöhnen: »Mein Gott, mein Gott, warum hast du mich verlassen?« Für diese Stunde ist uns mit ihnen die Verheißung dieser Vision gegeben. Manche von uns haben erfahren, wie in solcher Lage und in solchen Stunden dies kein bloßes, leeres Wort ist, wie es wohl Zuschauern außerhalb der Drangsal erscheinen könnte, sondern eine lebensspendende Kraftzufuhr, gar nicht Vertröstung aufs Jenseits, sondern Trost aus dem Jenseits zur Kraft fürs Diesseits.

Dort werden dann die blutigen Kleider gewaschen in einem anderen Blute, im Blute unseres Bruders, des für uns gestorbenen Lammes. Da wird abgewaschen, was Sünde, d.h. was gottwidrig war auch in unseren besten Kämpfen und auch in der Art, wie wir gelitten haben, und abgewaschen wird das Blut des Leidens, es ist überstanden, wir sind hindurch. Die weißen Kleider sind die Kleider des Siegesfestes. Die Klagen, die Anklagen und die Fragen sind verstummt. »An jenem Tag werdet ihr mich nichts fragen« (Joh. 16, 23). Dank und Lob haben das letzte Wort. Verwickelt euch nicht in spekulative Fragen, warum Gott vorher diese Drangsale zulasse, und wie es stehe mit dem Leben nach dem Tode, wie das aussähe und wie das möglich sei! Laßt diese Verheißung gelten — und ihr werdet merken, wie unentbehrlich und wie hilfreich sie ist zum Durchhalten aller Drangsale im Glauben und im Hoffen!

Helmut Gollwitzer im Chr. Kaiser Verlag

Befreiung zur Solidarität
Einführung in die Evangelische Theologie. 232 Seiten.

Erfahrungen mit Weihnachten
(Kaiser Traktate 8) 4. Auflage. 88 Seiten.

Die Existenz Gottes im Bekenntnis des Glaubens
(Beiträge zur evangelischen Theologie 34)
5. Auflage. 204 Seiten.

Forderungen der Umkehr
Beiträge zur Theologie der Gesellschaft. 240 Seiten.

Das hohe Lied der Liebe
(Kaiser Traktate 29) 3. Auflage. 64 Seiten.

Ich frage nach dem Sinn des Lebens
(Kaiser Traktate 11) 5. Auflage. 80 Seiten.

Jesu Tod und Auferstehung
Nach dem Bericht des Lukas (Kaiser Traktate 44)
6. Auflage. 124 Seiten.

Die kapitalistische Revolution
2. Auflage. 131 Seiten.

Krummes Holz — aufrechter Gang
Zur Frage nach dem Sinn des Lebens
(Kaiser extra) 8. Auflage. 392 Seiten.

Nachrufe
(Kaiser Traktate 27) 80 Seiten.

Reich Gottes und Sozialismus bei Karl Barth
(Theologische Existenz heute 169) 2. Auflage. 64 Seiten.

Vortrupp des Lebens
128 Seiten.